テキストライブラリ 心理学のポテンシャル 1

心理学を学ぶまえに読む本

羽生 和紀 著

psychologia potentia est

サイエンス社

監修のことば

　21世紀の心理学は前世紀後半の認知革命以来の大きな変換期を迎えている。その特徴は現実社会への接近および周辺の他領域との融合であろう。

　インターネットの急速な発展により，居ながらにして世界中の情報を手にすることができる現代においては，リアリティをいかに維持するかが大きな課題である。その一方で身近には未曾有な大災害が起こり，人間の手ではコントロールが困難な不測の事態に備える必要が生じてきている。インターネットは人々に全能感を与え，大災害は人々に慢性的な不安を喚起する。このような現代に生きる者には，心についての深い理解は緊急の課題といえよう。

　こうした課題の解決に心理学は大きく貢献することができる。実験心理学は，情報の獲得，処理，そして行動に至る広範な知識を提供することで，生活のリアリティについての基盤を与え，その経験の原理を理解させる。臨床心理学的知見は慢性的な不安をはじめとする，現代の心の危機についての多様な，そして精緻な対処法を教える。

　本ライブラリは，急速に変化しつつある現代社会に即応した心理学の現状を，わかりやすく大学生に伝えるための教科書が必要とされている，という思いから構想されたものである。

　本ライブラリの特長は以下のようにまとめられる。①半期の授業を意識し，コンパクトに最新の知見を含む内容をわかりやすくまとめている。②読者として初学者を想定し，初歩から専門的な内容までを示すことで，この本だけで内容が理解できるようになっている。③情報を羅列した参考書ではなく，読むことで内容が理解できる独習書になっている。④多様な心理学の領域が示す「人間観」を知ることで，実社会における人間理解も深くなるように構成されている。つまり，社会に出てからも役に立つことを意識している。

　本ライブラリが心理学教育に少しでも貢献できることを願っている。

監修者　厳島行雄
　　　　横田正夫
　　　　羽生和紀

まえがき

　心理学という言葉はほとんどの人が知っています。しかし，心理学ほど一般のイメージと実態に差がある学問は他にはないかもしれません。書店には，人の心を操ったり，出し抜いたりするための「心理」の本がたくさんあります。その横には，恋を成功させたり，出世をするための心理テクニックの本も並んでいます。しかしこうした本の内容は，学問としての心理学とはあまり関係がありません。中には心理学の知識を当てはめているものもありますが，その効果が研究で確かめられていることはほとんどありません。実際の心理学は，このような形で直接生活に役に立つようなものではないのです。確実に人の心を見抜いたり，操ったりすることは，心理学の目指すところではありません。

　また近年は，心理カウンセラーに対する認識が高まっています。そのため，心や精神面に関する援助をする仕事が心理学だというイメージもあるかもしれません。さらに，TVや映画で取り上げられる機会が増えたことから，犯罪捜査を行う犯罪心理学者の存在感が大きくなっています。実際，心理学科の新入生に，心理学でどんなことを学びたいかというアンケートをすると，その多くはカウンセリングや犯罪心理学と答えます。

　カウンセリングを扱う心理学は臨床心理学といわれますが，その臨床心理学と犯罪心理学は，確かに実際の学問としての心理学の重要な分野です。しかし，臨床心理学と犯罪心理学だけが心理学ではありません。臨床心理学で扱うような心の問題を持った人や，犯罪心理学が扱う犯罪者のような，特別な人間を扱うだけではなく，心理学は平均的な，普通の人間も扱うのです。また，心理学は，心理，つまり心の働きを扱うわけですが，そこでは思考や気持ちだけを対象とするわけではありません。見ること，聞くことのような感覚・知覚，記憶や判断，そして判断の結果としての行為までが心理学の研究対象です。人間が社会や会社などの組織の中で，何を考え，どのようにふるまうか，集団には個人とは違うどのような心理が生まれるのか，なども心理学の研究対象です。また，心理学の研究では，実験が多く行われたり，医学で用いられるような生理

的な測定をすることもあることなども，意外かもしれません。

　こうした実際とは異なるイメージを抱いて，心理学を学ぶために大学に入学してきた新入生は戸惑いを覚えることと思います。本書は，そうした心理学のイメージと実態のギャップを埋めるために，心理学を学びはじめる大学生に本当の心理学を学ぶための心構えを教え，そしてこれからの学習のための準備を促すために書かれたものです。心理学を学ぶための準備をするための本ですので，心理学に関することの記述はあえて最小限にとどめました。心理学についての知識は，これから多くの授業の中で学んでいくことです。この本は，そうした授業を確実に，そして効果的に受講するためのものなのです。そして，心理学そのものではないが，とくに心理学を学ぶためには必要な事柄に焦点を当てています。たとえば，心とはどんなものなのか，あるいは，心理学は人間をどのような存在と考えているか，というようなことです。これらは，心理学の中で基調低音を奏でているのですが，主題として示されること，あるいは意識されることは少ないのです。しかし，これらを知っていることで，心理学に対する理解が深くなるはずです。

　また本書では，大学での学習に必要な技術についても伝えようとしています。とくに読書と作文に関しては詳しく記述しました。この2つの技術は言葉を使う能力として共通する部分があります。そして，その能力を成長させていくには時間がかかりますが，それを少しでも促進するための知恵と工夫を伝えたいという思いからです。読書に関しては，また，専門的な学習を進めるうえで欠かせない技術です。

　1つのことの専門家になるには1万時間かかるという通説があります。もちろん，この時間はつねに正しいものではないと思いますが，それでも1つのことを深く極めるのに非常に長い時間がかかることに間違いはないでしょう。大学の授業で1つの科目を選択した場合に，標準的には，各授業の時間が1.5時間（90分）で，半期15回です。つまり，合計22.5時間です。これは1万時間の本当にごく一部にしかなりません。したがって，1つの科目に関して，もしも専門的な知識や能力を極めたいとすると，残りの9千時間以上は，授業以外の機会に学ぶ必要があります。そして，そうした時間の多くは，読書によって

まえがき

独習することになるのです。これは，学問の世界だけではありません。大学在学時に，そして卒業した後に，自分自身を高め，自己実現をしていこうと思うならば，その努力の多くの部分は独学，とくに読書に費やされるはずなのです。

ですので，大学教育の中で誰もが重要性を認めているものの，直接授業として扱われることの少ない，読書と作文について大きく取り上げたわけです。また，心理学を確実に学ぶためには，こうしたいわば国語の能力の他に，数学（統計）と英語（読解と作文）の能力も必要なのですが，それらは，大学のカリキュラムの一部としてこれから身に付けていくことですので，本書では取り上げませんでした。

最後に，本書は心理学を学ぶ「まえ」に読む本ではありますが，心理学を学び始めた「あと」でも，時々読み返してもらえればうれしいです。心理学を学びはじめたことにより，この本に書かれていた内容の意味が深く理解できることに気がつくこともあると思いますし，そうしたことがあれば，著者にとって何よりの喜びです。みなさんの大学生活が充実したものになることを祈念しています。

2015年　ラグビーWCで日本が南アフリカに勝利した秋に著者記す

羽　生　和　紀

目　次

まえがき …………………………………………………………………………… i

第1章　なぜこの本を読んでほしいのか　1
1.1　この本のねらいと構成 ………………………………………………… 1
1.2　第1章の課題 …………………………………………………………… 4

第2章　手に入れること　7
2.1　本 を 読 む ……………………………………………………………… 7
　　本を読む理由／どんな本を読むべきか／今までほとんど本を読まなかった人へ／本を探す
2.2　ノートをとる …………………………………………………………… 24
　　試験のためのノート／知的学習のためのノート／どんなノートや筆記用具を使うのか
2.3　辞書を引く ……………………………………………………………… 30
2.4　インターネットで検索する …………………………………………… 32
2.5　第2章の課題 …………………………………………………………… 34

第3章　理解すること　37
3.1　本を読む方法 …………………………………………………………… 37
3.2　正しいとはどんなことなのか ………………………………………… 39
　　意見の正しさとは／正しさの種類／正しさの必要条件と十分条件
3.3　心 と は ………………………………………………………………… 43
3.4　人 間 と は ……………………………………………………………… 56
　　コンピュータ付きのアンドロイドとしての人間／進化したサルとしての

人間／社会の一部としての人間／ガイアの一部としての人間／意志を持つかけがえのない個人としての人間

3.5 何を学ぶべきか・なぜ学ぶのか・どう学ぶのか ……………… 89
哲学／数学／自然科学／社会科学／工学／英語／コンピュータとプログラム言語

3.6 第3章の課題 ……………………………………………………… 119

第4章 考えること　121

4.1 思　考　法 ……………………………………………………… 121
必要・十分条件ふたたび――演繹法／裏のうらは表――間接証明法／地道な積み重ね――帰納法／見込みを立てて確かめる――仮説演繹法／トップダウンとボトムアップ／対立を前向きに解消する――弁証法

4.2 思考の基礎ツール ……………………………………………… 127
まず最初の要素を用意する／比較する／リストをつくる／順番にならべる／構造を見つけ出す／メカニズムを知る

4.3 思　考　実　験 ………………………………………………… 138

4.4 メ　タ　思　考 ………………………………………………… 140

4.5 問題を解決する ………………………………………………… 140
状況・問題／分析・原因／解決法

4.6 意思を決定する ………………………………………………… 145
合理的選択／ヒューリスティックとメタ思考／感情と思考

4.7 感　　　性 ……………………………………………………… 152

4.8 ノ　ー　ト　術 ………………………………………………… 153

4.9 第4章の課題 ……………………………………………………… 156

第5章 表現すること　161

5.1 言葉を知る ……………………………………………………… 161
やまと言葉／漢語／外来語

5.2 文を書く ……………………………………………………… 166
だ・である調とです・ます調／書き言葉と話し言葉／漢字の使い方／カタカナの使い方／正しい日本語の文とは／カカリウケの重要性／カカリウケの基本ルール／カカリウケの注意点／テンの使い方／文の長さ／あなたの考えたこととそれ以外のこと

5.3 文章を構成する ……………………………………………… 181
要約型の文章の構成／批評型の文章の構成／報告型の文章の構成／論証型の文章の構成／アウトラインをつくる／パラグラフをつくる／内容伝達と文章表現

5.4 文章を展開する ……………………………………………… 197
接続詞の使い方／ストーリーをつくる

5.5 よけいなことを書かない決意と消す勇気 ………………… 201
5.6 読み返して直すこと ………………………………………… 202
5.7 文章が書けないと感じたときには ………………………… 203
5.8 第5章の課題 ………………………………………………… 206

第6章 伝えること　209

6.1 プレゼンテーションを準備する …………………………… 209
配付資料のつくり方／スライドのつくり方

6.2 話　　す ……………………………………………………… 219
6.3 第6章の課題 ………………………………………………… 220

引用文献 ………………………………………………………………… 221
著者紹介 ………………………………………………………………… 223

1 なぜこの本を読んでほしいのか

1.1 この本のねらいと構成

　この本はこれから大学で心理学を専攻し，心理学を学ぼうとしている高校生や大学1年生のために書かれた本です。そして，心理学を学んでいくうえで必要な知識や技術，能力について説明しています。心理学の知識そのものについて書かれた本ではありません。それは授業を中心とするこれからの大学生活の中で学んでいくことです。この本はそうした心理学を学ぶための大学生活を充実したものにするための準備をするための本なのです。

　それではなぜこうした本が必要なのでしょうか。その理由は2つあります。まず心理学が高校までの教育では扱われていない，大学ではじめて学ぶ学問だからです。もう一つは，高校までの勉強と大学での勉強というものがずいぶん違うからです。この2つの理由から，大学で心理学を学ぶまえにいくつか伝えておきたいことがあるのです。

　まず1つ目の理由についてもう少しくわしく説明します。大学で学ぶ心理学はおそらく，みなさんそして一般の人がイメージしている心理学とは少し違います。もっとも一般的な心理学のイメージは，心の悩みを抱えている人の相談を受けること，あるいは精神的な病を治すことなどだと思います。つまり，スクールカウンセラーであったり，病院に勤める人が行うことというイメージではないでしょうか。もちろんこうした活動は心理学の一部です。臨床心理学といわれます。臨床とは現場を重視する実践的な，という意味だと思ってください。

　しかし大学で学ぶ心理学は臨床心理学だけではありません。それ以外にもいろいろな分野が心理学にはあり，大学ではそれらを広く学ぶことになります。たとえ，臨床心理学が専攻だとしてもそれは同じです。臨床心理学が専攻であ

れば，臨床心理学を学ぶ割合は大きくなりますが，それでもそれ以外の心理学の分野も必ず学ぶのです。

　それでは臨床心理学以外の心理学とはどんなことを研究しているのでしょうか。それは人間の心の働きと行動に関することのすべてです。つまり悩んでいる人や心に病を抱えた人だけではない，すべての人間が心理学の対象なのです。そして，心の働きといっても，考えることや性格のような，思考や人格に関わることだけではなく，物を見ること，あるいは記憶をすることなどのあらゆる心の働きが心理学の研究対象です。また行動も心理学の対象です。そして，この場合の行動とは，どのように手足を動かすのかというような身体のコントロールから，何をするかなどの意思決定の問題まで，幅広いものです。そして，個人の心と行動だけではなく，集団や社会における研究もあります。学校や会社などの特定の場所における心理を研究することもありますし，犯罪者のような特定の人々に関する研究もあります。さらに，人間の成長の過程も心理学の対象です。また，場合によっては人間だけではなく，動物までが研究の対象になることもあります。つまり，心理学とは人間の活動機能に関する総合科学なのです。

　こうした心理学を大学では学んでいくわけですが，そのまえに心理学が持っている前提を知っておいてほしいと思うのです。また，心理学を学ぶうえで役に立つ心理学以外の知識もできるだけ知っておいたほうがいいと思うのです。こうした前提や知識は，高校までに習っていないことですので，みなさんは知らなくとも当たり前のことです。たとえば，心理学は心の働きを研究するといいましたが，この場合の心とは何でしょうか。あるいは，心理学は人間というものをどんな存在とみなしているのでしょうか。

　こうしたことは大学の心理学の専門の授業の中では実はあまり直接的には教えないことが多いのです。もちろん多くの授業を受け，心理学についての理解が進んでいく中でだんだんにわかっていくことですが，やはり心理学を学ぶまえにきちんと知っておくことは，心理学の学習の助けになると思います。

　次に2つ目の理由についてです。大学での勉強は，高校までの勉強とずいぶん違うものです。高校までの授業では，教室の中の決められた席で，決められ

た時間割に従って，決められた教科を学んできました。学習法も，最終的に与えられた問題を解くことをめざして，そのために用意された知識と技術を身につけるためのものでした。このように，学習の目的も学習するための枠組みもすべて与えられている中で，みなさんは学習をしてきたわけです。つまり受け身の学習をしてきました。それが悪いわけではありません。基礎的な知識と技能を獲得するためには効果的な方法です。しかし，その段階はもう終わりです。大学では，そうしたあらかじめ用意されたものはありません。

　大学の授業では，ほとんどの場合決められた席はありません。出席すら確認しない授業もあるのです。また，欠席してもほとんどの場合，誰も何も言いません。また，半分以上の授業は，自分でどの授業を受けるかを決めることになります。そして，受ける意志を伝えなければ，つまり履修の登録をしなければ，授業は受けられないのです。大学では，つまり自発的な学習態度が必要になるのです。

　また，学ぶことの意味も高校までとは変わります。もちろん大学でも知識や技能を学習することは必要です。心理学を専攻したのですから，心理学をぜひ理解し，その知識を獲得してください。しかし，同時にその知識をどのように活用するかも学んでほしいのです。それは心理学の知識だけではありません。大学で学ぶすべての知識，そして大学以外の場所で学ぶ知識のすべてをどのように使うか，つまり発想し，判断し，批判し，決断する方法，要するに正しい思考の方法を学んでほしいのです。いえ，ほしいではありません。学ぶことが絶対に必要なのです。また，学ぶための方法そのものも学んでほしい，いえ，学ぶことが必要なのです。

　こうした，考える方法や学ぶための方法はみなさんが社会に出て役割をはたすうえで必ず必要になります。それはどんな職業や立場であってでもです。将来，心理学とは関係のない仕事や活動をする場合でも必ず役に立つことです。こうした能力はすぐに身につくものではありません。つねに意識し，継続的に学習と実践を積み重ねていく必要があります。また，どこかで完成するものでもなく，続ければ続けた分だけ向上するものです。その基礎を大学時代に築いてほしいと思います。知的な活動のために必要なことを学ぶ目的と学ぶ方法を

大学時代に学んでほしいのです。

　そのためにこの本は，知的な活動に必要な，本当に基礎的な技術について教えます。その技術とは，知識を「手に入れること」と「理解すること」，そして「考えること」，考えをとくに文章で「表現すること」，また多くの人の前で「伝えること」です。

　また，この本では「本」を読むということの重要性をとくに伝えたいと思っています。その重要性はこの本の中のいろいろなところに書かれています。また，読んで貰いたいと思う本を，なるべく多く紹介する努力をしました。その紹介はこの本の中のいろいろな場所で見つけられると思います。大学の授業ではいろいろなことを学べますが，それでも授業の時間は限られており，すべてのことを教えてくれるわけではありません。自分の興味があること，学びたいことをくわしく学んでいくためには，自分で読書をしていくことが必要なのです。

1.2　第1章の課題

　この本では，各章の最後で自習用の「課題」を出題しています。文章で読んだことを，自分で実践することで理解が深まり，また知識や技術が身についていきます。自分のペースでかまいませんので，ぜひ実習してみてください。

1. 誰かのために勉強するのではなく，自分のために学びましょう

　この章ではまだ学習ははじまっていませんので，具体的な課題はありませんが，この先の大学での学習の心構えを確認しておきましょう。みなさんの高校生までの学習では，大学受験が一つの目標になっていたと思います。そして家族や学校の先生もそれを応援してくれていたことでしょう。勉強すればほめられ，成績が上がればまたほめられたことで，勉強を頑張ってきたのではないでしょうか。しかし，そうした勉強はもう終わりです。これからは勉強を頑張っても誰もほめてはくれません。これからは自発的に，自分自身を鍛え，なりたい自分になるために学習をするのです。

2. 勉強ではなく，楽しく学べるようになりましょう

　自分のために学習をしていくには「強(し)いて勉(つと)める」つまり「つらいことを頑張る」勉強ではなく，自己を実現していくことを楽しむ「学び」をしていくことが必要です。新しい知識や技能を身につけることを楽しめるようになってください。

2 手に入れること

この本ではまず知識を手に入れるための方法から考えていきます。具体的には，本を読むこと，ノートをとること，辞書を引くこと，そしてインターネットで検索することについて，それぞれ順番に説明していきます。

2.1 本を読む

知識を手に入れるにはいろいろな方法がありますが，その中で私は本を読むことが一番重要だと考えています。それではなぜ本を読むことが重要なのでしょうか。これからその理由について考えてみましょう。

2.1.1 本を読む理由

いくら本を読んでも何も覚えていないから，本を読んでも意味がないという人がいます。たしかに，そのまま言葉として記憶している本の内容はそれほど多くはないようです。しかし，本の内容は忘れてもいいのです。それでも本を読むことには重要な価値があるのです。一つには，言葉としては忘れたとしても，どんなことが書いてあったかの漠然としたイメージは残っていますから，必要なときにどの本を読めばいいかがわかるだけでも価値があります。しかし，それ以上に重要な価値が，たとえ内容を忘れてしまうにせよ，本を読むことにはあるのです。

本を読むことのその重要な価値は，思考のパターンを経験することができることにあります。つまり，本を読むことで，物語にはどんな形式があるのか，主張はどのようにするのか，理論がどのように展開されるのか，などの人間の思考の典型的なパターンを経験し，学習することができるのです。こうして学習された思考のパターンは，自分の考えが正しい方向に進んでいるという感覚

の根拠になってくれます。

　また，言葉としては覚えていないとしても，本から学んだ知識は自分の知識・意見のシステムに組み込まれて，システムを成長させていきます。本から得た新しい知識は，自分の知識・意見のシステムと照合され，比較されていきます。そして，それまでの知識・意見のシステムと一致しなかったり，対立する場合には①取り入れることをやめるか，あるいは②自分の知識・意見システムが修正されます。こうした知識・意見のシステムのすべてを意識することは難しいことなのですが，それでも物事を考える際には，このシステムが働いて，自分にとって矛盾のない思考をしているという感覚の支えになってくれます。

　つまり，読書をするということは，①思考力を鍛え，また②自分の知識・意見のシステムを成長させ，修正させることなのです。多くの本を読んでも何も覚えていない気がするかもしれません。でも，あなたの思考力は成長し，知識・意見のシステムは洗練されているのです。ぜひ，なるべく多くの本を読んでください。

2.1.2　どんな本を読むべきか

　大学生はどんな本を読むべきなのでしょうか。答えはいろいろな本を読むことです。小説でも，エッセイでも，ノンフィクションでも，哲学書でも専門書でもなんでもいろいろな本を読んでみることが大切です。

　小説といっても，古典や純文学だけを読めと言っているのではありません。ミステリーでも，SFでも，ライトノベルやノベライズでもいいのです。まずは，読むことを楽しめる本を読めばいいのです。また，ジャンルに優劣はありません。どのジャンルにもすぐれた小説とだめな小説があるだけです。また小説という表現法は，非常に幅広いものです。あらゆる対象を扱うことが可能です。歴史的に言えば，哲学的議論や思想の表明の多くは小説の形式で表現されてきました。私はここで，スウィフト，ニーチェ，バタイユ，サルトル，小林多喜二などを頭に浮かべてこの文を書きましたが，他にも多くの例を探すことができるでしょう。また，ダンテやシェイクスピア，ゲーテの著作よりも現代の文化，思想に影響を及ぼした本はそれほど多くはありません。すぐれたSF

は物理学や化学，生物学などの自然科学だけではなく，社会や文化，そして人間の心や人工知能などにについてもいろいろなことを教えてくれます［→**本1**］。ガルシア=マルケスでも村上春樹でも現代の最先端の小説の多くは広い意味では SF だといえます。また最高級のミステリー，推理小説の持つ意外な謎と洗練された謎解きは，知的な喜びをもたらすものとして多くの思想家や科学者を魅了してきました［→**本2**］。古代史や歴史を学ぶことを楽しむのにも小説を読むことより良い手段はそれほどないでしょう。小説からはあらゆることが学べるのです。

本1　　『宇宙船ビーグル号』

　ダーウィンのガラパゴス諸島をめぐる航海に使われた船と同じビーグル号の名前を持つ宇宙船には 1,000 名近い学者や専門家が搭乗していました。宇宙を探検するビーグル号はいろいろな問題に遭遇します。しかし，自分の専門知識にこだわる専門家たちは未知の問題に柔軟に対応することができません。『宇宙船ビーグル号』は，そうした問題を自然科学と社会科学の知識に結びつけ，統合的に駆使する学問である情報総合学の学者が解決していくという SF 小説です。

　この本は『スター・トレック』や『スター・ウォーズ』のような宇宙での冒険アクションの元になった古典的な SF 小説で，痛快な物語です。しかし，それと同時にいろいろな知識が結びつくこと，また複数の視点の重要性を教えてくれる物語でもあります。もちろんこの本はフィクションなのですが，とてもリアリティと説得力があります。

　他のおすすめ SF としては古い順に，ロバート・ハインラインの『夏への扉』，ジェームズ・ホーガン『創世記機械』，ダン・シモンズ『ハイペリオン』，日本人の著作としては神林長平「敵は海賊」シリーズ，小野不由美「十二国記」シリーズなど他にもたくさんもあります。

Van Vogt, A. E.（1950）. *The voyage of the Space Beagle*. New York, NY, USA：Simon & Schuster.
　（ヴァン・ヴォクト，A. E.　浅倉久志（訳）（1978）. 宇宙船ビーグル号　早川文庫 SF）

本2　コナン・ドイル，京極夏彦

　世界で一番有名なミステリー，推理小説は，コナン・ドイルの「シャーロック・ホームズ」のシリーズでしょう。このシリーズの魅力は，謎そのものというよりも，作中の探偵であるホームズの謎解きの過程です。残された小さな手がかりから，鮮やかに真実を洞察していくホームズの思考こそがこのシリーズの魅力です。そうしたホームズの推理は，多くの科学者や哲学者が論理的思考のお手本として挙げています。

　京極夏彦は姑獲鳥，魍魎というような難しい妖怪の名前をタイトルに入れたミステリーのシリーズで有名です。このシリーズの探偵，中善寺秋彦は，日常会話でも事件の解決の場面でも歴史，文化（宗教，故事），科学（民俗学，心理学），そして妖怪に関する伝承にまつわる大変な博識を披露します。ミステリーの楽しみとは謎解きばかりではなく，こうした「知で遊ぶこと」であるということを感じさせてくれる作品です。ホームズの魅力も，実は謎解き以上に，ホームズの博学と，知で遊ぶかのようなホームズの言動を味わうことにあるのです。

Doyle, A. C.（1887）. *A study in scarlet*. London, UK：Ward, Lock.
　（ドイル，A. C. 延原　謙（訳）（1953）．緋色の研究　新潮文庫）
京極夏彦（1994）．姑獲鳥の夏　講談社文庫（1998：文庫化年）
京極夏彦（1995）．魍魎の匣　講談社文庫（1999）

　エッセイや随筆は読みやすい読み物という印象があると思いますが，それだけではなく，創作物を読むよりもより直接的に著者の考え方や生き方を知ることができるものです。若いうちに，尊敬すべき人物，知的な人格の思想や行動規範を知ることで，人生のロールモデル，つまり生き方のお手本を持つことが出来ます。司馬遼太郎，開高　健，澁澤龍彦［→**本3**］などのエッセイは内容やその背後にある思想や知識も一流ですが，その文体も超一流です。ノンフィクションや実用書は知識を学ぶためのものとして最上の情報源です。また，哲学書や専門書を読むことが，思考の訓練や高度の知識の獲得のために必要であることは言うまでもないでしょう。

本3　司馬遼太郎，開高　健，澁澤龍彦

　司馬遼太郎は日露戦争を題材にした『坂の上の雲』や坂本竜馬に関する『竜馬がゆく』などを代表作とする小説家です。時代を舞台にして新たな物語を作り上げる時代小説ではなく，主観を抑え史実をできるだけ忠実に記述していく歴史小説家の典型です。また，『街道をゆく』のような紀行文や『この国のかたち』のような思想的な随筆・エッセイでも有名です。司馬遼太郎は元新聞記者であり，短く簡潔な表現を多用する文体に特徴があります。とくに随筆やエッセイでは彼の文体の簡潔さの持つすばらしい効果は際立っており，現在の多くの文筆家の文体に影響を与えています。しかし，形だけで真似できるようなものではないようです。やはり豊富な知識やすばらしい思想を簡潔に表現していることが司馬遼太郎の魅力なのです。

　開高　健はベトナム戦争の従軍経験を題材にした『輝ける闇』やそうした経験による心の荒廃からの再生を描いた『夏の闇』などが代表作の小説家です。『フィッシュ・オン』や『オーパ！』シリーズなどの釣りに関するエッセイでも有名です。開高　健も独自のすぐれた文体を持つ作家です。彼は文体やその中で使う言葉（語彙）にとてもこだわりました。旅行記を含む，多くの随筆・エッセイを残した開高　健は，一方で中年期以降には小説をあまり書いていません。すぐれた文章力を持っていても，本当に書くべき主題に巡り合えない場合には小説を書けなかったのです。そうした中で残された小説，とくに『夏の闇』までの小説は素晴らしいものばかりです。

　澁澤龍彦はフランスを中心としたヨーロッパの文学の紹介や翻訳から出発した作家です。とくに神秘主義や異常な心理のような精神世界の隠された暗い部分に関する多くのエッセイを残しました。『思考の紋章学』『胡桃の中の世界』などが代表作でしょうか。後には西洋から日本に関心を広げ，日本を舞台にした時代小説を書きました。代表作である『高丘親王航海記』は平安時代に天皇の子供として生まれた高丘親王を題材とした小説です。歴史上の人物の史実を下敷きにした時代小説であり，また形式は旅行記なのですが，内容は幻想小説であり，あるいは寓話のようでもあります。しかし，暗く重い幻想小説ではなく，明るく明晰な文体で書かれた珍しい幻想小説です。澁澤龍彦の幅広い知識の深さと，彼の人格の素晴らしさを感じることができます。『うつろ舟』とともに私が一番好きな小説の一冊です。

司馬遼太郎（1969-1972）．坂の上の雲（1-8）　文春文庫（1978：文庫化年）
司馬遼太郎（1963-1966）．竜馬がゆく（1-8）　文春文庫（1974）

司馬遼太郎（1971-1996）．街道をゆく（1-43）　朝日文芸文庫（1978-1998）
司馬遼太郎（1990-1996）．この国のかたち（1-6）　文春文庫（1993-2000）
開高　健（1968）．輝ける闇　新潮文庫（1982）
開高　健（1972）．夏の闇　新潮文庫（1983）
開高　健（1971）．フィッシュ・オン　新潮文庫（1974）
開高　健（1978）．オーパ！　新潮文庫（1981）
澁澤龍彥（1977）．思考の紋章学　河出文庫（2007）
澁澤龍彥（1984）．胡桃の中の世界　文春文庫（2007）
澁澤龍彥（1987）．高丘親王航海記　文春文庫（1990）
澁澤龍彥（1986）．うつろ舟　河出文庫（2002）

　本の種類やジャンルは本の価値とは関係ないということです。あらゆる種類・ジャンルの本にすぐれた本とそうではない本があるだけなのです。しかし，ここで大切なことは読みやすい本だけを読み，難解な本を読むことを避けないことです。たとえば，哲学書や思想書には内容も文章も非常に難しい本がたくさんあります。とくに翻訳書の場合には，他人の思考を，違う言語で忠実に再現しなければいけない，という二重の制約から，読むのがとても大変な文章になっていることが多いです。たしかに，こうした内容も文章も難しい本を読むことは大変なことです。しかし，世の中には難しい言葉や表現でしか伝えることができないことがあるのです。そうしたことを理解するためには，そうした文章を読めるようになることが必要なのです。一度読んだだけではわからない文章を，何度も読み返しながら理解していくことは大変なことではありますが，きわめてすぐれた先人たちの思考をたどることができる素晴らしい経験でもあるのです。また，そうした難解な文章を読みこなしていくことは，文章を読む能力を高める非常に効果的な訓練でもあります。まだ内容を理解するためには自分の実力が足りないと感じる本でも，無理して最後まで読み通してみてください。理解できない部分が多くあったとしても，それはけっして時間の無駄ではありません。あえて，訓練のために難解なだけの本を読む必要はありませんが，素晴らしい内容ながら難解な本にはぜひ挑んでみてもらいたいと強く思うのです。

2.1 本を読む

厚い本を読んだことがない人は，厚い本にもぜひ挑戦してみてください。読み終わったときの達成感をぜひ感じてもらいたいと思います。内容が素晴らしく，やや難解で厚い本のお勧めとしていま頭に浮かんだのはダグラス・R・ホフスタッター『ゲーデル，エッシャー，バッハ——あるいは不思議の環——』[→**本4**]，グレゴリー・ベイトソン『精神の生態学』[→**本5**]，ロジャー・ペンローズの『皇帝の新しい心——コンピュータ・心・物理法則——』[→**本6**]の3冊でした。とくにこの3冊である必要はありませんが，ぜひ自分の興味にあった厚い本にチャレンジしてみてください。

本4　『ゲーデル，エッシャー，バッハ——あるいは不思議の環——』

　この本のタイトルにあるゲーデルとは，数学者のクルト・ゲーデル，エッシャーは20世紀のはじめに生まれたオランダの画家であるマウリッツ・コルネリス・エッシャー，バッハは18世紀のというよりも，音楽史上最高の音楽家の一人であるヨハン・セバスティアン・バッハのことです。

　ゲーデルは不完全性定理を証明したことで有名です。不完全性定理とは数学・数論における公理系の中には，決定不能な命題が必ず含まれるということで，その体系自体の中で論理的にすべて正しいと証明することができる命題だけを含んだ数学の体系が存在しないことを証明したものです。このことは，量子物理学における量子の位置と速度が同時に決定できないことを示した不確定性原理とともに，科学あるいは知性の全能性，あるいは完全性を否定したものです。この2つのことは科学が新しい段階に入ったことを示すと同時に，現在にいたるまで，科学者を当惑させ，不安気味の複雑な気分にさせている事件でもありました。

　エッシャーはだまし絵で有名な画家です。作者がエッシャーかどうかは知らなくとも，何点かの作品はみなさんも見たことがあると思います。有名な作品には，お互いに相手を描き合っている2つの手の絵や，四角く配置された無限に上昇を続ける階段の絵などがあります。

　『ゲーデル，エッシャー，バッハ』で，著者のダグラス・R・ホフスタッターは，まずバッハの作曲した『音楽の捧げもの』の中の一つのカノンが無限に上昇を続ける印象を与えることと，エッシャーの無限に上昇を続ける階段の絵の共通性について議論します。それは物理的には不可能なのですが，ある種のトリックを用いることで主観的に生み出されるものです。そして，そこに環と自分自身を繰り返すこと，つまり再帰性というキーワードを見出します。それを数学的論証

を使って数学的論証自身を研究するというゲーデルの研究法との類似性を導いていきます。そして、このキーワードを使って、コンピュータプログラムと人工知能、脳と心と思考、DNAとRNAの自己複製過程、あるいは禅の公案というような幅広い領域における話題を展開していきます。

しかし、実はこの本は通読しなければいけないという本でもありません。バッハの『音楽の捧げもの』を聞きながら、カノンやフーガに関する部分だけを読んだり、論理式の部分を実際にノートに書きながら確かめて遊んだり、禅問答(ぜんもんどう)のところだけを読んで感心するなど、自由に拾い読みをして長く楽しめる本です。

Hofstadter, D. R.（1979）. *Göodel, Escher, Bach : An eternal golden braid*. New York, NY, USA：Basic Books.
（ホフスタッター, D. R.　野崎昭弘・はやしはじめ・柳瀬尚紀（訳）（2005）. ゲーデル, エッシャー, バッハ——あるいは不思議の環——[20周年記念版]　白揚社）

本5　『精神の生態学』

グレゴリー・ベイトソンとは何者(なにもの)だったのでしょうか。20世紀最大の文化人類学者の一人であるマーガレット・ミードの共同研究者として、一時は夫でもありましたが、人類学の新しい時代を切り開いたり、また、精神病院で精神病患者の研究を行い、家族療法の基礎を築いたり、統合失調症に関するダブルバインド理論を提唱していますし、さらには、父である偉大な進化生物学者、ウィリアム・ベイトソンの理論の再解釈を行ったりもしています。

『精神の生態学』はそんなグレゴリー・ベイトソンの主要な論文と多くの講演を収録した本です。人類学、心理学、生物学、生態学にまたがる、幅広い領域で多くの重要な研究結果を残したベイトソンですが、はじめからすべてが見えていた早熟の天才というタイプではなかったようです。このような、さまざまな領域における研究をならべて読んでいくと、それぞれの研究は、まったく違う目的を持った独立した研究なのですが、いくつかの重要なアイデアによってつながっている、あるいは1つの研究で得られたアイデアが、他の領域の研究で発展していった様子がよくわかります。

そのアイデアは、コミュニケーション、システム、サイバネティックス、情報（理論）、進化（生得）と学習、そして数学的論理性でしょう。さまざまな研究テーマをこうしたアイデアを道具に、既存の理論の限界を超えて、必死に、そして創造的に考え続けたというのがベイトソンの研究人生だったように思えます。

そうした研究を通じて晩年に到達した，「生物，社会，地球生態系は階層構造をなす，自己修正的なシステムであり，そこでは負のフィードバックがシステムが不安定になることを防止してきた。しかし，システム全体を離れて特定の利己的目的をもって活動することができるように進化した人類は，自らがその一部である地球生態系システムを脅かす存在になってしまった」という主張は，現在の地球環境問題に対してとても価値を持つ説明理論でしょう。

また，心理学と関係が深い知見としては「生物は学習を通じて，学習する方法自体も学習する」「非言語的コミュニケーションでは直接的に否定を伝えることはできず，肯定の内容を示したうえで，それを実行しないことでしか伝えられない」などのことがわかりやすく説明されています。

個人的には，「環境の変化に対して生物はまず個体の身体の変化によって対応するが，そうした変化の余力を維持するために，遺伝子レベルで変化を固定する」という説明が興味深かったです。

内容は広く，また高度ですが，比喩や例を多用して要点を繰り返しながら，ゆっくりと，丁寧に展開される文章は読みやすいものです。難しい内容をやさしく伝える文体のとてもよい例にもなっています。

Bateson, G. (1972). *Steps to an ecology of mind*. New York, NY, USA：Ballantine Books.
（ベイトソン，G. 佐藤良明（訳）(2000). 精神の生態学［改訂第2版］ 新思索社）

本6　『皇帝の新しい心——コンピュータ・心・物理法則——』

ロジャー・ペンローズは数学者で，理論物理学者です。車椅子に乗った天才物理学者のスティーブン・ホーキングと共同でブラックホールが宇宙にありふれた存在であることを示した研究で知られている，現代の最高の科学者の一人です。

ペンローズが『皇帝の新しい心』で言いたかったことは，「脳内神経であるニューロンの樹状突起の成長と収斂に，ユニタリ発展している量子が観測により収斂するときの非局在的効果が関係している。これが意識の発生に役割を演じている。そして，この過程は非アルゴリズム的な過程であるために，アルゴリズム的な過程である人工知能・AIは人間の脳をシミュレートできない。したがって，AIは人間の脳と同じ過程で機能しないので，意識を持たない」ということだけです。

しかし，この文章を理解するためには数学，古典的物理学，量子物理学，そし

て，古典的物理学の完成形である一般相対性理論と量子物理学を統合した未完の物理学である量子重力論，さらに，心理学・脳科学と情報科学・認知科学の知識が必要です。こうした知識をすべて持つ，ごく少数の読者を相手に本を書くこともできたと思います。しかし，ペンローズは違いました。ペンローズは，彼の主張の理解に必要な知識をはじめから説明しようとしています。そのため，本来の主張である「心の物理学はどこにあるのか？」という章の前に，450ページ以上を使って，上のすべての学問領域に関して解説をしています。

　そして，この各学問に関する解説がすばらしいものです。文章がわかりやすく，著者が伝えたい点が明確であり，また読者が知るべきことと知りたがることをよく理解していることが伝わってきます。単なる知識の羅列ではなく，そうした各知識がどんな意味を持ち，どう関係しているのかが理解しやすい構成になっています。近代物理学の発展過程，相対性理論，量子物理学についての最良の解説書といっていいと思います。

　脳の構造と機能に関してもすばらしい解説があります。私がこれまで読んだことがあるどの記述よりも，読者の理解の必要性に応じた整理がされています。こうした脳の解説書は単に各部分と領域の説明だけをしていることが多く，その関係が伝わらないものが多いのですが，この本の記述は各部分と領域の機能的な関係性を中心に説明がされており，その結果として読者は各部分と領域についても深く理解でき，知識として記憶に残ります。わずか5ページでこれだけの内容を説明できることは驚きで，許されるならば全文引用したいほどです。とくにこれから心理学を学ぶ人には，ぜひ読んでほしいと思います。

　ペンローズは現在の科学ではまだわからないことがあると思っています。また現在の数学と物理学は理論的に精密で，正確ですが，計算・演算（アルゴリズム）では解けない問題，「不確定」な問題があることを示しています。しかし，彼は現代の科学にこうした限界があっても，科学を信じています。科学ではわからないものがあるので，科学はだめであるとして，超科学的なもの，たとえばスピリチュアルなものを持ち出す場合があります。それはある意味，楽な方法です。しかし，われわれはそうした道ではなく，ペンローズと同じように，たとえ大変であっても「科学的であること」を信じて，探求の道を行きましょう。

　実は500ページを超える『皇帝の新しい心』を最後まで読んでも，人間の意識がどうして生じるのかはわかりません。大きな方向性を示す仮説だけが提示されています。上に紹介した「AIは意識を持たない」という主張がこの本の内容のすべてといってもいいのです。しかし，読み終えたときの感動と充実感はすばらしいものがあると思います。何となくではありますが，世の中の仕組みがわかっ

> たような気がするのではないでしょうか。本当に知的な文章というものがどんなものなのか，最良の見本でもあると思います。
>
> Penrose, R. (1989). *The emperor's new mind : Concerning computers, minds, and the laws of physics*. Oxford, UK : Oxford University Press.
> （ペンローズ，R. 林 一（訳）(1994)．皇帝の新しい心――コンピュータ・心・物理法則―― みすず書房）

2.1.3 今までほとんど本を読まなかった人へ

　本を読む習慣がほとんどない人もいるかもしれません。読書は趣味であり，私は興味がないと思っている人もいるかもしれませんね。しかし，「2.1.1 本を読む理由」に書いたように，本を読むというのは単なる趣味ではなく，思考力や知識のシステムを成長させるために必要なことなのです。

　これまで教科書や参考書以外の本をほとんど読まなかった人は，どんな本でもいいので，まず本を読むことに慣れてほしいと思います。ライトノベルでもいいですし，エッセイなども読みやすいと思います。書店に行って少し中身を読んで，面白そうなもの，読めそうなものを探してください。表紙が気に入ったというのも立派な理由になります。また，図書館で目についた本をいろいろ借りてみるのもいいと思います。すべてを読む必要はなく，一冊でも気に入った本があればいいと思えば十分です。

　また新書を読んでみることもお勧めします。新書というのは文庫よりもやや縦長なサイズの本です。新書は幅広い読者のための入門書や解説書になっていることが多いので，読書に慣れない人にも読みやすいものが多いです。しかし，歴史のあるしっかりした出版社の新書は著者もすぐれた人が多く，内容はとても質が高いです。また，分量も新聞の朝刊1部と同じ程度といわれていますので，読書初心者でも無理のない分量だと思います。

　読書が苦手な人がいきなり専門的な学術書や分厚い本を読もうとする必要はありません。むしろ今の自分にはまだ難しい本を読んで本を読むことが苦痛にならないようにしてください。スポーツや楽器の練習と同じで，本を読むことにも練習を積んで，少しずつ難易度の高い段階へ進むことが必要なのです。

上に読書は単なる趣味ではないと書いたものの，一度その習慣を持てば，本を読むことは一生楽しめる趣味になることもたしかです。本を読みつくすことはありえませんし，本を読み進めば進むほど，さらにいろいろな本が読めるようになっていきます。最上の知的な趣味です。ぜひみなさんもこの趣味を楽しんでください。

本書では，内容に関係させてなるべく多くの本を紹介したいと思います。すでに出てきていますが，本文中に［→**本**］という指示があった場合には，その近くにコラムの形で本の紹介があります。ぜひ読んでもらいたい本だけを選んだつもりです。難しさのレベルは易しいものから，かなり難しいものまでありますが，それでも，基本的にはこの本の読者に向いた本ですし，またこうした本も読んでほしいという期待もあります。

2.1.4 本を探す

本を探す方法としては書店で探す，図書館に行く，インターネットで検索するなどの方法があると思います。それぞれ利点があるのですが，弱点もあります。

書店で本を探す一番の利点は現物を手にとって見ることができることです。実際に本を確認してみることで，書名（タイトル）や評判だけからではわからないいろいろなことがわかります。目次を眺めたり少し読むことで，自分が期待している内容かどうかの大まかな判断ができます。また文章の難しさ，語り口や文体，ページ数と活字の大きさなどもわかります。これらはみな今読むべき本かどうかの判断において大切なことです。

また，書店のいいところは，ジャンル・分類ごとに本が並んでいることです。自分が目当ての本を探すついでに，同じような内容の本，関係のある本も自然と見つけることができます。たとえ，あることに関心はあるものの何を読んでいいかわからないときでも，そのジャンルの棚に行けば必要な本を見つけることができることが多いでしょう。目当ての本を探すのではなく，偶然いい本に出会えることが書店の最大の利点だといってもいいでしょう。そのためには，できるだけ大きな，いろいろなジャンルの本を扱う書店に行ってみてください。

2.1 本を読む

　そして，いろいろなジャンルの本の棚を回ってみてください。小説（またはマンガ）や参考書のコーナーしか行ったことのない人は，ぜひ思想書や哲学書の棚を眺めてみてください。また，大きな書店の小説コーナーには街の本屋さんでは出会えないような面白そうな小説，文学作品があります。ベストセラーや映画・ドラマになるような小説は誰が読んでも面白い小説ですが，小さな出版社が出しているマイナーな小説は，多くの人は面白いとは思わないかもしれませんが，少数の人はとても気に入るのです。はまるのですね。こうした自分専用のような小説をぜひ見つけてください。ちなみにここでのマイナーというのは，あまり売れていないという意味で，質とは関係ありません。多くのマイナーな作品はむしろ世界的な評価を受けています。私は大きな書店でこれまで出会ってきたマンディアルグ，山尾悠子，稲垣足穂の作品や，その他の多くの幻想小説などを思い浮かべながらこの文を書いています。哲学書や思想書を読んできた本好きの人は，自然科学や数学，工学，コンピュータのコーナーにも立ち寄ってみてください。きっとそこにも面白そうな本がありますよ。

　本を扱う店には古書店もあります。ここで話をしているのはゲームやCDと一緒に本も買い取ってくれる，中古本屋のことではなく，昔ながらの古本屋さんのことです。とくに大学の周りや古書店街といわれる場所にある古本屋を考えています。本の専門家，本好きの人にはこうした古本屋に行くことを勧める人が多いですが，古本屋に本を探しに行くことにはやや注意が必要です。

　ただ目的もなく古本を眺めるのであれば何も問題はありません。新品の本を扱う書店ではすでに置いていない昔の本が古本屋にはあります。興味がある本に出会えるかもしれません。

　しかし，目当ての本を古書店で探すのはかなり大変なことです。古本屋というのは多くの本をなるべく幅広く置いているわけではありません。比較的狭い店舗の中に，かなり限られた本を売っているだけなのです。そして，多くの場合専門とするジャンルを持っています。ですので，まず自分が探している本のジャンルを扱っている古本屋さんを知ることが重要です。しかし，専門が合っている古本屋に1軒だけ行って目当ての本が見つかることはほとんどありません。複数のその専門の古本屋に行っても，目当ての本を見つけることができる

ことはめったにないと思います。古本屋の書棚にはあらゆる本が売られているわけではありません。したがって，古本屋の書棚から目的の本を買うためには，定期的に複数の古本屋を訪れることが必要になります。実際，古本屋を勧める本好きの人の多くは，この定期的な古本屋街のパトロールを趣味にしているようです。しかし，それはすべての人ができることではないと思いますし，悪い趣味だとは思いませんが，ぜひと勧められることでもないと思います。私が古本屋街に行くのは年に4，5回，しかもほとんどは他の用事のついでです。そして自分が探している本を見つけられるのは多くともその中の1回か2回程度だと思います。

　古本屋で目当ての本を買うもう一つの方法は注文することです。注文しておけば，よほど特殊な本でなければ古本屋さんが見つけてきてくれます。しかし，見つけてきてくれるまでに数カ月から数年かかることもあります。みなさんがそこまで待つほど必要な本はそれほどないでしょう。また，どうしても必要な本はすぐに必要な本ではないでしょうか。また注文した場合には，現物を見てから購入を断わることはなかなか難しいです。したがって，今のみなさんに古本屋で注文することはあまりお勧めしません。古本屋はすばらしいものだと思いますが，使いこなすのは簡単ではありません。

　次に図書館で本を探す場合を考えてみましょう。図書館には街(まち)の図書館，大型図書館，大学図書館などがあります。ここでの街の図書館とは市区町村などが運営している図書館のことです。大型図書館とは県や国が運営しているもので，国立国会図書館がその代表です。大学図書館は，各大学や学部が所有する図書館です。

　街の図書館は基本的に近隣の住人が読書や調べ物をするためにあります。街の図書館にはいろいろな規模のものがありますが，大きな図書館であれば数万以上の蔵書数がありますので，役に立つ本を見つけられることも多いでしょう。街の図書館の多くは開架式，つまり本が並んでいる棚から本を見つけることができますので，書店に行くのと同じように，棚で本に出会う機会も多くなります。最新刊を探すのであれば書店のほうがいいのですが，やや古い本であれば図書館のほうが見つかる可能性が高いこともあります。本当の専門書や特殊な

本はあまりありませんが，最初に調べ物をするときには街の図書館はとても役に立ちます。また，最近は街の図書館でも検索システムがとてもしっかりしてきました。館内の蔵書だけではなく，周辺の図書館の蔵書も検索が可能で，その図書館にない本の取り寄せができることもあります。

　大型の図書館は一般的な読書やふつうの調べ物ではなく，やや専門的な，職業的な研究や調査のための施設です。また，国立国会図書館のように日本国内で出版されたすべての刊行物を保存するという役割を持っていることもあります。このように大型の図書館には専門書や珍しい本を含めて広い分野の多くの本が揃っています。たとえば国会議事堂の近くにある国立国会図書館には本だけで約 1,000 万冊の蔵書があります。しかし，その中には多くの貴重な本があるので利用法に制約が設けられています。入館のときに申し込みが必要になっていたり，無断での本の持ち出しを防ぐために，カバンや袋を館内に持ち込めないこともあります。また国会図書館のように閉架式を採用している図書館もあります。閉架式とは本が並ぶ棚が利用者が入れないところにあり，必要な本は依頼して図書館員に持ってきてもらう方式です。本が並ぶ棚に利用者が自由に行ける開架式と対比した用語です。閉架式では書棚を眺めることができませんので，書棚での偶然の出会いがありません。書棚で目的以外の本を見つけられるのが図書館や書店の最大の利点の一つだとすると，閉架式図書館はその利点を失っているということになります。

　したがって，大型図書館にはやや覚悟を決めて行きましょう。ふつうの県立図書館であれば街の図書館の大型版のようなところもありますが，数十万から百万冊以上の蔵書を持つ中央図書館などの名前がついた図書館には閉架式であったり，利用制限が厳しいことがあります。とくに国立国会図書館は特殊な図書館です。国会図書館は，日本語で書かれた本であれば，雑誌を含めどんな本でもほぼ確実にあります。ですが目的の本がない場合に，役に立つ本を見つけるのは簡単なことではありません。国会図書館の蔵書はインターネットで検索できますので，あらかじめ自宅で必要な本を見つけてから訪れるのも効率的かもしれません。

　大学図書館は学生の学習と教員の研究のための図書館です。全国には約

1,600 の大学図書館があり，その総蔵書数は公共図書館の総蔵書数とほぼ同じで 3 億冊を超えています。学習と研究のための図書館ですから専門書や学術書がたくさんあるのが大学図書館の特徴です。とくに，その大学が教育している専攻に関する専門書は充実しているはずです。また，大学図書館はおもにその大学の学生と教員のための図書館ですので，多くの大学図書館は誰でも自由に利用できるわけではありません。大学生が他大学の図書館を利用するときには，自分の大学の図書館とまず相談してみてください。必要な方法を教えてくれます。

　大学図書館もまた貴重な本を多く持っていますので，少なくとも部分的には閉架式の書架を採用したり，入場制限を行っていることがあります。しかし，ほとんどの大学図書館には開架式の部分や申請すれば入場できる開架式のコーナーがあるはずです。また，大学図書館の検索システムは最近とても充実しており，自分の大学の図書館にない本でも，その本がある他大学または他のキャンパス・学部にある図書館を調べられることがあります。大学図書館にそうした検索システムがない場合でも，「CiNii Books」という検索サイトを使えば，目的の本がどの大学図書館にあるかを検索できます。「CiNii Books」自体は Google などのふつうの検索サイトで簡単に見つけられます。

　このような他の大学図書館にある本は，自分の大学の図書館を通じて取り寄せることができます。先ほど書きましたように，大学図書館の総蔵書数は，公共の図書館の総蔵書数と同じくらいありますし，大学図書館の性格から専門書や学術書は公共の図書館よりも多く揃えているでしょう。大学図書館を利用することは大学生の権利ですので，ぜひ大学図書館を有効に利用してください。

　最後にインターネットで本を探すことを考えてみます。インターネットで本を探す方法の一つはインターネット上の通販サイトで本を見つけることでしょう。Amazon に代表されるインターネット上の書店の品揃えはとても充実しています。よほどの大型書店をのぞくと最大の品揃えがあります。しかも，定休日もなく夜中でもどんな時間でも利用可能で，購入総額が一定額を超えれば，配送料なしで数日中に本が手元に届くという便利さです。インターネット上の書店がこれだけ繁栄しているのはよく理解できることです。

2.1 本を読む

　これだけ便利なインターネット書店ですが，本を探すときに少し注意したいこともあります。まず，現物を手に取れませんので，現物があればすぐにわかる目次や大まかな内容など本当に自分に必要な本かどうかを判断する材料が不足することがあります。本というのはそれなりに高額な商品ですので，時には購入の判断が難しくなります。

　また，インターネットの書店では本に対する一般人の評価やレビューが示されていることがありますが，これらは判断の基準としては利用しにくいものです。とくに学術書や専門書に対する評価はあまり参考にはなりません。なぜならば，ほとんどの場合に誰が評価しているかがわからないからです。難しい，あるいは易しいと評価されていても，それが高校生の評価なのかそれとも何かの専門家の評価なのかではその意味はまったく違うものです。読みにくい，についても同じです。専門的で重厚な内容の本は，本を読み慣れない人には難しく感じますが，それを自分が専門書を読み慣れていないからではなく，文章が悪い，難解すぎると評価することはありそうなことです。また，役に立つ，役に立たないも同じです。専門性が高くなれば，役に立つ用途は限られるので，ただ役に立たないという評価にはあまり意味がありません。

　また，翻訳書の訳が悪いという評価も判断が難しいものです。たしかに翻訳書の文章は読みにくいことが多いのですが，それは外国語で書かれた他人の文章を別の言語で表現しているのですから当然のことです。読みやすい訳をするには特別な能力が必要ですが，さらに多くの場合にはやや意訳することが必要です。意訳とは，訳文が読みやすくなるように，元の文の表現を少し変えたり，1文を2つに分けたり，2文を1つにあわせたり，あるいは語順を変えたり，ある言葉を似たような別の言葉に入れ替えるようなことです。言い換えれば，意訳とは，直訳つまり文の一つひとつの言葉を忠実に訳すのではなく，意味がほぼ同じになる別の文を作文することです。言語によって構文，つまり文の組み立て方の基本パターンの特徴が違いますので，直訳をすると自然な文にはならないことが多くなります。そして，文学作品であれば，読みやすさ，あるいは言語表現としての自然さを重視しますのでやや意訳をすることは必要かもしれません。しかし，専門書や学術書の場合には少しでも意訳することは避けた

いと思う訳者は多いと思います。とくに，職業的な翻訳者ではなく，学者や研究者が翻訳をした場合には，意味が少しでも変わらないように基本的に直訳をすると思います。そしてそうした本を必要とする専門家の多くも，正確な意味が伝わらない意訳よりも，たとえ不自然な文でも，意味は正確な直訳を望ましい，あるいは避けがたいことと感じます。ですので，専門書や学術書の訳が悪いという評価はそのままでは受け入れられないことが多いのです。一般人のレビューを否定しているのではありません。しかし，それがあなたにとって適切で必要な情報かどうかはわからないことが多いといっているのです。

インターネット書店のもう一つの弱点は，閉架式の図書館と同じように，隣に並んだ本との偶然の出会いがないことです。インターネット書店によっては同時に購入された本が提示されることもありますが，それではやはり不十分です。またインターネット書店のサイト内で検索をしたとしても専門書や学術書はそれほど売れるものではありませんので，うまく上位に提示されるとは限りません。

こうしたことを考えると，インターネットの書店は目的の本を購入するのに向いていて，こんな感じの本が欲しいといった本を探すにはやや限界があるようです。自分にとって本当にいい本に出会うには，インターネットの書店だけではなく，やはり時々は実際の書店に足を運んで，いろいろなコーナーを回り，実物の本を手に取ることも必要だと思います。

2.2 ノートをとる

知識を手に入れるための方法として，次にノートをとるということについて考えてみたいと思います。ノートをとる目的は何でしょうか。大学生にとっては2つあるでしょう。

1. 試験に必要な内容を記録し，授業内容を理解するため。
2. 知識を身につけ，思考力を鍛えるため。

「試験のためのノート」と「知的学習のためのノート」のそれぞれについて考えてみましょう。

2.2.1　試験のためのノート

　大学の試験は大きく分ければ2つの形式があります。一つは高校までの試験や入試問題のような形式です。いくつかの問題が出され，比較的短い解答が求められます。穴埋めや選択問題も出るでしょう。理数系の授業や心理学に関する授業でも統計などでは計算や数式の問題が出されることもあります。ここではそれらを小問形式とよんでおきましょう。もう一つは小論文のような形式です。大きな問題が1つ，あるいは少数出題され，比較的長い答えを書くことになります。この2つの形式が組み合わさった試験もあります。

　こうした試験のために授業の内容を何らかの形で記録する必要があります。もちろんノートをとることはその一つですが，それ以外にもいろいろな方法を合わせて使い，効率的に後で内容を理解できるようにしましょう。まず考えられることは教科書を使うことです。授業で指定されている教科書は授業の内容を含んでいるはずです。とくに授業を行う教員が書いた教科書であればほとんどの部分は授業内容と同じでしょう。授業のまえに教科書を読んでおくことが一番いいと思いますが，授業中に教科書を開いておき，該当する内容を追っていくということでもいいでしょう。そして，教科書に書かれていないことを教科書に書き込んでいきます。教科書の余白だけでは書ききれない場合には，ノートに書きますが，その場合も教科書の該当ページを書き記しておくと，後で教科書と結びつけやすくなります。

　また，プリントが授業で配られることもあると思います。このプリントはとても大切です。教員が絶対に教えておかなければいけないこと，正確に伝える必要があることがプリントには書かれているからです。つまり，これは試験に出ることとほぼ同じ意味になります。プリントの使い方も教科書と同じです。プリントに書かれていないことがあったら，プリントの関係箇所に書き込みます。書ききれなければノートに書き，関係するプリントのタイトルなどを書いておきます。これも，後で結びつけやすくするためです。

　教科書を指定せず，プリントも配付しない，黒板への板書が中心になる授業では，板書をノートに書きとることが基本になります。しかし，板書されていないが先生が話した重要な内容も書きとるようにしたいものです。また，板書

を文章で書く教員もいますが、ほとんど単語しか書かない人もいます。単語しか書かない場合には、口で言ったことを書きとめることがとくに重要になります。また、板書を説明する中でとくにここが重要だと言ったところや同じことを繰返し説明した、板書した箇所にはノートに印をつけておきましょう。他とは違う色を使うとよく目立ちます。重要な内容を言ったり、板書の中で重要な箇所を説明する際には、声が大きくなったり、ゆっくりしゃべったり、あるいは「いいですか」「つまり」「ようするに」などの前置きがされたりします。先生の様子もよく観察して、重要なところを見抜きましょう。最近はプロジェクターとスクリーンを使った授業も多いですが、それも板書と同じだと思ってください。

しかし、先生が言ったことを全部書き写すのは難しいですし、できたとしても書くのに精いっぱいで、話した内容がわからなくなるおそれがあります。したがって、授業中はすべてを記録するのではなく、重要なキーワードや説明などを記録するというつもりでいいと思います。しかし、そのままにしておいてはいけません。授業を受けたその日のうち、あるいは数日中に授業の内容が理解できたことを確認する必要があります。

これは教科書やプリントに書き込みをした場合もそうですが、とくに板書と話したことを記録したノートはそのままでは不完全なことが多くなります。ですので記憶がまだ新しいうちに、ノートを読んで、自分で意味がわかるようにしておく必要があります。つまり、ノートに加筆するのです。記憶の中から書ききれなかった部分を追加したり、わからない部分を調べて書き加えるということです。記憶によって加筆したり、調べて説明を追加してもわからない部分があった場合には、友達に聞いたり、先生に聞いたりしてわからない部分を解決しておくことも必要です。最近はオフィスアワーという時間が用意されていることが多くなりましたが、オフィスアワーとはこうしたわからない点や授業に関する疑問を教員に相談に行く時間のことです。

また、このようにノートに加筆をするために、ノートにはあまりびっしり書き込まないで、余裕をもって書きましょう。加筆部分の文字の色を変えれば、授業中に書いた部分との見分けがつきやすくなります。そうしておけば、試験

勉強のときに先生が言った言葉がどれなのかを判断しやすくなるでしょう。はじめから加筆部分をノートのページの中に用意しておく方法もあります。大学ノートのように綴じられたノートであれば，授業中は右，あるいは左ページにのみ書き込み，反対側のページを白紙にしておけばいいのです。あるいは，図1のように各ページを線で仕切って，書き込みスペースを確保するという方法もあります。水平線や垂直線を引いて，あらかじめ加筆用のスペースを確保しておくということです。ルーズリーフであれば，新しい白紙ページを適当なところに追加してもいいでしょう。

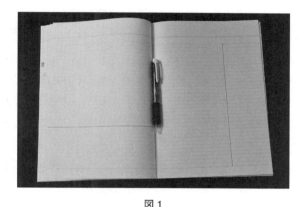

図1
ページの下や脇に書き込みスペースを確保した例です。いろいろと試してみて，自分でやりやすい方法を見つけてください。

このノートへの加筆作業をするためにも，授業内ではひたすらノートをとるのではなく，内容を理解する余裕も必要になるのです。とくにそうした理解なしでは，いくら文字が書いてあっても，意味のあるノートにならない，つくれないということになってしまいます。試験勉強には自分で理解ができるノートが必要です。

2.2.2　知的学習のためのノート

ここまで話をしていたのは授業のノートですので，基本的には授業を理解す

るため，つまり単位が取れるための勉強に必要な内容が書かれていることがまず必要です。しかし，授業のノートをもっと積極的な知的学習のために使うことができます。つまり，単に試験のために勉強するのではなく，より深く授業の内容を理解し，思考力を高め，自分の知識のシステムを洗練させるために授業のノートを使用することができます。それは，自分の意見や分析・批判を書き加えることです。また，関係した内容についていろいろと調べて書くこともいいでしょう。こうしたことを書き加えることで，単なる授業ノートではなく，あなたの思考の記録になり，また今後の思考の材料になります。そして論理的な思考をするためのとてもいい訓練になるのです。できるだけ早いうちにやってください。時間がたつと授業の内容やそのときの感想を忘れてしまいます。この書き込みをするためにも，ノートは余裕をもって書くか，あらかじめ書き込みのスペースを確保してください。

またこうしてノートに自分の考えや調べた情報を書き加えることは，「4.8 ノート術」で説明する，考えるためのノート術のよい練習にもなります。もっとも，このように，記録に自分の考えや調べたことを加筆することが思考の記録にも思考の訓練にもとても役に立つと，私がわかったのは学生生活を終えたはるか後のことです。残念ながら過去の自分にこの有効性を伝えることはできませんので，その代わりにみなさんに伝えています。

2.2.3　どんなノートや筆記用具を使うのか

書き込みに違う色を使うのであれば，ノートの記入には鉛筆・シャープペンシルではなく，ボールペンを使うほうがいいでしょう。鉛筆・シャープペンシルの線はそれほど濃く，はっきりしたものではないので，ボールペンで書き込みをすると，後で書き込んだボールペンの字のほうが目立ちすぎてしまいます。だからといって，細い線が描きにくい色鉛筆で書き込みをするのもあまり現実的ではないでしょう。それであれば，はじめからノートもボールペンでとるのがいいと思います。非常になめらかに書けるボールペンがありますので，そうしたボールペンを使えば，ノートをはやく，そして楽にとることができます。これは板書を忙しく写し，先生の話したことを書きとめるのに役に立ちます。

2.2 ノートをとる

ふつうに考えれば，ノートをとる場合には黒を使い，書き込みに赤や青を使うことになります。私はよく1本で3色が使える3色ボールペンを使っています。また書き込む内容の種類，たとえば自分の意見と調べたことなど，別に色を決めたほうがいいかもしれませんが，あまり厳密なルールを決めると負担になるので，自分なりのやりやすい方法でいいと思います。ちなみに私はそういうルールは守れないほうです。

また，みなさんには万年筆はあまりなじみがない筆記用具かもしれませんが，多くの文字を疲れずに書けるという点では実用的です。万年筆の書き味には独特の感覚がありますので，書くこと自体が喜びになる人もいるかもしれません。いろいろな色のインクを使えるのも万年筆の楽しみです。高価なものもありますが，入門用の実用品でも十分な性能がありますので，一度試してみてください。インクの色は最初は青がお勧めです。その後はお好きに。黒，赤が定番ですが，紫，青緑（ターコイズ）なんていうのもあります。

ノートは大学ノートのように綴じたものでも，ルーズリーフでもどちらでもかまわないと思います。綴じ方も本のように綴じているものとリングで綴じているものがありますが，これも好きなほうをどうぞ。しかしレポート用紙のように切り離せるものはあまりお勧めしません。ノートとして管理や整理がしにくいからです。切り離さないで使うつもりでも，ついページが離れてしまうものです。あらかじめ穴があけてあり，ルーズリーフのようにまとめることができるものであれば問題ありませんが，そうでなければパンチで穴をあけて，ファイルしなければならなくなります。それはかなりめんどうくさいことです。クリップやホチキスで束ねておくというのは，書き込みがしにくいので，ここで説明したノートとしての役割を十分にはたせません。

サイズはB5がふつうでしょう [→**ボックス1**]。ルーズリーフはほとんどB5だと思います。本のように綴じられたノートを使うときには，A4も候補です。A4サイズのノートでは書き込みをするためのスペースを十分にとることができます。そのため，ここで説明した授業用のノートとしては向いています。授業で配られるプリントの多くはA4かA3サイズなので，A4であればそのままで，A3は二つ折りにしてはさんでおくのにも適しています。A4サイズのノ

ートはこれまであまり使ったことがないと思いますので，やや大きいと感じるかもしれませんが，使ってみれば使いやすいサイズです。

本のように綴じられたノートにもいろいろな種類があります。大きな文房具店に行くと，すぐれたデザインのもの，かわいいもの，輸入品，高級品，書きやすい紙を使ったものなど，さまざまなノートが売られています。そうした中から自分が気に入ったものを選ぶのもいいことだと思います。例外もありますが，ほとんどのノートは大して高価なものではありません。愛着がわく道具を使うことは，作業を楽しくしてくれます。使いたくなるような道具をそろえるというのも，何かの技能を身につけたり能力を高めていったりすることをずいぶん助けてくれます（と私は感じています。それは私がモノマニアだからでしょうか）。

ボックス1　紙のサイズ

　紙のサイズの基準にはAとBという2つがあります。A4サイズというのがいわゆるふつうのコピー用紙の大きさです。B5がふつうのルーズリーフのサイズです。AとBどちらも，後につく数字が大きくなると，サイズが小さくなります。この数字は元の紙を折った回数だと覚えてください。1回折れば$\frac{1}{2}$の大きさに，2回折れば$\frac{1}{4}$になることがわかると思います。1回も折られていない元の紙はA0，B0といいます。

　A，Bともに，数字の違うサイズは大きさはもちろん違いますが，縦と横の比は同じ，つまり相似形，大きさの違う同じ形です。また，このように長いほうの辺を何回折っても相似形になる長方形の縦と横の比率は白銀比といわれます。正方形の辺と対角線の長さの比になりますので$1:\sqrt{2}$になります。

2.3　辞書を引く

わからない言葉があったら辞書で調べる習慣をつけましょう。わからない言葉があるのは恥ずかしいことではありません。わからない言葉があってもそのままにしておくほうが恥ずかしいことだと思ってください。私も毎日わからない言葉を見つけて辞書で調べています。とくに同じような漢字の正確な意味を

よく調べます。たとえば「すすめる」には「薦める」と「勧める」の表記が使えます。調べてみると「薦める」は推薦する，「勧める」は勧誘するの意味でした。しかし，おすすめの本，おすすめの宿などの「おすすめ」は「お勧め」と書くのがふつうらしいです。日本語は難しいですね。

またこうした本を書く場合には，知っていると思っている言葉でも，本の内容の中でとくに重要な役割をはたす言葉は，辞書で正確な意味を確認することもしばしばです。

この本ではできる限り難しい言葉は使わないようにしました。しかし，どうしても使わなければ正確な意味が伝わらない場合には，やや難しい言葉も使われているかもしれません。また，言い回しが難しく感じるものもあるかもしれません。そうした場合には必ず辞書で調べてください。たとえばこの本で使われている命題という言葉について正確な意味を調べてみましょう［**→ボックス2**］。

辞書は紙の辞書でなくともかまいません。電子辞書でもかまいませんし，インターネット上の辞書でもかまいません。大学入学をきっかけに電子辞書を買おうとしている人にアドバイスです。大学生には次のような電子辞書がお勧めです。

- 国語辞典と漢和辞典が入っている。
- 英和辞典が複数入っている。とくに *"Readers"* や *"Random House"* のような大辞典が入っている。
- 和英辞典が入っている。
- 英語の類語辞典と連語辞典が入っている。

英和の大辞典があると，中小の辞典では調べられなかった言葉が調べられることがあります。また用例が豊富です。英語の類語辞典とはある単語の同じ意味，類似した意味の単語や言葉を調べるための辞典です。連語辞典とは文の中である単語と一緒に使える単語や言葉を調べる辞典です。どちらも，英語で文章を書くときに必要になります。

インターネット上には多くの辞書のサイトがあります。どのサイトで調べてもいいですが，運営者が信用に価する，また用例が豊富な辞書サイトを選びま

しょう。できれば複数の辞書サイトで意味を確認することが望ましいです。

> **ボックス2　命　題**
>
> 　命題とは真あるいは偽である文や数式のことです。つまり正しいか誤っているかの性質を持っているかという真偽の判断ができる対象のことです。哲学的な議論や数学的な記述でよく使われる言葉です。
>
> 　命題はやや難しい言葉ですので，使わないですめば使わないほうがいいと考えるかもしれません。実際，命題には「意味」「判断」「テーマ」「主張」などと似た部分や重なる意味があるので，こうした他の言葉で言い換えができることもあります。しかし，どうしてもできないこともあるのです。あるいはできたとしても，いちいち長い説明が必要になってしまうかもしれません。命題という言葉を使うのが一番ふさわしい文というものがあるのです。難しいからという理由だけで言葉を使わないことはできない場合もあるのです。辞書を引き，意味を調べて，いろいろな言葉を正確に使いこなせるようになりましょう。
>
> 　また命題という言葉を使えるようになれば，関係する他の抽象的な言葉の意味も理解しやすくなります。たとえば，排中律というのは命題が正しいか正しくないかのどちらかであり，それ以外の性質を持たないことを意味します。

2.4　インターネットで検索する

　辞書サイトだけでなくインターネット上には多くの情報があります。インターネットは情報というもののあり方を根本的に変えてしまいました。インターネット登場以前は，情報を手に入れるための技術が必要でしたが，インターネット登場以降は情報はありあまるほど手に入ります。むしろ不要な情報をより分ける技術が必要になっています。

　私もインターネットで調べものをすることがあります。わざわざいろいろな本を調べる必要もなく，GoogleやYahoo!などの検索サイトに言葉を入れるだけで情報が検索できることは，とくに自分の専門以外のことを調べる場合にはとても便利に感じます。しかし，自分の専門のことやある程度くわしいジャンルのことを調べた場合には，やや問題点を感じることもあります。知的な情報に関しては完全に間違った情報というものはあまりありません。しかし，完

全に正しいとはいえないことが書いてあることがそれほど少なくないのです。これはWikipediaなどのインターネット上の百科事典にも当てはまることです。そして，1箇所のサイトだけでなく，複数のサイトに同じような内容の，不正確ではないが厳密には正しくないことが書いてあることがあります。

　これは，最初に書いた人がうろ覚えのことを書いたり，推測で書いた内容を，他の人が写した，参考にしたからなのだろうと思います。つまりサイトを作成している人の最大の情報源は他のサイトであり，どこかのサイトに掲載された知識は，誤った知識であっても修正されることなく，どんどん広まってしまうということです。つまり，最初にオリジナルな知識をインターネットに載せる人はごく少数なのです。他の人は他のサイトの情報を複製しているということになります。したがって，同じ情報がたくさん見つかったので，その情報は信頼できるということにはならないということです。同じことが書いてあっても，多くの場合それは1つの情報元の複製である可能が高いのです。これが完全に間違った情報が少ない理由でもあるでしょう。

　こうした状況で，インターネットで正しい情報を見つけるにはどうしたらいいのでしょうか。一つには情報の発信者を確認することです。責任や名誉がありますので，匿名で運営されているサイトよりは運営者がわかっているサイトのほうが信用できることが多いでしょう。また，大学や研究機関に属している人が運営しているサイトの信頼性は高いと思います。同業者なので信用しているわけではありませんし，学者や研究者が頭がいいので間違わないと言っているわけでもありません。これは評判の問題です。学者や研究者は知的能力で活動しているわけですので，間違ったことを書いたことがわかった場合には評判が落ちると感じています。したがって，間違ったことを書いたときに受けるダメージが大きいので，間違わないようによく注意することになります。日本国内の大学や研究機関のサイトはホームページアドレス（URL）の最後の国名を示すjpの前が，ac（academic：大学）やor（organization：非営利法人），go（government：政府機関）などになっていることが多いので，サイトの管理者を示しているページ以外にアクセスした場合でも判断ができます。

　また，インターネットで調べた情報を利用するための方法として，インター

ネットで調べた情報は間違っていることもあるとつねに意識することも有効でしょう。あくまでも参考情報として利用し，他の情報との矛盾やより正しそうな情報に出会ったときにはすぐに修正しようと思っておくことです。今や本に載っている情報以外は信用できないなどと言っていられる時代ではありませんが，やはり本などの信頼できる情報でインターネットの情報の正しさを時々は確かめながら，確実な情報を利用するようにしたいものです。

2.5 第2章の課題

1. 本を探してみよう

　この章で紹介した本を探してみましょう。もしもすでに他の章も読んでいるならば，他の章で紹介した本でもかまいません。近所の本屋さんで見つかる本もあるとは思いますが，多くの本は大きな書店や図書館にしかないと思います。そして，今までにあまり行ったことがなかった書棚を探すことになると思います。できるだけ大きな書店や図書館に行ってみましょう。首都圏に住んでいる人は国立国会図書館にもチャレンジしてみてください。何冊かを見つけることができたら少し読んでみてください。そして気に入った本があったら買ったり，借りたりして読んでみてください。

2. お気に入りのノートと筆記用具を準備しよう

　これからの勉強に備えてお気に入りのノートと筆記用具を用意しておきましょう。ノートにはいろいろな種類がありますので使いやすいものに出会うためにいろいろなものを試してみてください。この後の「4.8　ノート術」にはノートの使い方の紹介もあるので，それも試してみましょう。

　筆記用具としてはこれからは鉛筆，シャープペンシルだけではなくボールペンを使う機会が増えるので良いものを用意しましょう。良いものとは高級品ということではなく，書きやすい高性能なものということです。外国製のブランド品ではなく，数百円の国産の実用品です。書く際のなめらかさと文字の太さを考えると日本語をたくさん書くには日本製のほうが向いていると感じることがあります。ボールペンのインクには油性，水性，その両方の長所をあわせる

ゲルインクがあります。これも好みがありますからいろいろと試してみてください。太さは 0.5 mm が標準的です。より太いほうがなめらかですが，小さい文字は書きにくくなります。多色ボールペンが便利ですが 3 色あれば十分かと思います。

3. 言葉を調べてみよう

電子辞書で「公平(こうへい)」と「公正(こうせい)」という 2 つの言葉の意味とその違いを調べてみましょう。答えは第 5 章の「ボックス 17　見慣れない言葉，違いがわかりにくい言葉」にあります。またインターネットの検索で「心理学」という言葉を調べてみましょう。

理解すること

"scientia potentia est"「知識は力である」とは約500年前に活躍した哲学者,フランシス・ベーコンの考えです。手に入れた知識を力にするためには理解することが必要です。

ここではまず知識を理解するもっとも重要な方法である本を読む方法について説明します。もちろん授業などで知識を理解することもありますが,多くの情報を理解する方法はやはり読書なのです。読書についてはこれまでも行ってきたことだと思いますが,いくつかのコツや注意点を説明します。その中で知識を理解していくとき,とくに本を読む際に注意が必要な「物事の正しさ」についてはくわしく説明します。

次に心理学を学ぶまえに理解しておきたい知識を紹介します。まず心理学という学問の中心的な対象である「心」とは何かを説明し,つづいて心理学の中で「人間」というものはどのように想定されているかという,心理学における人間観を複数紹介します。

最後に心理学を学んでいくときに必要な,あるいはあるといい心理学以外の知識や技術について紹介したいと思います。それぞれの知識や技術がなぜ必要なのか,どうやって学んでいくのかをわかりやすく説明します。

3.1 本を読む方法

本は自分のペースで読みましょう。線を引いたり,書き込みをして「自分の本」にしていきましょう。大事だと感じたところをノートに写したり,要約しておくこともいいことです。時には読むのを止めて,本の内容をじっくりと考えてみることも大切です。

「2.1.1 本を読む理由」で説明したように,本は内容を覚えておくためだけ

に読むわけではありません。内容は忘れてしまってもかまわないのです。思考のパターンを経験して思考力を鍛え，また自分の知識のシステムを成長させるために読むのです。

　こうしたことのためには，本はじっくりと読んでいく必要があります。必要以上にゆっくりと読む必要はありませんが，自分のペースで読んでいくことが大切です。途中で気がついたところには線を引いたり，マーカーで印をつけるのもいいことです。付箋といわれる端にノリのついた小さな紙をはさむのもいいでしょう。最近は薄いプラスチック製で持ち運びやすく，丈夫なものもありますのでお勧めです。また，気がついたこと，考えたことがあったら本の余白に書き込んだり，ノートをとるのもいいことです。ただし，ノートをとる以外のことは自分の本にだけ出来ることです。図書館の本に線を引いたり，マーカーで印をつけたり，書き込みをするようなことはけっしてしないように。

　また，自分の持つ知識と本の内容によって本を読むペースは変わります。たとえば自分にとってあまり知識のないジャンルの専門的な本，とくに古典的といわれるような本を読む場合には1時間に10ページ以下のペースで，1冊の本を全部読むのに数週間から1カ月程度の時間がかかることは珍しくないと思います。私にはこういうペースで読む本はかなりあります。たとえば私は今アダム・スミスの『国富論』全4冊をもちろん中断を入れながらですが，数カ月間読み続けています。同時に，この間に数十冊の本を読み終えています。自分がある程度知っている本であれば専門書でも数日で読み終わりますし，この本を書くために参考にした実用書などは書き込みをしながらでも数時間で読み終わります。この中で数週間，数カ月かかるような本の読書こそが，一番自分の思考力を鍛え，知識を洗練させてくれる読書だと思います。

　ところで，本を読むための技術として速読というものがあります。速読というのは大量の情報をすばやく処理していく方法です。したがって，速読が向いているのはすでに多くの知識を持っており，思考力も十分に鍛え上げた人が，重要な情報の見落としがないように大量の書籍に一通り目をとおす場合です。あるいは，ごく簡単な内容の概略をつかみたい場合です。いずれも読書というよりは，書籍の処理あるいは情報の処理という言い方がふさわしい行為です。

また速読法というのはなるべく速く文字を読んでいく，あるいは眺めていく方法ですが，いくらすばやく情報を入力できても処理できなければ意味はありません。さらに処理して言葉の意味が理解できても，その意味の価値や自分自身の知識システムにおける意味などを考える時間がなければ，時間がたてば言葉の意味そのもの，つまり本の内容は忘れてしまいがちですので，そこには何も残らないことになります。もちろん，自分にとって知っておくべきことがなかったという，安心は手に入れられると思いますが，それ以上の価値を何も手に入れられないことになります。

　こうして考えると，技術としての速読というものはすべての人が使うべきものではないと思うのです。すでに本を十分に読み，知識と思考力が十分にある人が，特定の本に対して用いるべき技術でしょう。必要な内容だけを探すのであれば，文字を眺める速さが大切ですが，それは本を読んでいるのではなく検索をしているのです。1日に10冊以上の本を情報検索処理することもとくに難しいことではないのですが，それは本を読むことではないのです。

　また，本を読む速度を決めるのは，文字を眺めていく速度ではなく，理解し，自分にとっての意味を判断する速度ですので，それは本を読む経験を積めば自然と速くなっていきます。ある程度の読書をした人にとって，ビジネス書のような簡単な内容の本の概略を10分程度で理解するために特別な技術はいりません。

3.2　正しいとはどんなことなのか
3.2.1　意見の正しさとは

　みなさんはこれまで，本に書いてあることは「正しいこと」だと受け入れてきたことと思います。しかし，本に書かれていることはすべて正しいわけではありません。本に書かれていることでも間違っていることもあるのです。不注意や誤解で間違ったことが書いてあることもあります。しかし，とくに注意が必要なのは，著者の意見が書いてある場合です。

　そもそも，意見というものは正しい，正しくない（間違っている）を決める

ことはできないものなのです。意見には，あなたが納得できる意見と納得できない意見があるだけです。あなたがすでに，著者の意見と同じ意見や矛盾のない意見を持っていれば，著者の意見は納得しやすい意見になります。あなたがすでに持っている意見に反する著者の意見は納得しにくい意見ですが，もしもその著者の意見が強力な説得力を持っていれば，あなたは著者の意見に納得し，これまでの意見を変えるかもしれません。あなたにまだ意見がないときには，その本の説得力によって著者の意見に納得するかどうかが決まります。つまり，どんな場合でも説得力があり，納得できる意見をあなたは受け入れるのです。

　ここでやってはいけないことは，どんな意見にもただ納得してしまうことです。つまり，この話の元に戻っていえば，どんな意見もそのまま正しいと納得してしまうことです。必要なことは，著者の意見をそのまま受け入れるのではなく，本当の説得力があり，納得できる意見なのかどうかを見極めることです。このように意見の真の説得力を見極めることをクリティカルシンキング［→**本7**］とよぶことがあります。この真の説得力を見極めることは，本を読むときだけではなく，ニュースを見聞きしたり，人の話を聞くときにも必要です。

本7　『クリティカルシンキング　入門篇——あなたの思考をガイドする40の原則——』

　『クリティカルシンキング　入門篇』は心理学，とくに社会心理学の理論を応用して，問題に対して良い考え方をするための態度と知識，技術を身につける方法を説明した本です。著者は心理学者です。

　クリティカルとは批判的という意味ですが，クリティカルシンキングには否定的，あるいは敵対的という意味はありません。あくまでも，冷静に客観的，分析的思考を行うという意味です。そして，とくに錯覚やあやまりを起こしやすい思考のパターンや偏見や思い込みなどをどのように避けるかということを重視しています。

　クリティカルシンキングは学術的な問題解決だけではなく，日常生活においても，悪意のある相手にだまされないために，また誤った判断で他者に対して不当な悪意や敵意などを持たないためにも必要な技術です。

Zechmeister, E. B., & Johnson, J. E. (1992). *Critical thinking: A functional ap-*

> *proach*. Belmont, CA, USA：Wadsworth, A division of International Thomson Publishing.
> （ゼックミスタ，E. B.・ジョンソン，J. E.　宮元博章・道田泰司・谷口高士・菊池　聡（訳）（1996）．クリティカルシンキング　入門篇——あなたの思考をガイドする40の原則——　北大路書房）

3.2.2　正しさの種類

そもそも正しさというものにもいろいろな意味があります。たとえば次に挙げることはすべて正しいことです。

- **真　理**

絶対的な正しさが証明されている答えです。理論的に正しい唯一の解のことです。世の中にこうしたものはほとんどありません。学術的なことでいえば，ある体系内における数学の証明された答えくらいのものです。

- **最適解**

もっともよい答えです。決められた目的を最大に達成できる解のことです。政治や役所が行う政策や経済活動がめざす正しい答えです。

- **局所解**

限定された範囲の中で一番いい答えです。範囲とは条件であったり，制約であったり，関係する物や人の広がりだったりいろいろです。範囲を変えると，答えも変わるので，とりあえずこんな場合にはという感じの答えです。現実の政策や経済活動での答えは最適解をめざしながらも，実は局所解になっていることが多いです。

- **正の効果を持つ答え**

間違っていない答えです。目的に対して何らかの益・メリットがある解のことです。心理学を含めて多くの科学における多くの研究はこの正の効果を見つけようとしています。そこで見つかる答え（正の効果）は間違っていません。しかし，その答えが現実社会に役に立つかどうかはわかりません。つまり，間違っていない答えでも，役に立つために十分な効果を持っているとは限らないのです。そのため最近の心理学では間違っていないだけではなく，どのくらいの効果があるのかについてもよく考えるようになってきました。どのくらいの

効果があるかを効果量といいます。

- **そうすべきことをするという答え**

　上に述べた正しい答えは、とくに最後の3つは役に立つという意味で正しい答えです。つまり答えがもたらす利益を最大化するという目的が前提になっています。こうした前提は功利主義（こうり）といわれます。

　しかし、功利主義はしばしば倫理的な問題を引き起こします。たとえば、多くの人間を救うために少数の人間を犠牲にしていいのかというような問題です。あるいはテロ行為を防ぐために、犯人の子供を人質にしていいのかというような問題もあるでしょう。こうした問題に対して功利的な答えを見つけることは容易ではなく、また適切ではないことが多いでしょう。

　こうした問題に対しては、功利主義ではなく、倫理的に判断すべきだというのが反功利主義で、その代表は18世紀に活躍した哲学者、イマニュエル・カントの義務論です。この考えを簡単に説明すれば、結果から判断するのではなく、人は自分がそうすべきことをすべきであるということです。ここでの議論とはやや外れていますが、正しさにこうした倫理性が関係することも忘れないでほしいと思います。

3.2.3　正しさの必要条件と十分条件

　答えというものは1つに決まるとは限りません。多くの正しい答えがあることもあります。この場合の答えはそれぞれが正しい答えですので、論理学でいえば十分条件［→**ボックス3**］を満たしていることになります。十分な答えといっていいでしょう。

　また、上に書いた「正の効果を持つ答え」は間違ってはいませんが、それだけで問題が解決するかどうかはわからないので、必要条件を満たしているが、十分条件を満たしてはいない答えということになります。

　答えが1つしかなく、それが問題解決のための十分な答えである場合は、必要十分条件を満たしているといいます。真理は必要十分な答えです。最適解も唯一の答えですので、ほぼこの必要十分条件を満たしていると考えてもいいでしょう。局所解はたくさんあることがあるので、必要十分条件を満たしてはい

ません。

このように必要条件と十分条件について考えることも，正しさについて考えるときに役に立ちます。

> **ボックス3　必要条件・十分条件・必要十分条件**
>
> 「pならばqである」ときに，pはqの十分条件，qはpの必要条件といわれます。p→qと表現されます。昔からよく使われる例である「雨が降ると道がぬれる」を使って考えてみましょう。雨が降るがpです。道がぬれるがqです。
>
> 1. 雨が降ったことを知れば，道はぬれているだろうと十分確実に判断できます。これがpがqの十分条件であるということです。
> 2. 雨が降ったと判断するには，道がぬれていることを確認する必要があります。これがqがpの必要条件であるということです。
> 3. しかし，道がぬれているからといって，雨が降ったに違いないと判断することはできません。つまり降ったという判断においてはぬれていることが必要なのですが，それだけでは最終的な判断の材料が不足しているということです。道がぬれているときでも，雨とは別の理由でも道はぬれます。たとえば，水道管が破裂したのかもしれません。
>
> つまりこの例ではp→q（雨が降れば道はぬれる）は成立していますが，q→p（道がぬれると雨が降った）は成立していないのです。
>
> p→qとq→pの両方が成立している場合を必要十分条件を満たしているといいます。たとえば「全能なのは神である」という命題があったとします。この場合には神であれば全能ですし，全能なのは唯一の神だけでしょうから必要十分条件を満たしているといえるでしょう。しかし「頭がいい人は大学教授である」は，必要十分条件を満たしてはいません。大学教授であるためには頭がいい必要がありますが（ほんとうですかね？），頭がいい人のすべてが大学教授ではありません。

3.3　心とは

「心理学は心と行動の学問」です。この言葉について考えてみましょう。まず「心」理学なのになぜ行動という言葉も含まれているのでしょうか。それは，

心理学は活動に関する学問だからです。そのため，体の中の活動である心の働きと，体が外に働きかける行動の両方が研究の対象になるのです。

また「心理学は心と行動の学問」という言葉には人間という言葉が入っていません。それは，心理学は動物の活動に関しても研究を行うからです。動物を研究することで，人間の心理を理解することを目的にすることもありますし，動物の心理そのものを解明することもあります。しかし，人間も動物ですので，この2つは厳密に分けることはできないものです。

次に心と行動についてもう少しくわしく考えてみましょう。行動という言葉は理解しやすいものでしょう。何かを行うことです。しかし，心とは何でしょうか。簡単な言葉のようですが，よく考えると実はそれほど簡単な言葉ではありません。

まず最初に言っておきたいことは，心理学で使われる心という言葉は「魂」ではないということです。宗教的な意味で魂が存在するかどうかを心理学は気にしていません。多くの科学者は魂の存在を信じてはいませんが，また多くの場合，信じている人を否定してもいません。しかし，魂は心理学を含む科学の対象ではないと考えています。

それでは，心理学の扱う心とはなんでしょうか。「あなた」のことでしょうか。それともあなたが持っている「何か」でしょうか。それとも心とは「脳」のことでしょうか。これらはみな少しずつ正しい答えですが，完全な答えではありません。

心理学における心とは脳を中心とした体の機能のことであり，状態のことです。何を言っているのかよくわからないかもしれませんので，少しずつ説明していきましょう。

まず心とはあなたのことです。つまりあなたが自分だと考えている状態，つまり自己意識は人間の心の大きな部分です。あなたの性格，あなたの記憶，明日もあなたが存在するという考え，あなたがあなたであること，つまり同一性の感覚を支えているものが心です。しかし，同時にあなたは心を使って考えているとも感じるかもしれません。身体としてのあなたが存在しており，その「何か」が心を使って何かを考えている，つまり思考という機能も心です。し

3.3 心とは

かし,前の文の中の「何か」もある種の機能あるいは状態であることには変わりありません。つまり心理学では魂のようなものは想定していないので,体,あるいは頭の中に思考を道具として使う魂,あるいは小人のような小さな「あなた」はいないのです。思考も思考を使っているという意識も含めて,それは脳を中心とした身体の状態であり,そして機能だということです。

また,こうした機能は脳を中心として実現されています。少なくともあなたがいると感じている状態,つまり意識は脳内の状態が作り出しています。脳死という状態がありますが,脳が機能をやめてしまえば,意識,つまり目が覚めているという経験はなくなります。

脳は心臓や肺などと同じ内臓の一つです。つまり生物的な組織ですので,物質的な物体です。物質的な物体というのは単に物であるということです。つまり魂やその他の何か神秘的な成分を含んではいないということです。したがって心は物質的存在の状態であるということになります。

心は物質的な物とは別の何かであるという考え方を哲学では二元論といいます。歴史的には17世紀に活躍した哲学者のデカルトの二元論が有名ですが,現代の科学者のほとんどは魂のような存在を想定する本質的な二元論を否定しています。しかし,心が物質的存在として考えられるかどうかにはいろいろな意見があります。つまり,物質的な存在の構造そのものとして心を理解できる,別の言い方をすれば,心を物質的な状態そのものと一対一で対応させることができる,という考えを持っている人と持っていない人がいます。心と物質的状態を一対一で対応できるという考えを還元主義 [→**ボックス4**] といいます。完全な還元主義には反対の人もいます。しかし,こうした反対の人も,心の状態は何らかの形で物質的状態の反映である,つまり心の状態の背後には物質的な存在以外のモノ,つまり魂や神秘的物質を想定しているわけではありません。したがって,心の状態と機能は脳という物質的存在の状態や機能を反映しているという考えはほぼすべての科学者,そして多くの哲学者に共有されているといえます [→**本8**]。

ボックス4　還元主義

　還元主義とは複雑な事象をそれを構成する要素に分解していき，分解可能な最小単位を研究することで，元の事象について理解しようとする，あるいは理解できると考える研究のアプローチです。物質の性質を考えるときに，それを構成要素に分解し，さらに構成要素の分子や原子の性質を解明することで元の物質の性質が解明できるなど近代の物理学や化学においてとくに成功した方法です。複雑な全体を，簡単な部分に分解して理解することから，精密な分析や実験的研究には適した方法です。心理学においても，ある効果や特徴のみを検討する還元主義的なアプローチは実験的研究の主流になっています。

　一方，全体は部分の総和以上のものであると考える研究の立場は全体主義といわれます。つまり，分解してしてしまったものをいくら調べ，それらを蓄積しても全体のことはわからないという立場です。したがって全体主義的なアプローチの研究では，事象の全体を研究対象とします。

　しかし，還元主義と全体主義をお互いに否定しあう（排他的な）立場として考える必要はないでしょう。部品が組み合わさることで，機械がつくられていることを考えてみてください。たしかに，一つひとつの部品のことを調べても，機械全体の機能はわからないと思います。しかし，複雑な機械の機能をいきなり全体として理解することも難しいことです。やはり部品のことを調べ，その部品が周りの部品とどのように関係して機能しているのかを少しずつ理解しながら，全体の構造を調べていくのがもっとも確実で，効率的な方法です。複雑な現象は，理解可能な単位に分析して理解することが必要ですし，同時に単純な単位が相互に組み合わさることで，システムとなり複雑な挙動をするようになるという視点を忘れないことです。

　還元主義の限界が強く意識されるならば，ここではむしろ二元論ではなく唯物論的立場をとると書いたほうがわかりやすかったかもしれませんね。唯物論とは，意識や心の働きを含めたすべての現象には物質をベースにした物理的メカニズムが存在しているという考えです。反対にすべての現象は心の働きが生み出していると考えるのが唯心論です。

本8　『マインド──心の哲学──』

　カリフォルニアの哲学者，ジョン・サールは明るい青空の下で言います。黒き森ですべてを疑っていたドイツの哲学者もパリのカフェで難解な思考をもてあそんでいた思想家も常識を知れと。

3.3 心とは

　サールは近年の心の哲学を主導してきた哲学者です。心の哲学とは，心あるいは意識が生じるメカニズムと機能を考える哲学です。このうち機能については有力な説明がいくつか提唱されています。その中のいくつかはこの本のいろいろなところで紹介していますが，そのほとんどは意識は役に立つ機能として進化の過程で成立したものであるという点で一致しています。しかし，意識がどのようにして発生しているかのメカニズムについてはほとんどわかっていません。

　こうした心や意識の研究の状況の中で，サールは問題点を整理し，解答の範囲を限定していきます。「魂やその他の非物理的なものを想定することが期待できない以上，意識は物理的な現象である（二元論や唯心論の排除）」「しかし，どこまで複雑化し，性能が向上しても現在の構造のコンピュータの回路，プログラム，アルゴリズムが意識を持つことになる理由は見当たらない。したがって，意識の研究とは客観的で物理的な組織や生理的な構造が，どのようにして主観的な心理的現象や体験を引き起こすかを解明することを目的とすべきというところに限定される（AI 的，計算主義的な唯物論の排除）」。

　また，哲学の歴史で議論されてきた物理的な世界は存在せず（あるいはそれを知ること，アクセスすることはできず），すべては人間の経験にすぎない（現象主義，観念主義）という議論や，物理的現象にはすべて先行する原因があり，すべては決定的に決まっている，したがって自由意思は錯覚にすぎない，というような哲学的難題に対して明確な否定をします。そうした議論は明らかに日常的な経験は物理学理論と一致しないし，また他の明らかに説得力がある説明が可能であるという理由を説明していきます。こうして，さまざまな混乱した主張を，論理的に，またその論理の外に出て別の論理（メタ論理）から整理し，サールが考える心の哲学像を明確に示していく様子は壮快感を与えてくれます。

　残念ながら，この本でも意識がどのようにして発生しているかのメカニズムへの答えは示されていません。答えの範囲を限定しているだけです。しかし，意識と心の研究の現状と正しそうな方向性を知ることができます。

Searle, J. R.（2004）. *Mind：A brief introduction*. Oxford, UK：Oxford University Press.
　（サール，J. R.　山本貴光・吉川浩満（訳）（2006）．マインド――心の哲学――　朝日出版社）

　しかし，日常的な感覚からすると二元論というものには説得力があります。心というものは物ではない，特別な存在であるという感覚は多くの人が持つも

のでしょう。また，心が物質的な状態の反映であると言われると，何か人間の尊厳が失われると感じる人もいるかもしれません。しかし，心が物質的な原因を持っていることと，心が，あるいは心で何を経験するかは同じことではありません。心の経験の価値は物質的状態の反映とは関係がないといえます。少し離れた比喩かもしれませんが，美しい絵がもたらす経験の価値は，絵の具の成分や値段とは関係がないことと同じように考えてください。

　また，心に対する還元主義には別の違和感を感じる人がいるかもしれません。心や意識，思考はとても複雑であるのに，物は単純であるという違和感です。とくに還元主義というのは，一番基本的な部分まで分解するという意味でもありますので，非常に単純なものでどうやって心のように複雑な状態や機能を説明できるのかわからないという疑問があるかもしれません。

　しかし，部品が単純であることと，多くの単純な部品が組み合わさった全体が単純であることは同じではありません。一つひとつの部品は単純で，簡単な機能しか持っていなくとも，その組合せが複雑な機能をはたすことがあります。たとえば電子部品のそれぞれはごく単純な機能しか持ちません。電気の入出力を増幅したり遮断したりすることしかできません。しかし，そうした部品を組み合わせると回路という機能を持つ部分ができます。回路の機能は，個々の電子部品の性能だけでは説明できません。その組合せが個々の部品を超えた機能を持つからです。このように個々の機能がお互いに関係しながら新しい機能を生み出しているものをシステムといいます。そして，そうしたシステムがさらに組み合わさって，より複雑な機能を持つ上位のシステムがつくられます。たとえば，もっとも単純な部分にまで還元してしまえば，ごくごく単純なことしかしていない電子部品を組み合わせていくとコンピュータのように高度な機能を果たすシステムをつくることができるわけです。

　また，単純なものが複雑な機能を持つシステムを作り出すときには複雑な設計図が必要に思えるかもしれません。部品は単純でも，設計図が複雑であれば心が物のように単純なものからできているとは言いにくくなるでしょう。しかし，複雑な設計図もいらないのです。ごく単純なルールによって単純なものを組み合わせていっても，複雑な機能を持つシステムがつくれます。それはいき

なり全体を作り上げるのではなく，少しずつ複雑な機能を持つ部品をつくり，それらをさらに組み合わせ，複雑さを少しずつ上げていくことで実現できます。いきなり複雑さを実現することは難しいことなのですが，一歩ずつ複雑にしていくことはそれほど難しいことではないのです。そして自然が生み出す複雑さはそうして少しずつ実現されてきたものなのです。

たとえば**図2**はコッホ曲線といわれる図です。一番上の図形から，すべての直線の線分から$\frac{1}{3}$の大きさの正三角形を飛び出させるという規則を繰り返すだけで，だんだん下のような複雑な図形ができます。

図2 コッホ曲線

この変形は理論的には無限回できますので，1つの単純な規則からいくらでも複雑な図形をつくることができます。**図3**も同じように単純なルールを繰り返し適用することで作図した複雑な図形です。シェルピンスキーのギャスケットとよばれるこの図形は正三角形の中に$\frac{1}{2}$の大きさのさかさまな正三角形を書くことを繰り返しています。ギャスケットとはパイプの継ぎ目から漏れをなく

すための部品のことですが，それに似ているのでこうよばれます。

図3　シェルピンスキーのギャスケット

　コッホもシェルピンスキーも図形を考案した数学者の名前です。そしてコッホ曲線やシェルピンスキーのギャスケットをフラクタル図形といいます。フラクタルは数学者のマンデルブロが提案した幾何学の概念であり，単純な規則から複雑な図形を生み出す事例になっています。樹木の形など自然界には多くのフラクタルな構造があります。

　心の話に戻りましょう。心も複雑なものですが，単純な部品や単純な規則の組合せから複雑なものがつくれることからも，魂や神秘的なもの，特別な存在と考える必要はなく，物質的な基盤を持ち，科学の対象とすることができることがわかったと思います。

　それでは心は何のためにあるのでしょうか。自己意識，思考，覚醒している状態としての意識など人間の心にはいろいろな機能があり複雑なものです。こうしたいろいろな機能を整理して考えるために，もう少し単純な動物の心について考えてみましょう。イヌを飼っている人なら誰でも感じるように，明らかにイヌには心のようなものがあります。うれしいときには喜び，嫌なことをすれば怒ります。困ったときには何かを考えているようですらあります。しかし，

3.3 心とは

アリやセミに心はあるでしょうか。難しい問題です。アリの示す組織的な行動は何かを考えているかのようですが，喜びや怒りを感じているとは思えません。セミは人が近づくと焦って逃げていくように見えます。

ここには心というものが何であるかということの混乱もあります。思考は心ですし，感情も心でしょう。しかし，昆虫が示している行動は心の機能なのでしょうか。おそらくは違うと思います。少なくとも人間の心と同じものではありません。それは反応です。それでは心の機能と反応の違いは何でしょうか。それには生物の進化の過程をたどりながら反応と心の機能に関して考えてみることが役に立ちます。

進化というと，魚が両生類になり，両生類が爬虫類，そして鳥や哺乳類になったというような形態の変化を思いうかべることが多いと思います。しかし，生物がどのように行動するかも進化によって変化しているのです。進化とは生物が生存し，子孫を残すために有利な特徴が世代を通じて蓄積していくものです。つまり突然変異で何か有利な特徴を持った生物が，より多くの子孫を残すことで，その特徴を持つ子孫が増えていくことを繰り返していくことです。したがって，形態だけではなく，行動の特徴も進化を通じて変化することになります。

そして　原始的な生物は外界に対して反応だけをします。生物とは何かという定義は実は難しいものなのですが，とりあえずは継続して存在する安定的な分子の集まり，組織が生物だとしましょう[→ボックス5]。一番単純な生物，あるいはその元は持続的に存在するために外界と化学的な反応をします。その中も単純で，均質に近いものですので，内部と外部の境界で役に立つものを取り入れるようなことだけをします。

ボックス5　　生物の定義

生物とは生きているもののことで，動物，植物，菌・細菌などすべての生きているものが生物です。ふつうの動植物を考えると，細胞組織を持ち，外界から栄養を取り入れて，それを利用して一定の間特定の組織構造を維持し，子孫を残して，いずれ機能を止めて死んでいく存在が生物だといえると思います。しかし，

> この中で一番本質的なことはどれなのでしょうか。
> 　いろいろな立場のいろいろな考えがありますが，その中の一つとして，持続しやすい安定した物質・分子の組織パターンや状態が存続し，進化してきたものが生物であるという考えがあります。つまり，残っていくことが生物の本質であるということです。そして，残っていくものはそれぞれの生物の個体ではなく，遺伝子であると主張しているのが進化学者，リチャード・ドーキンスの「生物は遺伝子の乗り物・生存のための機械である」という考え方です。
> 　意識と意思を持った段階で人間は，遺伝子の乗り物である立場から離れているといえますが，生物の意義の中心をそれぞれの個体ではなく，遺伝子においたこの考えは，生物の定義を考えるうえでも一つの重要な視点として現在広く受け入れられています。

　その後やや進化すると，もう少し複雑な構造を持つようになります。また，外界に対して働きかけをするための組織を持つようになります。これは複数の単純な生物，あるいは分子のかたまりがくっつく，あるいは一方が他方を取り込むような形で起こることが多いようです。生物が他の生物と合体する，あるいは取り込むというのは進化における定番であり，たとえば人間の持つミトコンドリアは，進化の初期に取り込まれた別の生物であることがよく知られています。やや進化した生物は外界に対して働きかけ，移動する手段を持ちます。たとえば繊毛や鞭毛を使ったり，あるいは蠕動を行います。繊毛とはワラジムシの持つ細かい毛のようなもの，鞭毛とはミドリムシなどの微生物の後ろに生えている長いヒモのようなものです。蠕動とはミミズなどのように身体をうねらせて移動する機能です。

　こうした移動手段を持つと，外界の好ましい存在に対しては接近して取り込み，好ましくない害のある存在に対しては回避する，逃げるという行動をするようになります。そして，そうした行動を持った生物が生存に有利になり，多く生き残るので，増えていきます。こうした行動は固定した反応です。光に対して向かっていったり，一定の角度を保つような走光性という反応が有名ですが，それ以外にも生物には特定の存在，あるいは刺激に対する固定した反応がたくさんあります。また，生物の構造が複雑になると部分ごとに機能が分かれます。外界の状態を調べる機能と反応するための機能を別の部分が行います。

3.3 心とは

したがって，そうした部分，組織間で情報を伝達する必要が出てきます。最初期の伝達方法は化学的な伝達です。ある部分が特定の化学物質を出して，体液を通じて別の部分に届けます。こうした部品，あるいは身体組織間の情報の伝達が，心のもっとも初期の起源です。身体組織が分化したために，情報を共有する必要が生まれたということです。しかし，この段階では情報の利用は完全に固定的なものです。こうした完全に固定された刺激に対する反応は反射といわれます。

さらに進化が進み，身体の組織が複雑になると外界に対してより効果的に反応するための器官を使うようになります。肢や足などです。また，体の表面だけではなく，もう少し離れた情報を処理するための器官を持つ生物も出てきます。目や耳のような感覚器官です。この段階になると情報の伝達手段として化学物質の伝達だけではなく，もう少し速い伝達手段が効果的になります。電気のパルスです。電気的なパルスを使う情報の伝達手段が末梢神経系です。また，情報の処理をいろいろな部分で行うよりも一箇所にまとめるほうがよくなります。つまり情報処理センターとして中枢神経系ができてきます。

この段階で，外界からのさまざまな情報が中枢神経に集められ，またそこから外界に働きかけるための器官に行動の命令が送られるシステムが生まれます。情報を伝達する速度も遅く，また全体に指令を送る体液を伝わる化学物質と，速度が速く，また限定した場所の間を伝わる神経を通る電子パルスの両方が使われるようになります。こうして外界と体内の情報の行き来が効率的に行われるようになります。

このように中枢神経系による情報処理センターが運動を制御するようになると，生物は多様な行動をすることが可能になります。しかし，最初のうちは外界の状況や刺激の種類やパターンごとに固定された反応を行います。単純な反射よりも複雑な反応をすることができますが，反応のパターンは限られており，それは変化しません。このような反応を行うのには意識や思考はまだ必要ではありません。自動的に反応が起こるだけで十分なのです。つまりこの段階での行動は無意識的な心によって引き起こされていると言ってもいいかもしれません。

第3章　理解すること

　進化がさらに進んで，身体の構造の複雑さがさらに進むと，さまざまな外界の状況や刺激の種類やパターンに対する固定された反応だけでは，適切な行動を効果的に行うことが難しくなってきます。成功した手段を行い，失敗した行動をやめるという方法が使われます。つまり行動を学習するということです。

　ここから先は話が細かくなり長くなるので，やや簡略化した説明をさせてください。また，まだ科学的にわかっていない点も多くあります。学習を行えるほど複雑になった中枢神経は脳の原型になり，また進化の過程で脳の構造はどんどん複雑になっていきます。学習の方法も本当の試行錯誤だけでなく予測的な判断が可能になっていきます。本当の試行錯誤では，致命的な問題が起こったときにその生物は死んでしまうことがありますが，予測的な判断をすることができればその危険性はずいぶん減らせるからです。

　こうした身体の複雑化と脳の複雑化はどちらが原因でどちらが結果というよりも同時的に進んだのでしょう。そしてその複雑化の過程のどこかで望ましい刺激や状況に対して快を，望ましくない刺激や状況に対して不快を感じるということが，柔軟な行動をとるための方法として導入されます。それが感情のはじまりです。また，複雑な身体の構造を持つ生物では自分自身の身体の状況を把握することが生存のためには必要ですので，身体の感覚が生まれます。また，予測的な判断を行うために思考が必要になります。このどこかの段階で言語が使われるようになり，それを自分自身の内部で処理できるようになったことから思考力は飛躍的に向上します。また，身体の感覚と内的な言語の処理がそろえば，自己意識というものが生まれるでしょう。このように心身の複雑さが進み，高度な情報処理が脳を中心に集中的に行われることが心というものをいろいろな形で生み出してきたということになります。そして，それは連続する進化の過程ですので，どの進化の段階で心が生まれたとはすぐには言えないものです。外界に対して反応をするということも，何かが反応をしていると考えれば，心といえなくもないでしょう。感情を感じている主体というものが想定できるので，感情を持った段階を心の成立とすることにも一理あります。また，思考こそが心であり，それは人間だけのものであるというのもおかしな主張ではないでしょう。

3.3 心とは

　これらは心の定義の問題ですので，簡単に解決できる問題ではありません。しかし，大切なことは，心というものが進化の過程で少しずつ単純な機能から高度な機能へと進化してきたということです［→**本9**］。そしてそれは心が何か人間に固有の特別のものではなく，心身の他の機能と同じように進化してきた生物的な機能の一つだということです。つまり私，あるいは自己というものが先にあり，それが心を持ったのではなく，私や自己という意識が生まれるまえから，心は存在し，機能しており，その最後の段階として私や自己というものが導入されたということです。言語についても同様です。言語によって心が生まれたのではなく，言語を使うまえから心理学が対象とする心はあったのです。

本9　『心の先史時代』

　人間あるいは生物の心の進化に関してはまだわからないことがたくさんあります。現在，心理学者，哲学者，生理学者・脳科学者，あるいは先に紹介したペンローズのような数学・物理学者までが研究を積み重ねています。そうした中で考古学者であるスティーヴン・ミズンは認知考古学という立場から，人間の心の進化を研究しています。

　『心の先史時代』で，ミズンは人間の進化の過程において知能の働き方の形式が変化したことが意識と行動のあり方を劇的に変化させてきたという主張をしています。そこでは，人間には，普遍的な連合と強化，洞察を行う一般的知能と特定の問題解決のための特殊化した4つの専門化した知能（社会的・言語的・博物的・技術的知能）があるとしています。そして，この5つの知能が同時ではなく，別々の順番に発達する過程で，意識と行動に変化をもたらしたとしています。そして，現在の人類の創造性や行動の柔軟性，あるいは文化や芸術の豊かさは，独立して機能していた専門化した知能が共同作業をするようになった時期から生じたものであると説明しています。

　『心の先史時代』で示された説明がすべて事実なのかどうかはわかりません。それらはあくまでも仮説としてとらえるべきものです。しかし，それは心理学，とくに進化心理学と知能の知見による理論と考古学や人類学の最新の知見が示す過去の出来事に関する推測を組み合わせた説得力のある仮説ですし，また，知的な興奮を誘う仮説でしょう。読み物としても面白いものですし，また多くの知識と視点を獲得することができる本です。

> Mithen, S.（1996）. *The prehistory of the mind : A search for the origin of art, religion and science.* London, UK：Thames & Hudson.
> （ミズン，S. 松浦俊輔・牧野美佐緒（訳）（1998）．心の先史時代　青土社）

3.4 人間とは

　われわれはみな人間ですので，人間とは何であるかということはよくわかっている気がしています。しかし，科学の対象とするときには，人間というのは難しい対象です。それは，高度な思考力と文化を持ち，もっとも複雑に進化した生物であり，他者との交流を通じて複雑な社会を構成し，また自分たちの存続を脅かすほど環境に影響を与える存在だからです。またそれぞれの人間は個性を持ち，その個性と意志は個人の尊厳として敬意をもって扱われるべきものです。

　科学の対象として人間を扱う心理学では，こうした人間の特性のそれぞれに焦点を当てた視点から人間のことを理解しようとしています。こうした視点について説明していきましょう。

3.4.1 コンピュータ付きのアンドロイドとしての人間

　最初の視点は，人間を思考する存在としてみる視点です。現在の心理学では思考をする，つまり考えることを情報を処理することであると考えます。認知科学という言葉を聞いたことがあるかもしれませんが，この認知という言葉が情報処理をして考えることを意味しています。心理学の中にも認知心理学という分野があり，それはこの認知機能，つまり人間の思考や記憶などの情報処理を扱う分野です。しかし，認知心理学だけではなく，現代の心理学の多くの部分はこの認知という考え方を前提あるいは一部として取り入れています。

　心理学の中でこうした認知という考え方が重要になってきたのは1960年前後からです。それまで心理学の中で主流の考えであった行動主義という考え方にとってかわったといわれます。行動主義とは外部の状況や刺激に対する生物の行動，とくに刺激の価値や内容に応じて行動がどう変化するかを研究対象に

します。行動の変化は，行動を学習したともいえるので，行動主義の心理学は学習心理学ともいわれます。

　行動主義では外部の状況・刺激の価値と行動の変化の関係をおもな研究対象としており，極端な立場をとれば行動を引き起こす心のメカニズムを研究対象にしません。これは科学とは客観的な説明をめざすものであり，直接観察や測定のできない心というものは科学的な立場からは研究対象になりにくいという態度によります。しかし，心，つまり心的処理の存在を否定していたわけではありません。外部からは中で何が起こっているかを知ることは難しいけれど，規則性を持った処理を行うもの，つまりブラックボックスといわれる存在として扱われていました。実際，行動主義の後期には，このブラックボックス内の規則が人間や生物の状態によってどのように変化するかに焦点を当てた研究も多く行われました。

　認知という考え方は，この行動主義が重視した客観的な科学としての立場を守ったままで，このブラックボックスとしての心の中身も研究しようとした立場と考えられます。そこで重視されたのが，情報処理という視点です。それは心，あるいは心的過程というものを物質とは別の特別な存在，つまり「ボックス4」で紹介した二元論的な立場として考えるのではなく，あくまでも脳を中心とする身体の状態や機能であると考えることです。つまり心を物質に還元できない何か特別で複雑なもの，個人の中にあり他人には何が起こっているかを直接，正確に知ることが難しいものと考えない。そのかわりに，心をあくまでも物質としての脳を中心とする生物の器官の働きと考えるということです。

　そこで導入されたのが情報処理という考え方であり，心的処理を行う器官を情報処理器官と考えることなのです。考える対象は観念ということができると思いますが，それが行動主義ではより客観的な刺激という表現を使い，認知主義では情報という表現に変わったということが重要なのです。心を情報処理器官と考えることで，具体的な情報処理のメカニズムを解明していくという方向性が明確になります。そこでは，情報処理の過程を段階に分け，それぞれの段階の機能やメカニズムを研究するというアプローチが可能になります。つまり認知心理学では，心をいろいろな機能を持つ部分に分解して，それぞれの部分

を研究するという還元主義的なアプローチがおもに行われてきたのです。

　ところで認知という考え方が心理学で重視されはじめた1960年前後というのは，情報科学やコンピュータ科学・技術が急速に発展した時代でもあります。その中心の一つが人工知能（Artificial Intelligence：AI）の研究です。人工知能とはコンピュータで人間の思考を再現することです。初期の人工知能の成功は認知心理学の発展の刺激にもなりました。つまり，コンピュータが人間の脳を再現できるならば，人間の脳を生きているコンピュータと考えることも可能だという視点は，物質的な還元主義の態度をつよく後押ししてくれました。こうしたことから，この認知という視点は人間をあたかも高性能のコンピュータを備えたアンドロイドのように眺める視点だと表現することができるでしょう。『ブレードランナー』［→**ボックス6**］というSF映画の古典がありますが，その中に出てくる人間とほとんど区別がつかない，レプリカントといわれる人造人間であるかのように人間を考えるということです。

ボックス6　　『ブレードランナー』と『アンドロイドは電気羊の夢を見るか？』

　『ブレードランナー』は1982年に公開されたSF映画です。『エイリアン』で有名なリドリー・スコットが監督で，主役は『スター・ウォーズ』でハン・ソロを演じたハリソン・フォードです。舞台は近未来で，地球環境の悪化から多くの人類が宇宙に移住をしており，残った人々は高層ビルが密集する荒廃が進む都市で生活していました。人間と見分けがつかないレプリカントといわれる人造人間が開発されており，過酷な宇宙開発の現場で働いています。ひそかに地球に帰還して，人間に紛れて都市に潜伏したレプリカントを処分する職業がブレードランナーです。

　レプリカントは身体的にも，知的にも人間を上回るほどの能力を持ちますが，人間を含む生き物への感情移入ができないという特徴があります。そのため取り調べにおいて，生き物が苦しんでいる状況に対する反応で，レプリカントかどうかの検査がされます。

　原作はフィリップ・K・ディックの『アンドロイドは電気羊の夢を見るか？』というSF小説です。この小説では，人間がすでにほぼ絶滅状態にある野生動物を飼うことが，同情心（生き物への共感）がある人間であることを示すための義

務になっているという設定が加わっています。タイトルにある電気羊とは，高価な動物を飼えない人が他者に動物を飼っているふりをするために持っているロボットの動物を意味しています。ここでは他者・生物への共感性を人工知能との違いとする視点がさらに強調されています。

　きわめて高度な人工知能を持ち，外見的にも人間と区別がつかない人造人間を判別するという問題を示したこの映画と原作の小説は，知能とは何かという定義を考えるうえでとても興味深いものでした。また，作品世界が提示した，悪夢のような未来の都市生活は，技術や文明の進歩が永遠に続くという進歩的な歴史観を否定するものであり，文明や経済成長の限界という現在の思想に影響を与えた1970年代の多くの暗い未来像を示した作品の代表作です。どちらもSF作品として傑作ですので機会があれば鑑賞してみてください。

Dick, P. K. (1968). *Do androids dream of electric sheep?* New York, NY, USA：Doubleday.
　（ディック，P. K. 浅倉久志（訳）(1977). アンドロイドは電気羊の夢を見るか？　ハヤカワ文庫）

　そして人工知能の研究は思考，あるいは考えるとは何を意味しているのかという問題を提示しました。コンピュータ，つまり「機械は考えることができるか」という問いです。哲学者のジョン・サールはこの問題を強いAIと弱いAIという言葉を使って，次のような選択肢を示しています［→**引用 [1]**］。

● 弱いAIの立場では，コンピュータは心の働きに関する厳密な仮説検証を可能にしてくれる，心の研究のための強力なツールである。つまり「機械は考えることができない」。

● 強いAIの立場では，コンピュータは単なるツールではない。適切にプログラムされたコンピュータは理解やその他の認知的機能を実現できる心そのものである。つまり「機械は考えることができる」。

　そして，サールは強いAIの主張に反対しています。機械は考えることができないと主張しているのです。その理由としてサールは志向性という概念を持ち出しています。志向性とは目的や意味を持つ心的な状態あるいは特性のようなことを意味し，本当に考えるということには志向性が必要だとしています。そして，サールの定義する真の志向性とは生物だけが持つ，生命の存在する理

由のようなものですので，この定義からすると，生物ではない機械はどこまで知能の機能を再現できても考えることはできないことになります。

一方で生物の持つ真の志向性と機械が持つ単純な志向性の間に違いはないと考える立場もあります。「機械は考えることができるか」という問題はいまだに解決していない問題ですのでこれ以上の説明はしませんが，人工知能の問題は「3.3 心とは」で説明した「心とは何か」という問題を再確認させる重要なきっかけになったことを覚えておいてもらいたいと思います。

ところで，機械が本当に考えることができるか，それとも考える真似をしているだけなのかどうかはさておき，人工知能と人間の心の機能に違いがあることは確かです。

認知という視点からは，人工知能も人間の心も情報を処理していると考えています。しかし，人工知能の情報処理は基本的に情報を単なる記号，つまり記号自体が固有の意味を持たない数学の代数のような純粋な操作のための要素とみなし，記号処理の規則にのみ従って扱います。一方で人間の情報処理は，情報を固有の意味を持たない記号としてではなく，固有の意味を持つ要素として扱います。

記号処理の規則は統語論（syntax），つまり単語を組み合わせて文をつくるための文法と考えることができます。ごく単純な例を示せば，統語論にのみ従う人工知能にとっては「人間は羊だ」という文は「人間は哺乳類だ」と同じように正しい文です。文法的には間違っていません。しかし，人間は羊ではありませんので，意味的な真偽でいえば，この文は誤りの文です。しかし，文学的表現や比喩的な表現ではありうる表現でもあります。これは人間の思考においては情報を単なる記号として，形式的な操作のルールだけではなく，記号が持つ意味，それも単独の意味だけではなく，どんな状況で使われるかというような文脈的な意味も含めて，意味が処理に深く関わっているのです。思考における意味の機能を意味論（semantics）といいます。人工知能は統語論で情報を処理をしますが，人間の心は統語論と意味論の両方を用いて情報を処理しているといえるでしょう。

もちろん，記号処理の規則の中に意味的な規則を入れることはできます。し

3.4 人間とは

かし，それでも人間の心と人工知能の違いは，「それぞれの意味の意味」や意味の広がりが個人によって異なることでしょう。そして人間の心は処理を重ねながら，活動する中で，さらに意味の意味を変化させ，意味の構造を修正し続けています。

また，人間の心を生きているコンピュータの働きと考えた場合には，人間の持つコンピュータ的な性能は，本物のコンピュータよりもずいぶん性能的に見劣りする点があります。たとえば大量のデータを短時間に高速に処理する能力は人間のコンピュータにはありません。人間の心を生み出すコンピュータは本当に一度にごく少数のデータしか扱えないのです。それは多くの場合10個以下で，時によっては4，5個が限界のときもあります [→引用 [2]]。そのため，規則に従って多くの情報やデータを積み重ねて処理をしていくような状況では，人間の思考力はコンピュータの思考力にはかないません。たとえばチェスではすでに人間の名人がコンピュータに簡単には勝てなくなっています。事実上コンピュータのほうが，人間の名人よりも強いのです。最近では将棋のプロがコンピュータにかなわなくなりつつあります。このように，盤面の大きさに制限があり，コマを動かすルールが決まっているような問題では，コンピュータは人間の最高の思考力を上回ることができます。

しかしながら，人間にはごく簡単なことがコンピュータには難しいことがあります。人工知能の研究の創始者の一人である認知科学者のマーヴィン・ミンスキーは人工知能に子供の遊びである積み木をやらせることがとても難しかったことを紹介しています [→本10]。まず，積み木を見つけ，その大きさや形を理解し，そこまで障害物にぶつからないようにロボットのアームを動かし，必要な場所に積み木を移動させる。積み木をするという行為を，こうした簡単な作業に分解して，一つひとつの作業をすべて確実にできるように重ね合わせることが必要です。また，積み木をやらせる際には，「すでに使ってしまった積み木をもう一度使うことはできない」というような，人間にとっては当たり前すぎる規則も教える必要があります。人工知能はこうした「常識」を持っていないので，すべての規則を毎回全部決める必要があるのです。したがって，問題が限定されない状況での思考は，常識的なものも含めて規則を決める範囲

がとても広がってしまうので苦手なのです。つまり，コンピュータによる人工知能は人間には難しいことが得意で，人間には易しいことが苦手なのです。

本 10　『心の社会』

『心の社会』は 1985 年に出版された，認知科学者，マーヴィン・ミンスキーの代表作であり，工学的人工知能の研究や定義に決定的な影響力を与えた著作です。その影響力は広く，認知心理学を含む認知科学のすべてに現在でも及んでいます。

概念的に心や知能とは何かを思索する科学哲学や心理学の立場とは異なり，ミンスキーは人工知能を開発し，思考するプログラムを実現するという問題解決的なアプローチを行い，その過程で得られた知見や発想から心や知能とは何かを明確に定義し，説明しています。

この本では，心の働きを 1 つの作業や機能だけを行うエージェントという部分に分割し，エージェントがそれぞれの機能を行う共同作業により複雑な心的機能が実現できることを説明しています。そして，心の機能を説明するときに，エージェント以外，つまり最小部品に還元された要素以外の，要素を持ち込むことの必要性を否定します。心の機能を説明するために，不用意に魂的なものを持ち込むことだけではなく，全体主義やゲシュタルト主義（心理学における全体主義）のような，要素が組み合わさると，要素の合計を超えるような現象がとつぜん現れるという考えにも否定的です。そして要素の相互関係（インタラクション）を考えれば，こうした現象は説明できるとしています。

このように，ミンスキーは心の働きに対する還元主義を代表しています。それは，心の働きや知能を機能や過程に分割して研究することができるということを示唆しており，認知心理学の実験的な研究の妥当性を示すものの一つになっています。

Minsky, M.（1985）. *The society of mind*. New York, NY, USA：Simon & Schuster.
　（ミンスキー，M.　安西祐一郎（訳）（1990）. 心の社会　産業図書）

知能を実現する人のもつコンピュータ（脳情報処理機能）の性能はかなり限られていることを説明しましたが，それでは人はどのようにしてこの限られた性能のコンピュータで複雑な思考を実現しているのでしょうか。人の情報処理は，①抽象化を行うこと，と②処理をする部分を周辺に拡大すること，で効率

3.4 人間とは

を高めています。

　抽象化を行うというのは，概念化をするということです。たとえば正義について考えるときには，正義の定義や意味などについて細かく具体的に考えますが，次に正義とテロリズムについて考えるときには，正義は「正義」という言葉（概念）として扱いながらテロリズムとの関係を考えるということです。もちろん必要に応じて正義自体の意味を考え直すこともありますが，それ以外のときには「正義」という抽象化した概念として扱うことで，処理の負担を減らしています。このように多くの思考や意味の「かたまり」を概念として扱うことで，処理の負担を軽減しているのです。

　処理する部分を周辺に拡大するというのは，思考をコンピュータでいえば処理の中心であるCPU以外の部分も使って処理をするということです。具体的には人間の知能は記憶や環境に対して開かれています。先ほど人工知能は「常識がない」という説明をしましたが，人間には常識があります。この場合の常識とは過去の経験によって獲得した応用力がある規則や法則のことです。こうした常識，あるいはそれ以外の過去の経験によって獲得された知識のデータベースを人間は持っています。したがって，人間の思考はありとあらゆることを毎回検討する必要がありません。思考の多くの部分は，こうしたデータベースを調べることで，考える必要がない部分として無視することができます。また，現在の思考にとって不足している情報があっても，そこを過去の経験に基づく推測で埋めてくれます。実際に考えなければいけないことは，ごく少数の可能性だけなのです。しかも，その可能性を検討するときでも，常識や知識から多くの部分は自動的・無意識に処理され，残された本当に意識的に検討する部分は少ししか残されていません。つまり，あなたの思考のほとんどはすでにデータベースが自動的に処理してくれているのです。

　人間の知能は外部の環境にも拡大しています。たとえば，ほとんどの人は3桁掛ける3桁の計算を暗算することはできません。ふつうに計算をした場合には，この処理は人間の知能の処理能力を超えます。計算途中の数字をすべて覚えておくことが難しいのです。しかし，紙に書き出しながら計算することは誰にでもできるでしょう。つまり，記憶しておくことが難しい情報を外部に出す

ことで，処理の負担を減らすことができるのです。メモをとる，予定を手帳で管理する，筆算をする，図表化や図解化など外部に記録し整理することで人間は処理の負担を減らし，思考の効率を上げています。

こうして考えていくと，人間をコンピュータ付きのアンドロイドとしてみるという視点は，心理学を科学的に研究していくことに大きな貢献をしてきたと同時に，人間の知能がいかに純粋な記号処理の機関である人工知能とは違うかを教えてくれたということもできます。こうした認知という考えが認識されてから半世紀以上がたちましたが，現在の心理学では機械とは違う，人間の認知の特異性がさまざまな形で大きなテーマになっている段階に入っています。

3.4.2 進化したサルとしての人間

生物として人間を理解するためには，人間がどのように進化してきたかを考える視点が役に立ちます。つまり，人間を進化したサルとして考える視点です。「3.3 心とは」ですでに一度説明していますが，形態だけでなく，行動や心的活動も進化します。そのため進化の視点から人間をみてみると，「3.4.1 コンピュータ付きのアンドロイドとしての人間」で説明した人工知能とは異なる人間の認知，思考能力の特徴がよく理解できます。

ボックス［→ボックス7］に大まかな人間の進化の過程を説明しておきます。

ボックス7　人間の進化の過程

1. 約40億年前から30億年前——生命の起源と光合成(こうごうせい)の獲得

宇宙の誕生，ビッグバンからほぼ100億年たった約46億年前に地球が誕生しました。その後6億年程度過ぎたころに最初の生物が誕生したと考えられています。最初の生物というのは，外部の素材（有機物(ゆうきぶつ)）を取り入れながら安定して持続する，つまり代謝するやや複雑な分子構造の有機物と考えていいでしょう。その材料となっている有機物が，無機物から科学的反応として生じることを化学進化説といいます。

その後，一部の生物は光合成をする能力を獲得しました。このことにより生物は化学的に合成された有機物だけではなく，自ら(みずか)代謝の材料を作り出すことができるようになりました。

2. 約30億年から5億年前——原核生物（真正細菌と古細菌）への進化と真核生物の登場

　最初の生物が進化し，原核生物と真核生物が分岐しました。真核生物とは動物，植物，菌類などが含まれる分類で，原核生物とは真正細菌と古細菌という2つの分類に分かれています。この3つが現在を含めた生物のもっとも根本的な分類の区分である「ドメイン」を構成しています。

　原核生物と真核生物では，真核生物のほうが複雑な構造を持っています。真核生物は原核生物を取り込み，あるいは共生することで，その機能を複雑化させていきました。たとえば，生物の持つ根本的な機能である光合成と酸素による代謝は両方とも原核生物が持っていた能力であり，現在，真核生物である動植物がそうした代謝を行えるのは，その機能を持っていた原核生物を細胞内に取り込んでいるからです。それはミトコンドリアと葉緑素です。このように複雑な生物というのは，多くの単純な生物が共生する大きな共同体のようなものと考えることもできるのです。

3. 約13億年から12億年前——植物と動物・菌類の分岐

　真核生物を大きく分ければ動物，植物，菌類，その他の微生物のいくつかのカテゴリーという部類に分かれます。この中での主要なカテゴリーである植物がその他から分岐します。進化ではなく分岐，つまり分かれたといっているのは，進化の過程というのは変化していくことではあるのですが，一本道ではないからです。たとえば，両生類が爬虫類に進化するといいますが，この場合でも両生類がいなくなって爬虫類がとってかわるわけではありません。両生類の一部が爬虫類として分かれていくのです。今でも，カエル（両生類）とカメ（爬虫類）は同じ池で見つかります。そして，進化においては一度分かれた道が，再び合流することはありません。つまり，一度人間につながる系統と分岐した進化の系統はその後は完全に別の系統になるのです。

　植物の持つ光合成の能力は生物全体にとって特別な意味を持っています。それは植物のように葉緑素を持った生物のみが光合成により自ら有機物を合成できるからです。光合成の過程は，さらに酸素を分離します。生物はその酸素を使って，有機物を酸化（ゆるやかに燃やすこと）することで，太陽のエネルギーを自分たちで利用できるエネルギーに変換しているのです。つまり，生命活動エネルギーのすべては太陽エネルギーを葉緑素が変換したものなのです。

4. 約11億年前——動物と菌類の分岐

　真核生物のもう一つの主要な分類である菌類が動物と分岐します。菌類とはたとえばキノコやカビです。

5. 10数億年から約8億年前――性別の誕生

子孫を残すための手段として、有性生殖がはじまります。現在生物の多くが有性生殖を行っていることから、有性生殖には無性生殖よりも利点があるはずです。ですが有性生殖が持つ決定的な利点が何であるかについてはまだ定説がありません。

しかし、いずれにせよ有性生殖を行う生物では、個体の生存と同じくらい、配偶者を獲得することが進化における適切さ、つまり適応度の基準になります。

6. 約5億年前――昆虫を含む旧口動物の分岐

昆虫は現在の地球におけるもっとも成功した動物種のグループです。現存する生物種の半分以上は昆虫が占めています。

7. 4億4,000万年前――多くの魚類を含む条鰭類の分岐

この前にナメクジウオやヤツメウナギ、サメのようないわゆる魚のような生物が分岐します。その過程で脊椎が形成されます。つまり体内に骨（内骨格）を持つ生物が生まれました。

8. 3億4,000万年前――両生類の分岐

肺呼吸を行う、陸上で長い間を過ごす脊椎動物が誕生します。すでに植物はこの1億5,000万年ほど前に、昆虫は約5,000万年前に上陸しています。しかし、両生類は体は粘膜で覆われており水分を必要としますし、産卵はまだ水中で行っているので、完全な陸上生活者ではありません。

植物が光合成を行うことで、大気の組成、つまり大気を構成する成分の割合が変化しています。初期の地球の大気は酸素をほとんど含まず、二酸化炭素を多く含んでいましたが、植物などが光合成を行うことで酸素が増え、二酸化炭素が減っていきました。酸素が増加することで、酸素呼吸をする生物のエネルギー効率が上がり、大型で複雑な生物が生存できるようになりました。

9. 3億1,000万年前――爬虫類＋鳥類の分岐

爬虫類の皮膚は乾燥に強く、また卵もカラで覆われているので地上に産むことができます。爬虫類は脊椎動物の最初の完全な陸上生活者です。

進化の特徴は、一度変化したものが元に戻りにくいことです。たとえば多くのヒレを持つ魚類から爬虫類が分かれたときに肢の数は4本になりましたが、その後鳥類が羽を進化させたときには、失われたヒレを復活させるのではなく、肢の中の2本を変化させました。このため地球上の生物進化を考えた場合には、4本の肢を持ち、羽も持つドラゴンに進化するためには爬虫類を経由することはできません。ドラゴンは魚類から直接進化することが必要になります。羽のある馬、ペガサスも馬から進化はできません。魚から頑張ってもらうことになります。

3.4 人間とは

鳥類は爬虫類から分岐しました。爬虫類とそれ以前の生物は気温あるいは水温に応じて体温が変化する変温動物ですが，鳥類は気温が変化しても体温を一定に保つ恒温動物です。鳥類はいわゆる恐竜を経由して爬虫類から分岐していますので，現在では恐竜にも変温動物が含まれていたと考えられています。

10. 1億500万年前——哺乳類の成立

哺乳類が誕生します。哺乳類の特徴の一つは胎生(たいせい)，つまり卵ではなく体内で子供をある程度大きくなるまで育てることです。

鳥類の恒温動物化や哺乳類の胎生など，新しく進化した生物は身体機構が複雑化する傾向にあります。しかし複雑化は，生物としての優秀さ，あるいは価値とは関係ありません。他の生物が棲(す)んでいる環境の中に，新しい生き方を見つけることができる新しい生き方や生息場所を持つ生物が進化してくるだけです。この生物の生き方や生息場所を持つ生物の生態的地位をニッチといいます。そして，すでにありふれた単純なニッチは占有済みですので，新しい生物は複雑な身体機構を使用して今まで使われていないニッチを選ぶしかないということです。たとえば，恒温動物は寒冷地に棲むことができます。そして胎生は，成長に時間がかかる大きく複雑な身体を持つ子供，たとえば恒温動物の子供が生き残る可能性を高めます。

現在の生物の世界を考えてみてください。進化が進んだ新しいタイプの生物が，古いタイプの生物と共存しています。そして，古いタイプの生物のほうが種類や個体数は圧倒的に多いのです。さらに，今後，気象の変動や何らかの理由で地球環境が激変した場合には，おそらく人間を含めた新しい種のほとんどは絶滅する一方で，古い種のいくつかは生き残れるのではないかと思います。新しい種のほうが変化への抵抗があり生存力が強いというわけでもないのです。

11. 6,550万年前——恐竜の絶滅

6,550万年前に，爬虫類から分岐し鳥類の祖先となったと考えられている恐竜とその仲間である魚竜類，首長竜，翼竜が絶滅します。恐竜の仲間だけでなく，全生物種の90％が絶滅したといわれています。現在考えられている一番有力な原因は巨大隕石の衝突による気象変動です。

12. 4,000万年前——新世界ザルの分岐，2,500万年前——旧世界ザルの分岐

一般的に新世界とは南北アメリカ大陸を意味し，旧世界とはユーラシア大陸とアフリカ大陸を意味しており，新世界ザルは南米，旧世界ザルはアフリカに生息していました。これ以前にも北米やヨーロッパを含む両世界では原始的なサルの仲間がすでに進化し，分岐しています。

13. 1,400万年前——オランウータンの分岐，700万年前——ゴリラの分岐

現存するもっとも人間に近い生物といわれる大型霊長類，つまり大型の類人猿の中では，オランウータンが一番古く人間の系統から分かれています。続いてゴリラの仲間が分岐しています。

14. 600万年前——チンパンジー＋ボノボの分岐

大型類人猿の中ではチンパンジーの仲間が一番最近まで人類と同じ進化の系統にいました。またチンパンジーは分岐ののち，さらに2つの系統，チンパンジーとボノボに分かれています。よくいわれるようにチンパンジー類のDNA配列は人間とかなりよく似ているといわれます。ちなみに，DNA，遺伝子，染色体，ゲノムというのは同じような言葉ですが意味はやや違います。

DNAはデオキシリボ核酸という遺伝子を運ぶ物質です。遺伝子（ジーン／gene）とはDNAの中に構成される遺伝情報を伝える要素単位です。DNAは生物学者のワトソンとクリックが発見したDNAの構成単位（ヌクレオチド）がひも状につながる二重らせん構造を持ちます。ひも状のDNAの中には遺伝情報としての意味のある部分である遺伝子と無意味な部分があります。染色体は遺伝子を含むDNAを複数まとめて含んでいる生体組織です。人間は46本の染色体を持ちます。そのうちの半分は父親から，半分は母親から受け継いでいます。ゲノムというのはこうした遺伝子に含まれる全遺伝情報のことです。もっともヒトゲノム計画などでは遺伝子部分だけではなく，全DNAを含む全（塩基）物質配列の構造が解析されます。

15. 600万年前以降——猿人，原人（ホモ・エルガスター，ホモ・エレクトス），旧人（古代型ホモサピエンス）への進化

600万年前以降から今の人類という生物種の直接的な進化がはじまります。しかし，これ以降も種の多様化は行われています。つまり現行人類以外にも人類にはいくつかの種があったのですが，彼らは途中で絶滅しています。こうした絶滅した人類種としてネアンデルタール人が有名です。いわゆる猿人，原人，旧人という進化をして25万年前以降がホモ・サピエンスといわれる，今の人類と同じ生物種になります。ネアンデルタール人の絶滅は2万8,000年前ですので今の人類の祖先と同じ時代を長く共有しています。

現在の人類の直接的な祖先といえるヒト（ホモ）族の最初の種であるホモ・ハビリスは250万年前頃アフリカで誕生しました。そのため人類の起源はアフリカにあるといわれることがあります。その後，人類の先祖の生息地はアフリカから地球全体に広がっていきます。

16. 30万年前から数万年頃前まで——現生人類（現代型ホモ・サピエンス）の成立と文化の進化

現在の人類であるホモ・サピエンスが成立したのはおよそ30万年前から数万年前までの時期です。これ以降は生物的には現在の人類と同じですが、生活様式や文化は変化、あるいは進化を続けていきます。そして、約5万年ほど前から文化的な行動の進化が劇的に進みます。最古の釣り針などの洗練された道具や洞窟に描かれた絵画はこの時期にまで遡（さかのぼ）ります。また、この時期以降のどこかで言語によるコミュニケーション能力が確立します。人類の文化的な進化ではもっとも重要な出来事の一つですが、時期は特定されていません。

17. 1万数千年前（新石器時代以降）——農耕・牧畜の起源と集落の起源

それまで狩猟採集生活をしていた人類は最後の氷河期が終わった1万数千年前頃に農耕や牧畜をはじめました。農耕を行うには、少なくとも一定期間の定住が必要ですし、また利用できる食料が増加することで人口も増加しますので集落が生まれました。また、農耕を中心とする農業社会では個人の労働量に対する余剰食糧が生じることから、農業以外の職業の専業化や社会の階層などが生まれます。つまり、全人口の半分の農耕労働で全人口の食料を生産できるようになると、残りの半分は農業以外の職業に就くことができるようになるということです。また、全員が農業に従事しないですむので、食料や土地の多くを所有し、管理することだけに専念する支配階級が存在することができるようになるということでもあります。

18. 5,000年前——文字の成立

現在世界最古の文字として知られているのはメソポタミア文明の文字で約5,200年前の粘土板に書かれた絵文字です。言葉、語に対応しているわけではなく、実際の物を元にして類似した形を示す表意文字で、やや抽象化された絵による伝達のようなものと考えられています。中国の甲骨文字は紀元前11世紀に滅びた殷（いん）の時代からのものが残っています。これは漢字の原型といわれ、語と結びついた象形文字です。

文字が成立したことで、行動の進化を子孫に伝える主要なメディア/媒体（ばいたい）が遺伝子から文化的な伝承に移ったということもできます。適応的な行動、つまり望ましい行動を伝える方法が遺伝ではなく、書物などの文字での記録に移行したということです。もちろんこの中間に口伝えや見よう見まねが入るのですが、こうした相手を目の前にした直接的な伝達から、文字による記録に変わることで、伝える相手の範囲が空間的にも広い範囲に、時間的にも長い時間にわたり、多くの人に伝わるようになります。文字の成立以降のここ数千年で急速に文明の進歩や変化が進んだのはこの文字の成立が大きな理由といえるでしょう。

進化論のとくに年代に関しては未確定の部分が多いのですが，ここで示した数値や解釈の多く，とくに人類史以前はリチャード・ドーキンスの『祖先の物語』[→**本11**]に基づいています。しかし，他からの情報や独自の見解も含まれています。

本11　『祖先の物語――ドーキンスの生命史――』

「利己的な遺伝子」の主張で有名な生物学者，リチャード・ドーキンスの書いた『祖先の物語』は生物進化の歴史を書いた本ですが，現在から過去に遡っていくという構成になっており，一般的な歴史書とは反対の構成になっています。そして，人類以外の他の生物が，人類の進化の系統と分岐した時代を基準に話を進めていきます。

現在地球上に生きている生物はすべて共通の先祖を持っています。そして，生物進化の歴史のどこかで人類あるいは他の種の生物と分かれたのです。人類を基準に考えれば，生物的に人類と近い種は比較的最近分かれ，人類と遠い種はより昔に分かれたことになります。

こうして，進化の歴史を遡りながら，生物と進化に関するいろいろな話題を解説しています。生命とは何かということや，最初の生命についての話題も紹介されています。やや専門的な内容も含まれていますが，語り口は易しく，学術書というよりはエッセイのようです。生物と進化についての基本的な入門書としてお勧めできます。

Dawkins, R.（2004）. *The ancestor's tale : A pilgrimage to the dawn of life*. Boston, MA, USA：Houghton Mifflin.
（ドーキンス，R.　垂水雄二（訳）（2006）. 祖先の物語（上・下）――ドーキンスの生命史――　小学館）

進化による変化では，何かを急にやめて新しい何かを開始するということはあまりありません。それよりもそれまでにあったものを修正，変更したり，あるいは付け加えるということが多いのです。たとえば，飛行のために羽を持つときでも，羽をはじめからつくるのではなく，前肢を変化させています。これは鳥でもコウモリでも同じです。人間の中枢神経系，つまり脳のあたりでは，古くにつくられた脳幹や視床・視床下部というような部分の上や前に比較的新

〉い部分である大脳辺縁系(だいのうへんえんけい)や大脳皮質(だいのうひしつ)が追加されています。

　進化における変化が修正や追加を行うことが多い理由は，生物が生存し，子孫を残すために安全確実な方法を採用しているからでしょう。これまで機能していたものをやめて，完全に新しいことをはじめた場合にはうまくいかないことがあります。したがって，今までうまくいっていたものを少しずつ効果を確かめながら修正したり，これまでのことを続けながら新たに強い機能を追加するということになります。つまり，最終的に大きな変化をして，複雑な機能を持つ器官を生み出すとしても，その進化の過程でもつねに役立つことが必要なのです。自然は進化に冒険や飛躍を許さないのです。

　多くの場合には何かが追加された後でも古いものは機能をやめてはいません。生活形態が変化して不要になった器官や機能は退化(たいか)，つまり無くなったり，機能を止めることがありますが，役に立っている限りは古いものもそのまま使われています。これは形態や器官でも，行動や心的活動でも同じです。たとえば，先ほど人間の脳が古くからの部分の上に新しい部分を付け加えていることを説明しました。そしてそれぞれの部分は異なる機能を持っています。もっとも古い脳幹や視床・視床下部は体の調整機能，生命の維持機能を受け持っています。大脳辺縁系は感情をコントロールしています。大脳皮質はおもに思考や知覚が行われる部分です。このように人間の持つ高度な心的活動は，新しい部分である皮質で行われているわけですが，古い部分が残され，そのまま使われているのです。

　そして，古い部分は心的活動としても機能をやめてはいません。人間は自分の意識的な思考の結果として意思や行動をすべて決めているのではなく，古い部分も関わる自動的で無意識的な意思決定や行動も多く行っているのです。そしてこうした自動的で無意識的な意思決定や行動は，人類の長い進化の過程で獲得された適応的なものであり，それが現代の人間の中にも残されているということです。これが人間を進化したサルとしてみる視点であり，心理学における進化論的な視点といわれるものです。

　進化論的視点からみた人間の心理的な機能の特徴を考えてみましょう。まず進化の過程で獲得された古い心的な機能は無意識的で，自動的に機能するもの

です。意識的な思考，少なくとも言語を使った思考を行わない人間以外の動物とも共通する行動の決定機能であることを考えれば，理解しやすいと思います。それに対して新しい心的な機能として意識的な思考が存在しています。

　この古い心的な機能は，すばやいことも特徴です。意識的な判断どころか対象が何であるかの認識，つまり対象の確認よりも早く処理がされることもあります。たとえば，不審なものが目の前に現れた瞬間に，危険を感じて飛び退くようなことがこれに当たります。不審なものが何であるかを判断する前に，とりあえず避けます。もしもそれが何であるかの判断をして，実際に危険なもののときにだけ避けるということでは，本当に危険な場合には間に合わないことがあります。動きや全体的な雰囲気で瞬間的に判断することが必要であり，古い機能はそれを行ってくれます。

　この古い機能は感情レベルで機能することも特徴です。この場合には感情というよりも情動というほうが本当は適切かもしれません。感情と情動は同じような意味ですが，感情は心的な経験を意味することが多いのに対し，情動にはそのときに身体の状態や表情などが含まれるより大きな概念です。そして，古い機能による判断は，快・不快という形で行動を導きます。その状況において望ましい結果を導く行動をとりたいと思わせ，望ましくない結果を導く行為を避けるように導きます。この思考と感情の関係に関しては後ほど「4.6　意思を決定する」の中でもう一度詳しく説明します。

　このような古いシステムや，これも後の「4.6　意思を決定する」の中でくわしく説明するヒューリスティックといわれる高速で，大まかな思考システムを含めて，人間の行動の決定というものは自動的で，無意識的な処理が多く働いています。自分自身のことを意識してみると，日常生活の中で言語を用いた意識的な熟慮というものは思いのほか行っていないことがわかると思います。日常生活の中の行動のほとんどはいつも行っていることの繰返しであり，また新しい事態に対してもとくに深くは考えず，ほぼ無意識的に自動的に，過去の経験から適当な行動を選択して対処しています。じっくりと頭の中で言葉を用いて考えることは非常に限られていることに気がつくと思います。この中の無意識で，自動的な処理の多くは進化の過程で獲得されたプログラムと，そこに

3.4 人間とは

過去の経験が加わったすでに用意されている行動のレパートリーなのです。

最後に繰返しになりますが，進化における安全確実の方針を強調したいと思います。脳の古い部分は生体の維持機能をコントロールしています。その部分は絶対確実に機能しないと生命の維持が危うくなるために，この部分は変更ができないように固定されています。人間が自分の意志では変更できないようになっているのです。

また，情動による反応もほぼ固定的なものです。これも，緊急時にすばやく対処を行うために，勝手な変更ができないようになっています。このため，情動による反応はすべての状況における最適な反応ではないことがあります。つまり，本来は感情的になるべきではない場面で，感情的になってしまうことがあるのです。しかし，これまで説明してきたように感情的反応はすべて理不尽や不合理なものではなく，最適ではないこともありうるというだけのことです。情動的な反応は人類以前の生物においては合理的で，最適な反応なのです。

大脳皮質による理性的思考は，固定された古いシステムが生存を保障してくれるうえで，柔軟に機能することが許されています。そして，理性的思考は固定されたレパートリーでは対処しきれない問題に対処することを可能にしてくれます。このシステムにより人間はさまざまな状況で，さまざまな問題を解決することができるようになり，他の生物にはない多様な生活様式をとることが可能になりました。進化したサルとしての人間は，サルの心身の機能の保険を持ったまま，新しい脳を十分に活用している生物なのです。

3.4.3 社会の一部としての人間

古代ギリシャの哲学者，アリストテレスは人間を定義して「社会的動物」であるといっています。社会とは複数の人が生活する世の中という意味ですが，社会の一部としての人間という視点は，この社会的動物としての人間という意味です。つまり，複数の他者と関わりながら暮らす人間という視点です。社会という言葉は複数の人が生活する世の中という意味といいましたが，ここには2つの重要な要素が含まれています。一つは「複数の人が」ということで，人が人と交流することが社会に必要な要素です。もう一つは，「世の中」という

ことで，社会は個人によって構成されていますが，複数の個人が構成する全体としての機能や特徴があるということです。心理学における社会という概念はこの両方を含んでいますが，ここでの議論は人間の交流のほうの意味を重視しています。

　人間は一人では生きていけません。これは孤独に弱いという心理的な意味ではなく，食料や安全などを確保するために複数の個体が集団で暮らすことが必要であるという意味です。現代でもそうですが，歴史的，あるいは進化的にもこのことは当てはまります。つまり，人類は群れで暮らす種であり，こうした状態は相互依存的であるといいます。「3.4.2　進化したサルとしての人間」で説明したように，人間はこの地球環境に適応的に進化してきたわけですが，同時に集団生活にも適応してきたということです。

　人類は農耕や牧畜を開始した1万数千年前以降に集落をつくるようになりましたが，それ以前の狩猟採集生活においても集団生活をしてきました。集団生活をすることが生存のために不可欠だったのでしょう。こうした相互依存的関係では，お互いに争わずに協調することが必要です。同時に，各個体レベルでは，他の個体よりもより生存や子孫を残すことを有利にするための機能も必要です［→本12］。

　したがって，集団生活に適応するときには，他の個体と協力する能力と他の個体に勝つ能力という反対の能力，あるいは行動のパターンをどのようにバランスよく進化させるかが重要になります。他の個体と協力することは利他的行動とよばれ，他の個体を出し抜いて自分だけに有利なことをすることを利己的行動といいます。つまり，社会の一部として人間を考える視点とは，この利他的行動と利己的行動がどのように起こるかを考えることでもあります。

　まず，人が一人では生きていけない状態，つまり他者と相互依存的であることを考えれば，利他的な行動を行うことで協調して共同作業をすることが原則になります。助け合うことが，お互いの利益を高めるのです。こうした状態は互恵的といわれます。しかし，こちらは助けるが，相手は助けてくれないということがあると，相手は利益を得ますが，こちらは利益を得られない，あるいは利益が相手よりも少ないということになりかねません。単なるお人よしでは，

3.4 人間とは

他の個体との競争に負けてしまうのです。その点では利己的な要素がないと，個体レベルでは不利になります。したがって，基本的には利他的ですが，利己的にふるまう相手に対しては強く対処するという行動パターンが必要になります。この相手の好意には好意で返し，悪意には悪意で返すことを応報性（おうほうせい）といいます。

こうした他者との駆け引きを効果的に行うためには高度な知的能力が必要です。人間の持つ高度な思考力，言語によるコミュニケーション，あるいは「心の理論」とよばれる他者の考えを推測する能力などは，おもにこの他者との駆け引きのために発達してきたという考えがありますが，これには説得力があります。こうした能力は社会的知能とよばれることがあります。

またゲーム理論とよばれる理論はこの他者との駆け引きに関する研究の中でとても大きな役割を果たしています。この場合のゲームとは複数のプレーヤーが一定のルールのもとで利得を競う状況という意味です。そこでは，自分の「手」つまり選択と相手の手の両方によって，状況が進行し，最終的にそれぞれが得られる利得が決まります。将棋やトランプなどもゲームですが，商売やあるいは対立状態にある国同士などもゲーム状態にあると考えることができます。商売であれば利益が，対立状態の国であれば勝利が利得ということになります。そして他者との駆け引きもこのゲーム理論の枠組みで考えることができます。

たとえば，政治学者のロバート・アクセルロッドは囚人のジレンマゲームといわれる状況においてどのような駆け引きをすることが最大の利益を得られるかという研究をしています［→**引用** [3]］。囚人のジレンマゲームとは次のような状況です。2人の容疑者が逮捕されていますが，2人の犯行を示す物的な証拠はありません。2人は囚人A，囚人Bとして別々の部屋で取調べを受けています。そこでそれぞれには「自白」するか，「黙秘（もくひ）」をして罪を認めないという選択肢があります。そして，取調官から次のようなことを言われます。

- 共犯者が黙秘しているときに自白すれば釈放（しゃくほう）する。
- 共犯者が黙秘しているときに黙秘すれば懲役（ちょうえき）2年の刑にする。
- 共犯者が自白しているときに自白すれば懲役7年の刑にする。

- 共犯者が自白しているときに黙秘すれば懲役15年の刑にする。
- 共犯者にも同じことを伝えてある。

この状況をまとめたものが**表1**です。数値は懲役の年数だと思ってください。0年は釈放です。

表1　囚人のジレンマゲームの利得行列

	囚人B：黙秘	囚人B：自白
囚人A：黙秘	A 2年，B 2年	A 15年，B 0年
囚人A：自白	A 0年，B 15年	A 7年，B 7年

この状況で囚人はどちらの行動を選択するでしょうか。どちらの囚人にとっても，相手が黙秘のときに自白すれば釈放で，黙秘すれば懲役2年ですから，自白したほうが刑は短くなります。また相手が自白したときに自白すれば懲役7年で，黙秘すれば懲役15年ですから，この場合も自白したほうが刑は短くなります。したがって，どちらの場合も自白したほうが刑期は短いので，2人とも自白をして懲役7年になるでしょう。

よく考えると2人とも黙秘をすればどちらも懲役2年ですから，2人とも懲役7年になるよりも得なのです。しかし，自分の利益から選択肢を判断する限りは，2人ともがより大きな利益を得ることができる選択肢は選ばないのです。これがジレンマといわれる理由です。つまり，相手の意向がわからない状況では，相手が協力してくると期待する危険を冒すことはできないのです。

アクセルロッドの研究ではこの囚人のジレンマ状態の黙秘と自白という選択肢を相手との協力（利他的行動）と裏切り（利己的行動）という選択肢に変えた利得行列を用意しました。たとえば**表2**のような利得行列です。

アクセルロッドの実験［**→引用[3]**］ではこの利得行列を用いて，選択行動を繰返し行います。そして，相手がどんな選択肢を出したかがわかるようになっています。この状況で選択肢の選択方法を選ぶ駆け引きをする複数のルール（駆け引きの方法）を競わせました。その結果，一番多くの得点を得ることができた駆け引きの方法は応報性に基づくものでした。それは，最初は協力を

3.4 人間とは

表2 協力と裏切りの囚人のジレンマゲームの利得行列

	相手：協力	相手：裏切り
自分：協力	自分 80, 相手 80	自分 0, 相手 120
自分：裏切り	自分 120, 相手 0	自分 30, 相手 30

選択し，以降は前回の相手の手と同じ選択肢を選択するという方法でした。つまり，相手が協力を続ければ，こちらも協力を続けますが，相手が裏切るならば，こちらも仕返しに協力を止めるのです。しっぺ返しをするということです。協力を基本にしてはいるものの，お人よしではないという戦略がゲーム理論でも最良の方法として示されたということです。また，基本的な囚人のジレンマ状態とアクセルロッドのこの実験のもっとも大きな違いは繰返し選択を行うということです。1回の選択では相手の考えを善意に予想するには情報が少なく危険なのですが，繰返し行うことで，相手のこともわかってきますし，また自分の態度，つまり協力的ではあるが単なるお人よしではないということを伝えることもできるのです。

　この繰返しの状況のほうが，実際の集団における人間関係をよく反映していることが多いでしょう。実社会での多くの対人関係は継続的なものです。そこでは，相手がどんな人間であるかはそれまでの経験からかなり正確に予測できます。あまりにお人よしはつけこまれてしまうおそれがありますが，協調性がない人は他の人から協力的な行動をとってもらえなくなります。また，裏切りをして利益を得るようなことをすれば，以降の人間関係が悪くなりますので，以降の協力は期待できなくなります。このことは，最終的に獲得できる利益の合計がむしろ低くなることを意味しているでしょう。したがって，持続的な集団で協力がお互いの利益を増やす互恵性のある状況では，お人よしではないが協力的，つまり応報性をともなう利他的行動パターンが適応的な行動になるということになるのでしょう。

　こうして人は他者と交流をしながら生活しているわけですが，自分の家族や親しい友人から，見ず知らずの他人まで，他者といってもいろいろな他者がいます。こうした親しさの程度や関係がどのくらい長く続くかの違いによって，

どこまで協力的，利他的な行動パターンをとるかは当然変化します。

　他者との親しさの程度や関係の持続性を判断する一つの基準は，相手が自分が所属している集団のメンバーかどうかということです。自分の所属している集団のメンバーは親しく，これからも関係が続く相手ですし，所属している集団以外の相手は親しくない，関わることが少ない相手ということになります。

　所属しているかどうかは公式なものとは限りません。たとえば人々が所属している集団には家族という小さいものから，同級生や同僚，同じ町民や県民，同じ文化や宗教を持つ人々，同国民などの大きなものまでがあります。また，性別，世代，人種などの人間としての特徴もその集団に属しているかどうかの基準になることがありえます。文系と理系という不思議な分類もありますね。

　相手が自分が所属している集団のメンバーなのか，そうではないかは，その相手との関係に大きな影響を与えます。協力するかどうかの行動パターンにも影響を与えますが，それ以外にも相手をどう考えるか，どんな人間と考えるかにも影響を与えます。相手が自分の所属集団のメンバーであれば，個人の性格や能力，あるいはこれまでの関係性などから，具体的で細かく判断された個性を持つ人物として判断されますが，自分の所属集団以外の相手に対しては，具体的で細かく判断された個人というよりもその集団の一人というような大まかで，雑な判断がなされることが多くなります。こうした自分が属していない集団のメンバーに対する大まかで，雑な判断には偏見や誤りが含まれていることもあり，それが集団間の対立や不公平な扱いの原因になることがあります。たとえば人種間の対立や宗教間の対立には，このように相手を一人ひとりの人間としてみるのではなく，1つのまとまった存在とみなし，しかもそこに偏見や誤りが含まれていることが多く，それが相手の人格や人間性を無視して攻撃をしてしまう大きな原因なのです。

　また，一人ひとりの人間は自分自身で判断し，行動をしているわけですが，そうした個人が集まって作り上げている「社会」は一人ひとりの個人を超えた1つの存在としての特有のパターンや機能を持ちます。つまり社会というものが1つの単位として考察の対象になるということです。社会制度や文化を研究する場合には，この社会という単位が研究対象になります。

> **本12** 　　『昨日までの世界——文明の源流と人類の未来——』
>
> 　数万年前（ダイアモンドの推定値は6万から10万年前）に成立した現在の人類種であるホモ・サピエンスが農耕をはじめたのが1万数千年前（ダイアモンドの推定値は1万1,000年前）で，国家を生み出したのは（ダイアモンドの推定値では）5,400万年前です。つまり，基本的に現代人と同じ心と行動能力を持つわれわれの祖先は何万年もの間狩猟採集社会を中心とした伝統的社会に暮らしていたわけです。『昨日までの世界』の中で，ジャレド・ダイアモンドはこの伝統的社会を「昨日までの世界」と名づけ，「昨日までの世界」で形成された特徴が現代の工業化社会（先進国の社会）にどのように残り，影響しているかを考察しています。
>
> 　昨日までの世界について考えるために，ダイアモンドは現代に残る伝統的社会の生活を分析しています。現代に残る伝統的社会とはニューギニア島やアフリカ，オーストラリア，南米などで今もまだ工業化社会以前の狩猟採集を中心とする伝統的な生活様式のまま暮らしている人たちなどのことです。
>
> 　こうした伝統的社会の考察を通じて，人口規模や密度がもたらす食料生産と分配方法や社会の統治制度の変化，そうした社会的状況と地理・生物環境的な要因がもたらす文化的行動や慣習の形成などに関して，ダイアモンドは現代社会を理解し，改善するための知恵を示していきます。現代人と同じ身体と能力を持つ人々が工業化社会の人々とは違う行動様式や思考の方法を持っている理由を，伝統的な社会環境の持つ物理的，あるいは社会的環境の特徴から鮮やかに説明しています。
>
> 　現代社会の生活様式と慣習の中にある，進化論的な行動適応と過去の習慣の影響を考えるためにとても役に立つ本です。
>
> Diamond, J. (2012). *The world until yesterday : What can we learn from traditional societies?* New York, NY, USA : Viking Press.
> 　（ダイアモンド, J. 　倉骨　彰（訳）（2013）．昨日までの世界（上・下）——文明の源流と人類の未来——　日本経済新聞出版社）

3.4.4　ガイアの一部としての人間

　ガイアとはギリシャ神話の大地の女神，地母神であり，地球のメタファー，比喩として使われます。ガイアの一部としての人間とは，人間を地球の生態系の一部としてみる視点です。人間は社会の一部であると同時に，他のすべての

生物とともに地球の生態系の一部なのです。

　ガイア仮説［→**引用**［4］］という「地球を生命のような恒常性，つまり安定して持続していく性質を持つシステムである」と考える仮説があります。ここでの生命というのは比喩ですが，地球環境と生物が相互に影響を持つ1つのシステムをつくり，この地球という惑星の状態をつくり，維持していることは間違いありません。

　地球という惑星は安定した状態を保っています。しかし，これは平衡状態ではありません。平衡状態とは，何もしないでおいたときに，最終的に落ち着く状態です。たとえば，お湯が入ったコップの中に氷をいくつか入れておくと，いずれぬるま湯になります。室温を一定にしておけば，最終的にはコップの中の水は室温と同じになり，その後は変化しなくなります。エントロピーという言葉を聞いたことがある人もいると思いますが，エントロピー，つまり利用できないエネルギーが最大の状態になったわけです。この状態が平衡状態です。しかし，地球環境はこの平衡状態にはありません。生物の生存を可能にする状態に保たれていますし，これまで40億年以上もつねに保たれてきました。これは生物と地球の地理的・地学的環境が作り出すシステムが行ってきたことです。このシステムが働いていない平衡状態では生物の生存に適さない状態になることがあったはずだといわれています［→**引用**［4］］。

　非平衡な安定状態にあるためには，システムが開放系であることが必要です。開放系とはシステムの内外でエネルギーや物質のやりとりがあるということです。やりとりがない閉鎖系のシステムはいずれ必ず平衡状態になります。地球というシステムの場合には，太陽からの熱と光というエネルギーをつねに受け取っています。太陽から受け取るエネルギーが地球環境を維持しているといえます。気温の維持，大気と水の循環，そして昼間という明るい環境とその環境での光合成による有機物の生成と酸素の供給，このすべてが太陽エネルギーのおかげです。そして，地球にはこの太陽エネルギーをうまく使って，生命の生存に適した環境を維持していくことができるシステムが出来上がっているのです。

　しかし，この有機的，生物的ともいえるようなシステムにおいて個々の要素，

3.4 人間とは

たとえば生物の個体や地球環境の成分や地形が1つの目的や方針に従っているわけではありません。また何らかの意味で全体に命令をしたり，制御をする中心的な存在があるわけでもありません。個々の存在や要素はそれぞれの機能を果たしていますが，そうした部分のふるまいが相互に関係し，影響することでパターンが作り上げられます。そして，そのパターンを生み出すプロセスを通じて全体として機能する構造が生じているのです。地球という安定したシステムにおいては，地球環境と全生物は，互いに互いを必要とする相互依存的な関係にあるといえます。こうした構造はトランザクション/transaction といわれます。

人間もその地球上の生物の一種です。地球環境や他の生物とトランザクションな関係にあります。しかし，環境に対する人間の影響は，他の種の生物とはくらべものにならないほど大きく，それはますます大きくなっています。地球という惑星はこれまで人間の生存と進化を許してくれただけでなく，生活と文明の進歩を支えてくれました。ですが，そろそろ限界がみえてきました。

たとえば人間が使用している石油，天然ガス，石炭という化石燃料といわれる資源はすべて，もともとは太陽エネルギーから光合成により生物が生み出したもの，違う言い方をすれば大気中の二酸化炭素を固定したものですが，その量は限られており，いずれは使い尽くされてしまうことが確実です。また，こうした燃料を使用すれば，固定されていた二酸化炭素が排出されますが，それを光合成で利用できる量にも限界があり，その量を超えた分は大気中に残ります。この大気中の二酸化炭素の増加が地球全体の温暖化を招く危険性が指摘されています。地球温暖化は単に気温の問題だけではありません。気象の激化や寒い地域の氷河や氷山，凍土が溶けることによる海水面の上昇など，生活環境への致命的な影響も予想されます。

もはや地球には，人類が何の遠慮もなくふるまうことを許してくれる余力はありません。個人が，自分自身の幸せや満足だけを考えて行動することが許されなくなったのです。これまでの生活や文明を持続するために，今人間は地球環境に対して配慮しながら，慎重に賢く行動することが求められています。こうした地球環境に配慮した行動を環境配慮行動といいます。しかし，この環境

配慮行動を行うのは簡単なことではありません。「3.4.3 社会の一部としての人間」で説明したように，集団における人の行動は「お人よしではない協調的」であることが基本ですが，それは関係の継続するよく知る相手の中での話です。地球環境問題のように，全人類というようなよく知らない相手と多く関係する問題に関する場合には，なかなか自分の欲求よりも全体の利益を重視する協調的な行動，環境配慮行動が自然にできるわけではありません。遠くの知らない相手に対しては遠慮や互恵性，あるいはしっぺ返しや報復をされる可能性を感じにくいのです。

一人の個人の行動が与える影響はそれほど大きくはなく，また影響が出るまでに時間がかかるので，地球環境問題は自分自身の問題として感じにくいことも問題です。エアコンの設定を1度分涼しくすることの，地球温暖化に与える直接の影響を感じることはできないのです。また地球環境は少しずつ悪化していきます。地球環境問題について知識がある人でも，自分の住む場所への差し迫った問題としてとらえることは少なく，他人事のように感じていることが多いようです。環境悪化がひどい発展途上国の人たちを含めて，地球環境は悪化していると思っていても，日々の変化はごく小さいために，自分の住んでいるところではその変化を感じることはできず，まだ大丈夫だと思う傾向があります［→引用 [5]］。

こうした環境問題を意識して環境配慮行動を自然に行うことの難しさを示すものが「コモンズの悲劇」という寓話，つまりたとえ話です。19世紀の経済学者，ウィリアム・F・ロイドの示した話として，生物学者のギャレッド・ハーディンが論文［→引用 [6]］の中で紹介したことで有名になりました。

コモンズとは共有地という意味で，その村の人が自由に使うことができる広場だと思ってください。そこで村人たちは羊を飼っていました。たとえば，村には10の家族が住んでおり，それぞれ5頭ずつの羊を飼っていたと思ってください。羊は共有地の草を食べて育ちます。共有地は十分に広く，羊が草を食べても，すべての草を食べつくすまえに，新しい草が生えてきます。

あるとき1つの家族がもう少し利益を増やしたいと思い，羊の数を2頭だけ増やして7頭にしました。利益は1.4倍になりました。共有地の羊は2頭増加

しましたが，とくに大きな影響はありませんでした．それを見ていた他の家族も利益を増やしたいと思い，それぞれ2頭ずつ羊を増やしました．元は50頭だった羊は，70頭になりました．しかし，共有地は70頭の羊が育つには十分な広さではありませんでした．新しい草が生える前にすべての草は食べつくされ，羊は食べ物がなくなり死んでしまいました．すべての村人の利益は0になってしまいました．

　この寓話の語(かた)ることは，小さな悪影響でも，それが積み重なると致命的で取り返しのつかない悲劇的な結果を引き起こすことがあるということです．そして地球環境の問題ではこの村人のような行動が行われがちだということです．もう一度確認しておきましょう．人間は地球生態系の一部でありながら，それを破綻(はたん)させる，つまり壊してしまう可能性を持ってしまった存在でもあるということです．しかし，人間の知性はそれを防(ふせ)ぐこともできます．

　それでは地球環境を破綻させずに，それを防ぐための地球環境に配慮した行動をするためにはどうしたらいいのでしょうか．そのためにはまず地球環境の問題が自分自身の問題であるという当事者意識(とうじしゃ)を持つことが必要です．当事者意識を持つためには，正確な問題認識と知識を持つことが必要です．現在の地球環境が危機に面していることを認識することが必要です．たとえば，資源，とくに化石燃料は無限ではなくこのままではいずれ使い尽(つ)くされてしまうこと，乱開発と気候変動により多くの土地の砂漠化が進んでいること，生物種の急速な絶滅がとまらないことなどを正確に認識することが必要です．すでに説明したように，こうした状況や変化はすぐに目につくものではなく，自分自身の問題としては意識しにくいものですが，自分自身が強く意識できるほど状況が悪化した段階になってからではすでに何かをするには遅すぎるのです．また，根拠のない楽観視にも注意が必要です．何とかなるかもしれないですし，そうならなくては困るのですが，そのためには努力や配慮が必要です．何もしなくとも何とかなるわけではありません．そして，地球環境問題は何とかならなかった場合には致命的なのです．個人ごとの行動もそうですが，社会や経済の行動も楽観視することは許されません．上に書いたコモンズの悲劇は根拠のない楽観的な経済活動の追求が何を引き起こすのかの教訓を示していると考えること

もできます。

　何をすべきなのかを知っていることも必要です。流行や商業ベースの環境配慮行動を行ってもあまり効果がないことがあります。たとえば，外出先でマイ箸を使うことは割り箸を使わないことで木材資源の使用を減らしますが，繰返し使うマイ箸を洗う水資源の使用を増やします。本当に環境への悪影響が小さいのはどちらなのかをよく検討することが必要です。またエコカーを使うことはたしかに省エネになりますが，根本的な解決法は必要のないときには車を使わないことです。また電気自動車はたしかに排気ガスを出しませんが，その動力源となる電気の発電はそうではありません。現在のような車の使用量を前提としている限り真の解決にはならないのです。

　ライフサイクルアセスメント（life cycle assessment：LCA）という視点を意識することも必要です。発電時には太陽光発電は化石燃料を使わず，また何も排出しませんので地球への悪影響がとても少ないですが，それを製造し，維持管理し，そして運用期間が終わって最終的に処理するときの環境への影響を合わせて，全体の環境への影響を考えることが必要です。LCAを考えると太陽光発電の環境への総影響は，発電による影響よりもずいぶん大きくなります。現在の多くのエコといわれる製品はこのLCAを軽視しているようにみえます。多くの言い訳的な環境配慮行動の効果は少ないのです。効果的な環境配慮行動は，使わないこと，減らすこと，長く使うこと，適切なものを適度にリサイクルすること，しかありません。

　また，新しい価値観も求められています。大量消費や単に数量的に希少な商品を手に入れること自体に満足するという価値観はもはや許されません。たとえば，数少ない高価で貴重な素材だから食べたいと思う，おいしく感じる，というのはやめましょう，ということです。物質や資源をなるべく使わない生活をすることに楽しみを感じるべきです。環境配慮行動をすること自体に喜びを感じるという価値観が必要です。また人間が地球生態系の生物の一種であり，他の生物と運命共同体であるという意識も必要でしょう。経済活動においても，物質の量や消費の量を増やすことではなく，技術的価値や文化・歴史・物語などの意味的・知的付加価値，そして創造性，芸術性，サービスの質などの精神

的な付加価値を高め，消費することに重点を移すことが必要でしょう。まして，未処理有害物質の廃棄や排出，あるいは不法投棄のように経済活動の悪い副産物を環境に押し付けるような経済活動はもはや完全に許されない時代になっています。

最後は制度の問題です。他者が環境配慮行動をしている状況で，自分だけが自分勝手な行動をすることは，実は一番得をする選択肢です。他者が守ってくれていますので環境は破綻しませんし，自分が何かを努力や我慢をしたり，また何かを犠牲にすることなく，好きなことができるからです。こうしたことが可能な状況でも，倫理観や社会的にまともな人間として行動しようという意識，あるいは人の目を気にすることで，地球環境問題に対する新しい価値観を持たない人のほとんども，最低限の環境配慮行動をします。しかし，やはりしない人もいるのです。また経済活動では営利的な目的が優先されることも多くなります。したがって，大多数が利他的な環境配慮行動を行っている状況で，少数者が自分勝手な行動をして利益を上げる行動，つまりフリーライド（ただ乗り）を許さないための制度も必要になります。体面的な社会関係における利己的な行動に対する個人レベルでの報復を，社会レベルで行う制度をつくるといってもいいでしょう。フリーライドをするフリーライダーが何の制裁，つまりしっぺ返しも受けず，負担もせずに利己的行為で利益を上げていることがわかると，他の人もフリーライダーになりかねません。法律や条例を整備し，環境に対する利己的な行動に罰則を定めることが必要なのです。あるいは環境に対する悪影響を持つ活動に対して費用を確実に負担させるための制度を整備することも必要です。これは経済活動レベルではもちろん必要ですが，登山者に登山のための料金を求める入山料の実施など個人レベルでも必要です。

このように地球環境に対する当事者意識，知識や方法，そして価値観など，最後に紹介した制度とテクノロジー以外の環境配慮行動に必要な要素はすべて個人の心と行動の問題であり，心理学の対象です。人類がこの地球で，これまでどおりの文明的な社会を維持していくために，心理学の責任と心理学に対する期待は大きなものがあります。これがガイアの一部としての人間という視点の持つ重要性なのです。

3.4.5 意志を持つかけがえのない個人としての人間

　ここまで紹介してきた視点では，すべての人間が共通して持つ特徴について説明してきました。しかし，一人ひとりの人間は違う個性を持つ独自の存在でもあります。性格や能力，あるいは身体的特徴には個人差があります。また，ここまでは，人間の思考や判断，感情などの心の働きや行動に影響を与える原因について説明してきましたが，一人ひとりの人間の心の働きや行動はそうした原因によって完全に決定されているわけではなく，意思や行動の決定には目的意識，つまり意志というものが大きな役割をはたしています。人間というものは，一人ひとりが独自の個性を持ち，そして自分自身の意志を持っている存在です。

　ところで上の文章では「いし」という言葉に「意志」と「意思」の2つの漢字表記が使われていることに気がついたでしょうか。実はこの本では，上の文章だけでなく，いろいろなところで両方の表記を使っています。これは変換ミスではありません。この2つは交換可能なものとして使われることもありますが，ここでは違う意味で使っています。まず「意志」は目的意識です。何かをしたいというやや強い決意を意味しています。「意思」は意思決定という熟語としてよく使う言葉で，他の選択肢や可能性がある中からの選択や決断のことです。この定義は国語辞典的なものではありませんが，ここでは意志は英語の **will** に，意思は decision making，つまり意思決定の decision に対応していると思ってください。つまり，人間の意思は意志を用いて，あるいは意志に基づいて決定されるということです。

　人間の意思と行動の決定に関しては極端に言えば2つの立場があります。環境決定論と環境可能論です［→ボックス8］。それぞれ環境決定主義と個人決定主義という言い方がされることもあります［→**引用**［7］］。環境決定論とは環境・状況や特定の原因によって意思と行動の決定が強い影響を受けると考える立場です。環境可能論とは特定の状況や影響を持つ要素があったとしても，それらによって直接的な決定をされることはなく，あくまでもそれらをどうとらえるかは個人に任されており，意思や行動は個人が自分の意志と目的によって決めるものであると考える立場です。つまり，受け身で，受動的人間像と自

3.4 人間とは

発的,能動的人間像ということができるでしょう.

「**3.4.1 コンピュータ付きのアンドロイドとしての人間**」以下のここまで紹介してきた多くの視点では,人間の心と行動に影響を与える原因についておもに説明してきました.しかし,人間の意思と行動の決定はそうして原因によって決まってしまうものではなく,そうした影響や制約のもとで自分自身の持つ意思や目的意識によって決定されると考えることができます.そして,その意思や目的意識は,人間以外の種の生物のように自己の生存と子孫を残すことだけではなく,それ以外の生の意味にも向けられます.互恵性を含めた直接の利益の追求を超えた価値観を持ち,そうした価値観に従った行動をめざすということです.

自己実現という言葉があります.自己実現とは自分の持つ可能性を現実に発揮できるようにすることです.そして,実現したい自己は自身のために欲求を満たすための能力を持つことだけではなく,人間性を高めたい,より意味のある生き方をしたいということも含まれています.

つまり自己実現とは次のようなことです.人生には人間としての多くの課題があり,それらを達成することが成長していく,あるいは満足がいく人生を送る上で必要である.たとえばそれは自分自身が何者であるかを考え,そしてその自分を受け入れることであり,家族や友人を含めた他者との関係を確立することであり,知識や能力を獲得していくことであり,自分の職業や役割を社会の中で見出すことであり,また,すべての人間はいずれ死ぬべき存在であるということを受け入れることである.価値のある難しい課題をいきなり達成することはできず,達成できることから順番に成し遂げていくことが必要である.自己を実現していくことで,与えられた世界の中で受動的に過ごすのではなく,自分の意志で自ら見出した意味ある生を生きることができる,ということです.

そうした生存や欲求以外の目的を持つ生を生きる人間は,単なる互恵性を超えて,それぞれの存在の価値を理解しあい,相互に敬意を払いあうべき,つまり尊厳を持つ存在なのです.

ただし,個人をかけがえのない存在とみなすこと,つまり人間性を重視するというヒューマニスティックな視点を持つことは,客観的な科学的視点を持た

ないということではありません。まして，人間性を回復するために科学や技術を捨てようという主張ではまったくありません。この本のはじめのほうで紹介した『精神の生態学』の中でグレゴリー・ベイトソンはこう言っています。「ヒューマンな心理学が反知性主義を主張するのは奇妙なことであり，それは物理学がよりフィジカルな物理学を目指すために，数学を捨てるのと同じことである」。

そして，そうした視点間の関係はここで紹介したすべての視点について当てはまります。つまり，ここで紹介した複数の人間を見る視点は対立するものでも，矛盾するものでもありません。あるいは価値観や態度でもありません。すべて，人間という対象を違う角度から見たもの，つまりまさに視点なのです。そして，心理学を学ぶために，あるいは人間というものを理解するためには，ここに挙げたすべての視点を同時に持つことが必要なのです。そして，こうしたすべての視点を正しく持つための知識を獲得し，それをもとに思考を訓練していくことが求められているのです。

ボックス8　環境決定論と環境可能論

環境決定論と環境可能論はもともとは地理学の概念で，自然環境の地理・風土的特徴が人間の活動に与える影響における立場を意味しています。環境決定論では，自然環境が人間の活動に強い影響を与え地域差を生み出すとされ，環境可能論では，自然環境は人間の活動の可能性の条件を提供するだけで，地域差は歴史，社会的な文化の要素の影響が大きいとするものです。

極端な立場ではどちらも正しいとはいえませんが，極端な立場をとらないのであれば，どちらも正しいといえます。同じ地理的環境にはつねに同じような文化や文明が生まれるわけではありませんが，文化や文明の形式や発展の速度に地理的な環境は影響を与えます。たとえば，生物学者であるジャレド・ダイアモンドの『銃・病原菌・鉄』[→引用 [8]] は，地理・風土的特徴が，アフリカ大陸や南北アメリカ大陸よりもユーラシア（ヨーロッパ・アジア）大陸の文明の発達が進みやすかった理由であるという大胆で雄大な仮説を示しています。

3.5 何を学ぶべきか・なぜ学ぶのか・どう学ぶのか

　心理学を十分に学び，役立てていくためには，心理学だけを学ぶだけでは十分ではありません。また，心理学に限らず，どんな職業や社会的な役割をはたしておくためにも最低限知っておくことが必要なことがあります。こうした知識は，自己実現をしながら充実した人生を送るためにも必要です。つまり，「教養」というものです。教養というと何か絶対に必要なものというよりも，趣味的で，日常生活ではとくに役には立たない知識を示す事柄に思えるかもしれませんが，そうではありません。教養とは心理学，そしてその他の知的な活動をするための基礎的能力のことであり，こうした知識と能力を持つことで，人に頼らず自分自身で，納得がいくまで自由に十分に考え，アイデアをまとめ，意思を決定していくことができるようになるのです。

3.5.1　哲　　学

　哲学というのは，とても難しい考えで，しかし日常の生活には役には立たないというイメージがあるかもしれません。哲学者の主張する考えはたしかに難しいものです。しかし，難しい哲学的な学説や主義，主張を理解することだけが哲学を学ぶ意義や理由ではありません。それはたしかに有益なことですが，われわれにとってはむしろ哲学がどのように行われるかを学ぶことが役に立つのです。つまり，「哲学を知る」というよりも，「哲学をする」ことを学んでいくことが役に立つのです。

　哲学とは①人間とはなぜ，どのように存在しているのか，②人間は世界や事象とどのように関係しているのか，どのようにとらえているのか，③人間はどのように生きるべきか，生の意味とは何か，を考えることです。しかし，このような形に整理することはできるとしても，歴史的には，それぞれの歴史的・時代的・文化的背景の中で哲学者はそれぞれの本人と社会がもたらす問題意識を切実に考え続けてきただけなのでしょう。哲学者というのも現代の言い方であり，本人たちは著述家であり，思想家，運動家であり，あるいは実務家であったりと自分たちを考えていたでしょう。つまり，考え続けることが哲学であ

り，違う言い方をすれば人類が考え続けてきた歴史の記録が哲学なのです。つまり，学問として正しい，あるいは他を否定する学説を生み出すことが哲学の目的ではなく，考え続ける過程そのものが重要なのです。

そして，哲学的思考とは①正しく考える，②深く考える，③疑いながら考える，ことです。

正しく考えるとは，論理的に考えるということです。「3.2 正しいとはどんなことなのか」で説明したような，正しさの種類や正しさの基準を考える学問である論理学は哲学の一部です。

物理学や化学のような自然科学とは違い，心理学のような人文・社会科学では研究の成果をいつも数値や証拠だけで示すことができるとは限りません。とくに研究結果の意味を解釈し，何かを主張するためには言葉で説明し，納得してもらうことが必要になることがよくあります。これは社会科学に限らず，世の中の多くの事柄がそうでしょう。数値や明確な証拠だけではなく，言葉で説明し，納得してもらわなければならないことはいくらでもあります。こうした場合に言葉による表現や記述が説得力を持つためには，論理的であることが必要です。熱意や気迫だけでは他者を真に納得させることはできません。論理性というものだけが，人文・社会科学や社会の多くの説明や主張における妥当性を保証するものなのです。自然科学においては数値が妥当性，つまり正しさ・信用できる程度の保証であり，数学がその保証を支えているとすると考えるならば，論理性を支える哲学は，人文・社会科学の数学であると考えていいものです［→引用 [9]］。数学がまったくできない自然科学者がいないように，人文・社会科学者，心理学者には哲学的思考能力が必要です。

また，頭の中にある思考というものは，整理されていない漠然としたものです。時には間違っている部分や矛盾を含んでいることもあります。こうしたもやもやした思考を言語化することが必要になります。そして，言語化する際に正しい思考のルール，論理性を当てはめることで，もやもやされた思考が整理され，矛盾のない明晰な思考の体系になるのです。正しい思考とは，自分自身の中にありながら，まるで有能な教師のように思考を正しい方向に導き，間違いを正してくれる存在なのです。

3.5 何を学ぶべきか・なぜ学ぶのか・どう学ぶのか

深く考えるとは，表面的にではなく本質を見極めるということです。そのためには，いろいろな考え方を知っている必要があります。次の章「考えること」では，そんないろいろな考え方を説明しています。具体的な分析的思考法のくわしいことはそこでもう一度説明しますが，ここで言っておきたいことは思考の範囲を広げてほしいということです。当たり前と考える範囲だけでなく，極論をしてほしいということです。そんなことはふつうありえないだろう，善意を前提にすればそんなことをする人はいないだろう，などの無意識的前提の範囲を超えて，理論的にありえる極限的な状況で何が起こるのかを考えることが，本質を見極めるために有効な手段であることをよく知ってほしいと思います。極端な状況における矛盾は思考，たとえば理論や仮説の限界と改善の方向を示してくれます。また，主張においても同様ですが，とくに他者の主張の正しさ，つまり正当性，妥当性を判断するときに，極端な状況で何が起こりうるかを考えることはとても大切です。善意を前提にすることは社会的には望ましいことですが，世の中には善意だけが溢れているわけではないことも理解する必要があります。こうした極端な状況で何が起こるかを判断するためには，この後「4.3 思考実験」で紹介する思考実験の方法が有効です。

疑いながら考えるとは，常識を含めあらゆることを無条件に正しいと判断しないことです。「3.2 正しいとはどんなことなのか」で説明したことを徹底する必要があります。

感覚的事象を疑い理性の存在のみを認めた17世紀フランスの哲学者，ルネ・デカルトや因果関係の推論を疑った18世紀イギリスの哲学者，デイヴィッド・ヒュームなど，常識的には明らかであるモノ，正しいとされていることを疑う，懐疑主義といわれるこの姿勢が哲学の歴史そのものです。極端な懐疑主義は現実や日常生活と離れすぎてしまうという心配もあるかもしれませんが，現実の意思決定や問題解決のためのものではなく，哲学的懐疑主義は極限を考え，思考の限界を明確化するための思考実験なのです。

また，この完全に正しいものはないという考え方は，科学の活動の中ではとても大切なことです。どんな理論やモデルもあくまでも，その時点における有力な仮説であり，さらにすぐれた発見があればすぐに修正されるということが

科学の進歩を保証してくれます。新しい知見や発見によって否定することができない理論やモデルは科学ではありません。こうした考えは科学哲学者のカール・ポパーの提唱する科学における反証可能性の必要性という考え方です。科学的懐疑主義は現在の科学の必要条件であるといえます。

　こうした①正しく考える，②深く考える，③疑いながら考える哲学的思考を学ぶためには哲学書を読むことが必要になります。学説，つまり主張や内容を理解するためというよりも，哲学的思考がどのように行われるかを実感し，身につけていくために哲学書を読むことが必要になるのです。もちろん内容を理解することは望ましいことですが，少なくともそれを暗記する必要はありません。どんどん読んでどんどん内容は忘れていいと思います。大事なことは，精緻で徹底的な思考をたどり，理解する経験をし，そうした哲学的思考の方法を体得することです。また，内容を正しいことと受け止めたり，共感する必要もありません。そう思うことがあってももちろんかまいませんが，そうではない場合でも単に拒否するのではなく，論理と思考の過程を追ってみてください。哲学とは正しい答えを示すことが目的のすべてではなく，思考過程を明確に行うことそのものも目的なのです［→本13，本14］。

本13　『哲学入門』

　バートランド・ラッセルの『哲学入門』は哲学史や哲学的概念の教科書であると同時に，それ自体が著者の「哲学」を示しているという哲学書です。哲学の教科書として，認識論と存在論，経験主義と合理主義というような哲学の主要なテーマを，主要な哲学者の主張を紹介しながら，著者の視点で明確に分析していきます。一度読んだだけで完全に理解できなくとも，哲学とはどんなものであり，哲学者はどんな考え方をするのかを知る，感じることはできるはずです。まさに入門書としての価値があります。しかし，単なる入門書ではなく，20世紀の哲学の改革であった，著者が主導した分析哲学，論理学の紹介にもなっています。ラッセルは，アルフレッド・ノース・ホワイトヘッドとともに，現代の数理論理学の基礎となっている『プリンキピア・マテマティカ（数学原理）』の著者でもあります。

　また，ラッセルは哲学の価値についても明確な意見を述べています。ラッセルは「哲学的知識は特別なものではなく，科学的知識と同じである」「哲学は確定

3.5 何を学ぶべきか・なぜ学ぶのか・どう学ぶのか　　93

的な真理をなにも明らかにしてきてはいないといえる。それは，部分的には歴史的に哲学として研究されてきた研究成果中の確定した知識の体系は，別の科学，たとえば天文学，物理学，心理学になってしまったからである。不確定な問題だけが『哲学』として残される」と述べています。そして「哲学は解答を得るために学ぶのではなく，問うことそのものを目的とする」のだと言います。哲学の価値は知的想像力を広げ，独断や偏見をなくすために思考力を鍛えることにあるとしているのです。

　日本語訳では，本文が文庫サイズで200ページ弱の薄い本ですので，挑戦しやすいと思います。

Russell, B.（1912）. *The problems of philosophy*. London, UK：Home University Library.
　（ラッセル，B.　高村夏輝（訳）（2005）．哲学入門　ちくま学芸文庫）

本14　『ソフィーの世界——哲学者からの不思議な手紙——』

　哲学書や思想書を読むことは大切なことですし，また哲学者，思想家の文章を通じて，人類の最高の知性の働きを追体験できるというすばらしい機会でもあります。そのためには哲学者や思想家が書いた元の本を読むことが必要です。

　しかし，心理学を学ぶうえでは，哲学や思想の歴史の中における重要な概念，用語（名辞）の意味や意義，変遷などを大まかにでも知っておくことも役に立ちます。

　そうした概念の中でまず知っておいてほしいことは「合理主義」と「経験主義」です。合理主義とは生まれつき存在する理性を心の働きの根本として信じることで，経験主義は生まれた後の経験が心の働きを作り出していくと考えることです。心理学における本能や進化論的な傾向と学習，行動主義の対比に対応します。

　また，ルネ・デカルトの心と体をまったく別の存在とみなした「心身（物心）二元論」，ジョン・ロックの生まれたときの心は何も刻まれていない石板のようなものであるとした「タブラ・ラサ」，デイヴィッド・ヒュームの認識をもたらす観念は直接的な経験に基づき，複雑な観念も単純な観念の連合から生み出されるという「連合原理」，イマニュエル・カントの人間は生まれつき正しいことがわかっているという「道徳律」なども，現在の心理学にも関係が深い，重要な概念，考え方です。

　『ソフィーの世界』はこのような哲学の概念や歴史についてのやさしい入門書

です。しかし，教科書ではなく小説の形式をとっています。15歳の誕生日をむかえる少女ソフィーが物語の中で哲学の歴史を学んでいくことに付き合い，読者もそれを学べるのです。ヨーロッパの哲学が中心ですので，自然科学と融合していたギリシャ哲学から，神学との関係が重要な中世，ルネッサンスを経て，人間が中心になった近代までの哲学についてやさしく案内してくれます。近代以降では哲学者ではありませんが，思想的には大事件であった，カール・マルクス，チャールズ・ダーウィン，ジークムント・フロイトの思想もわかりやすく紹介しています。

やや厚い本ですが，高校生向けの本ですので読むのは難しくないでしょう。しかし，内容は充実しています。この紹介を書くために今回読み返してみましたが，またとても勉強になりました。

Gaarder, J. (1991). *Sofies verden：Roman om filosofiens historie*. Oslo, Norway：H. Aschehoug.
（ゴルデル，J．須田　朗（監修）・池田香代子（訳）（1995）．ソフィーの世界――哲学者からの不思議な手紙――　NHK出版）

また，哲学書あるいは思想書は，厳密で明晰な理論展開を行うために，そして意味があいまいになり誤解をされないために文章が難解になる傾向があります。こうした難解な文章を読み，意味を理解することは，言語能力を高めるために絶対に必要なことです。簡単でわかりやすい文章だけを読んでいても，読解力や執筆力は向上しません。読解力や執筆力は心理学の専門的な文章を読み書きするときにも必ず必要になりますし，それだけではなくあらゆる職業的な文章においても非常に価値の高い能力です。哲学書や思想書，とくに翻訳された本の中には，元の内容だけではなく訳文のせいもありとてつもなく難解で，1ページ理解するのに1時間以上かかりそうなものもあります。そうした本を敬遠するのではなく，パズルを解くような気持ちで読んでみることも文章力向上のためのいい訓練になります。内容のともなわない本にあまり時間をかけることはお勧めしませんが，内容に定評があり，難解さにも定評がある本にどんどん挑んでみることをぜひお勧めします［→**本15**］。

本15　『論理哲学論考』

　ルートヴィヒ・ウィトゲンシュタインの『論理哲学論考』はもっとも有名な20世紀の哲学書の一冊でしょう。この本は7つの章に分かれており，さらにそれぞれの章が論理的に展開されていく短い命題から構成されています。最後の命題がよく知られた「語りえぬことについては，沈黙しなければいけない」です。

　『論理哲学論考』に書かれていることを知識として学ぶ必要はありません。知識あるいは事実として正しいかどうかの判断はできない性質のものです。実際，ウィトゲンシュタイン本人が人生の中で考え方をどんどん変更しています。

　したがって『論理哲学論考』は哲学者の思考法を経験し，また哲学の方法を学ぶために読むべきでしょう。どこまでも細かく，深く，正確に考えていくその過程を読みとるべきなのです。

　理解することは難しいかもしれませんが，それぞれの文自体は短いので，読みにくいということはないと思います。一文一文を考えていく読書経験をぜひしてみてください。すべて「わかる」必要はありません。何かを感じとれればそれで十分です。

Wittgenstein, L.（1921）. Logisch-Philosophische Abhandlung. W. Ostwald （Hrsg.）, *Annalen der Naturphilosophie*, Bd. 14, 1921, S. 185-262.
　（ウィトゲンシュタイン，L.　野矢茂樹（訳）（2003）．論理哲学論考　岩波文庫）

3.5.2　数　　学

　日本においては学問が文系と理系に分けられています。数学を含む自然科学と工学が理系で，それ以外，たとえば人文科学や社会科学は文系に分類されます。大学教育において心理学は文系に分類されていますので，受験科目でも数学が必要ないことが多くあります。とくに私立大学で心理学を学ぶ学生の多くは，数学で受験をしていないと思います。そして心理学を専攻する学生の話を聞いていると，数学，あるいは算数の段階から苦手な人が多いようです。高校で文系を選択した場合には，数学は1年生以降勉強する必要がなくなることがあり，数学が苦手な人はそれを喜んでいるようです。

　誰にでも向き不向きがありますので，数学が苦手な人がいるのは当たり前のことです。また，そうした苦手科目の受験を避けるのも仕方のないことでしょ

う。しかし，苦手である，簡単にできないということを，やらなくてもいいことであると考えたり，必要のないことであると考えるのは間違いです。それは，「すっぱいブドウ」のような間違った合理化です。すっぱいブドウとは「キツネが高いところにあるブドウをとれないことを悔しがり，あのブドウはすっぱくておいしくないに違いないと，負け惜しみをする」というイソップ寓話（ぐうわ）の一つです。

　この苦手なことを必要のないこととみなしてしまう誤った合理化は，文系と理系を完全に区分している日本においていろいろな問題を引き起こしていると私は思います。たとえば問題解決の場面において，文系的な問題では問題は必ず解けるものである，あるいは問題が明確化された段階で答えは出ていると考える傾向があり，問題解決法とはいかに効率的に問題を処理するかの手際の良さ，段取りの良さのこととみなされることが多いようです。あるいは複数の選択肢の中から，もっとも効果的な選択肢を選ぶこととみなされることもあります。一方で理系的な問題では，数学の問題のように，そもそも問題が解けるかどうかが問題であり，答えを発明する，発見することそのものに努力や労力が向けられます。

　そして問題なのは，日本の組織における意思決定者の多くが文系であることです。そのために，理系的な問題に対しても，問題を解くことそのものが問題であるという意識があまりなく，複数の答えからの選択や効率の問題だと考えてしまう傾向が強いようです。この場合の組織とは，政治，行政，営利組織，あるいは非営利，非公式の組織を含めてすべての組織です。そして日本ではとくに大きな組織の運営者，意思決定者のほとんどはいわゆる文系で，彼らの多くは理系的，数学的思考法の訓練を受けておらず，またそうした思考法が必要であるということもわかっていないようです。したがって，既存の答えの中から選択をするのではない，根本的な解決や大きな発想の転換が必要な問題に対して適切な意思決定ができないことがあるように思えます。日本の保守性というのは，文化の問題ではなく，能力や技術の問題もあるのです。もっとも文系的意思決定が日本の文化だというならば，文化の問題ですが。

　一方で，理系は社会的な意思決定をする立場に置かれることが少ないことか

3.5 何を学ぶべきか・なぜ学ぶのか・どう学ぶのか

ら，権利も義務も感じにくく，そのため社会に対して無関心になりがちなようにみえます。また，与えられた問題を解決することは得意ですが，問題そのものを設定すること，とくに現実の状況から適切な範囲に問題を設定することがそれほど得意ではないように思えることがあります。1つの問題を解決することが，別の問題を引き起こすということに関心が向かない場合があるように思えることがあるのです。それはそれで別の問題として，（誰か別の人に考えてもらい，私は）とりあえずこの問題を解きましょう，解きたいですという感じがあるのです。

こうした文系と理系両方の問題は，文系と理系を根本的な能力や性質の違いによる別々の存在であるとみなしてしまうことが原因のように思えるのです。受験の際には仕方ないとしても，学問や教育・学習においては文系と理系というのを別の存在として分けてしまうのは私は間違いだと思います。文系的な技法，理系的な考え方というように，あくまでもそれぞれを方法と考えることが必要だと思います。そして，すべての人間が文系と理系の方法を学ぶべきだと考えます。そうした文系の方法の基盤として哲学的思考法があり，理系の方法の基礎として数学があると思うのです。

もちろん苦手な人に高度な数学を学べと言っているのではありません。簡単なことでいいと思います。しかし，複数の答えの選択肢から選ぶという問題ではなく，決められた正しい答えに向かって，正確に論理展開を積み重ねていくという問題解決を経験するだけでも，数学的な考え方，あるいは理系的な問題解決のあり方が実感できるのではないかと思うのです。

高1で，あるいはその前に，数学とお別れしてきたあなたへ。大人になったあなたには，もう成績もありませんし，試験の時間制限もありません。もう一度のんびりと数学とお付き合いしてみませんか。

数学を学ぶには，公式を理解して問題を解く以外の方法はなかなかありません。中学高校の問題集を本屋さんで眺めて，理解したことがあるところとつまずいたところの境目あたりのモノを手に入れてみてはどうでしょうか。問題数は少なくていいので，参考書的な少しくわしめの公式や解法の説明と途中を省略していない具体的な解説があるものがお勧めです。そして，その問題集を時

間をかけて解いていってください。ただし，受験対策ではないので公式や解法を暗記する必要はありません。数学的な考えや数式になじみ，そして，きっちりと定義された問題から，一定の規則による展開・発展を積み重ねて特定の解にたどり着く経験をすることが目的です。クイズを解いていると思えば，けっこう面白いと思えるかもしれませんよ。

「マンガで学ぶ」というようなタイトルの本を手に入れるのもいいかもしれません。数学や統計に関するいろいろなテーマに関して多くの本が見つかるはずです。こうした本は数学が苦手な人向けなので，やさしく丁寧に書かれていますが，内容はしっかりしたものが多いようです。また，数学に関するエッセイや読み物を読むのもいいと思います［→**本16**］。

ちなみに，この本の趣旨である心理学を学ぶまえに，ということから言っても，数学はけっこう必要です。心理学の研究の多くでは数値のデータを扱います。そして数値のデータを扱って，結果を示し，結果を解釈して何かを主張するためには統計処理が必要になります。心理学には数値を用いない研究もありますが，統計が理解できない，あるいは使用できない場合には，知識を理解できる範囲や研究をするための方法が限定されてしまいます。最終的にそうした数値や統計を使用しない，関わらないことを選択するにしても，そのためには数値や統計についてわかったうえでそうすることが必要です。できないからやらない，というのはずいぶんと消極的で，敗北的な選択法でしょう。

しかし，ここで言っている数学や統計はごくごく基本的なことです。計算が苦手であれば，概念的に，つまり数値を，どんな感じに，何のために処理するのかを理解するだけでもいいのです。料理をするには食材や調味料の知識と調理技法の能力が必要であると言っているようなものです。本当に一流の料理人になるなら別ですが，家庭料理であれば最低限のこと，つまり塩とコショウが味付けの基本だと知っているとか，フライパンには油を引いて，食材を動かしながら焦げ付かさないよう焼くことができるというようなことです。ごくごく簡単なことですが，知らなければなにも料理はできないのです。

心理学は，生物学などの自然科学に近い，人文・社会科学です。そのため，人文・社会科学の論理性を保証する哲学と自然科学の論理性を保証する数学の

両方が必要なのだと思ってください。大変ですね。しかし，その分だけ，いろいろなことができる学問です。非常に多くのテーマや対象を扱い，さまざまな研究手法，アプローチを用いることができるのです。なるべく多くの知識や技術を身につけ，そうした点をぜひ自由に楽しめるようになってください。

本 16　『数学ガール』

　数学を巡る高校生の日常生活の小説です。何か重要な事件が起こるようなストーリー展開はなく，登場人物が日常生活の中で数学に関していろいろなことを考えるというようなお話です。中学校で習うような基礎的なレベルから大学レベルのものまでいろいろなレベルの数学に関する話が物語の中で扱われています。数学にくわしい人物が，初心者に教えるというような形式で説明がされることが多いので，難しいテーマに関して説明や数式が理解できないときでも，何が問題なのか，どんな方針の解法が使われるのかなどの雰囲気はわかると思います。また，語り口もソフトで読みやすいと思います。

　2007年刊の『数学ガール』以降シリーズ化されており，「フェルマーの最終定理」「ゲーデルの不完全性定理」「乱択アルゴリズム」「ガロア理論」が副題の続刊が出ています。それぞれの巻のメインのテーマは副題の示すとおりで，こうした難しいテーマを初心者にもわかるように扱っていますが，それ以外のやさしい話題も多く含まれています。数学に今まで興味がなかった人にこそぜひ読んでもらいたいと思います。

結城　浩（2007）．数学ガール　SB クリエイティブ
結城　浩（2008）．数学ガール──フェルマーの最終定理──　SB クリエイティブ
結城　浩（2009）．数学ガール──ゲーデルの不完全性定理──　SB クリエイティブ
結城　浩（2011）．数学ガール──乱択アルゴリズム──　SB クリエイティブ
結城　浩（2012）．数学ガール──ガロア理論──　SB クリエイティブ

3.5.3　自　然　科　学

　自然科学とは物理学，化学，天文学，地学，生物学などのことです。いわゆる科学らしい科学のことですね。広い意味では，物質や実在するものを扱う研

究領域です。小さいものでは素粒子，原子から，大きいものでは全宇宙までがその対象です。また，生物としての人間も対象ですが，その活動や思考，あるいはそうした営(いとな)みが生み出した社会や文化は基本的には対象としません。それらは心理学などの人文・社会科学の領域です。

　心理学を学ぶうえで，あるいはその先で知的にあらゆる職業や専門的な活動をしていくうえで，物理的世界の性質やそこで働く法則に関する自然科学の知識はとても役に立ちます。というよりも自然科学の基本的な知識は絶対に必要ではないかと私は思っています。

　まず心理学を学ぶ者としては，人間の身体に関する解剖学的な知識や生理機能に関する基本的な理解が必要です。脳内で心を生み出している，神経組織の構造とそれぞれの部位の役割，たとえばシナプスとニューロンのように似(に)ているように思える言葉でもそれぞれ言葉の正確な定義などを知っておくことが必要です。また脳や中枢神経系の基本的な構造やそれぞれの部位の機能は知っておいてほしいと思いますし，また体性(たいせい)神経系と自律(じりつ)神経系の違いに関しても理解しておくことは最低限必要だと思います。また，脳を含む身体の制御や情報の伝達が電気的な方法と化学的な方法の両方で行われていることなど，生物としての人間の構造と機能に関する概観をつかんでおくことは，心理学を学ぶうえで絶対に必要になります。心というものを生み出しているものが，脳を含む生物学的な身体以外にない以上，身体の問題を心の問題と切り離して考えることはできないのです。もちろん，こうした身体に関することの多くは，ある意味では心理学の一部であり，心理学の勉強の範囲に含まれますので，心理学を学ぶまえに多くを知る必要はありません。心理学を学びながら，同時に学んでいってほしいと思います。とりあえずは，身体と心は分けて考えることができないものであり，心理学を学ぶためには身体のことを知る必要があるということを覚えてもらえれば十分です。

　しかし，自然科学の知識は心理学を学んでいくためだけに必要なわけではありません。自然科学の知識はすべての思考において，正解の範囲を限定し，また思考の範囲や方法が現実離れしてしまうことを防いでくれる働きがあります。たとえば，遺伝的に脳の構造を完全に決定されているか，いないのかという議

3.5 何を学ぶべきか・なぜ学ぶのか・どう学ぶのか

論があります．人間の性格や能力は生まれつきなのか，それとも生まれた後での育ち方，つまり経験や学習によって決まるのかという議論の生理学版です．この「生まれと育ち」に関してはこれまで長い間いろいろな議論がされてきましたが，神経学者のアントニオ・R・ダマシオはヒトの遺伝子は約 10 万個あるが，脳内の神経回路の接続部分（シナプス）は 10 兆個を超えるので，遺伝は脳の全構造を決定することはできない［→引用 [10]］と明確に結論づけています．つまり，自然科学的な事実が正解の範囲を理論的に限定してくれています．

また，いろいろな条件の組合せをつくり，その中から最良の 1 つを選ぶような問題解決法を試みる場合に，何が起こるのかを考えてみましょう．各条件は「ある」「ない」の 2 つの状態しかないとします．たとえば，ある製品を開発するときに色は黒と白，大きさは大と小があるとします．この 2 つの条件の組合せは色 2 通り×大きさ 2 通りの 2×2＝4 つの組合せが最終的な選択肢になります．この数は条件ごとの状態の数を掛けることで計算できるので，3 条件になると 2×2×2＝8 になります．指数を利用すれば $2^3＝8$ と表現できます．そして，この最終的な選択肢の数は，条件の数が増えるとあっという間に増えてしまいます．$2^{10}＝1,024$ ですし，$2^{20}＝1,048,576$ なのです．つまり，多くの条件を同時に検討することは，すぐに非常に多くの選択肢を作り出してしまうということです．宇宙の誕生以来の時間は約 138 億年といわれていますので，10 の 18 乗（10^{18}）秒以下程度（1 年を 365.25 日として約 $0.44×10^{18}$ 秒）になります．そして，2 の 59 乗（2^{59}）でこの数値（10^{18}）を超えます（$\log_{10} 2^{59}＝59 \log_{10} 2＝17.76$）．つまり，59 の条件がある場合には，宇宙開始以来ずっと 1 秒間に 1 つ判断をしても間に合わない数の選択肢ができてしまうということなのです．

また，全宇宙に存在する原子の数は推定で 10 の 80 乗（10^{80}）程度といわれますので，2 の 226 乗（2^{226}）でこの数値を超えます（$\log_{10} 2^{226}＝226 \log_{10} 2＝80.07$）．このような時間や空間の限界を示すような数値は，極端な思考や力技で問題を解決しようとする際の論理的，物理的な制約の一つの基準を与えてくれます．

また，こうした制約だけにとどまらず，この世の中の出来事はすべて物理的

法則に基づいています。少なくとも科学者の多くはそう考えています。また，人間は生物の一種です。したがって自然科学が示す法則や原理をまったく無視した議論や思考は現実的なものではないということになってしまうのです。常識と直観による判断，論理的な思考，そして自然科学に対する基本的な知識をそろえて持つことが，正しい考え方や判断をするために必要だということです。

　自然科学に関しては勉強するというよりも，関心を持ち続けるということが大事だと思います。何か興味があることを見つけて，それを深め，広めていくことで少しずつでも自然科学的な知識が身についていくのではないでしょうか。とっかかりは宇宙［→**本 17**］でも動植物でも何でもいいと思います。また情報的，暗記的な知識よりも，センスや考え方を知ることが大事だと思います。

本 17　『宇宙創成』

　『宇宙創成』の原題は"*Big bang*"，つまりこの宇宙の誕生の説明メカニズムの理論名です。しかし，この本は宇宙論の解説書ではありません。この本は有史以来，宇宙の謎を探究してきた哲学者・天文学者・物理学者の物語です。

　ギリシャ時代に一度確立した天動説（地球は太陽の周りを回っている）が，キリスト教が基盤となった社会で中世までまた地動説（地球の周りをすべての天体が回っている）に戻り，それを覆そうとしたコペルニクス，ケプラー，ガリレオの物語からこの本ははじまります。そして，ニュートン物理学を完成させたアインシュタインの一般相対性理論による重力モデルが導く結論として，宇宙はやがて重力により一箇所に集まってしまうという問題を解決するために探し求められてきた現代の宇宙理論の物語が続きます。

　アインシュタインはこの問題を解決するために一般相対性理論に重力定数を追加しましたが，これは対症療法的な解決法であって，アインシュタインは満足していませんでした（後に彼はこれを撤回し，汚点と考えます）。そこに，フリードマンとルメールが「1つの原子が爆発し拡張を続ける宇宙」というモデルを提出しました。それがビッグバンモデルのはじまりでしたが，それは当時の宇宙の広さと年齢に関する理論や宇宙の構造の理論と一致していませんでした。そのため，当初は無視され，その後は他の理論と激しく対立してきましたが，1つずつ問題が解決され，その途中で存在したヘリウムよりも重い元素の合成に関する量子物理学的な問題の解決があり，最終的にビッグバンから30万年後に放出された「光」（宇宙マイクロ波背景放射）が観測されたことで，ビッグバンが存在し

たことがほぼ科学的に承認されることになりました(それはごく最近,20世紀の終わりのことです)。この本には,こうした宇宙科学の歴史がわかりやすく書かれていますが,それ以上にそれらを行った科学者たちが,欠点も含めてとてもいきいきと,そして興味深く書かれています(とくにガモフの人間性が最高です)。また,科学という営み(科学をすること)の意味,つまり厳しさと楽しさとがよく伝わります。純粋に読み物としても一級品の本です。

Singh, S. (2004). *Big bang: The most important scientific discovery of all time and why you need to know about it.* London, UK: Fourth Estate.
(シン,S. 青木 薫(訳)(2009).宇宙創成(上・下) 新潮社)

3.5.4 社会科学

社会科学とは人文・社会科学の中でとくに社会を一つのまとまりとして研究する学問のことです[→ボックス9]。心理学を学び,その知識を社会の中でうまく利用していくためには社会科学の中でもとくに経済学と社会学に関しての知識が重要だと私は思います。経済学とは個人の労働と消費の経済活動と,その総体としての組織や地域社会から国際社会までの経済活動を研究する学問です。社会学とは個人活動の総体としての社会を対象として,その実態と機能やメカニズムを研究する学問です。

古典的な経済学の本と社会学の本を分類することにはあまり意味はなく,社会に関する思想書と考えるのが適当なのだとも思いますが,マックス・ウェーバー[→本18],ジャン=ジャック・ルソー,アダム・スミス,ジョン・メイナード・ケインズ,カール・マルクスなどの社会思想家の著作が現在の思想的世界観の基礎になっています。彼らの主張した理論はすでに誤りが明らかにされたり,有効性の限界が明確になっていることも多いのですが,発表された時点で世界に与えた影響は絶大であり,また彼らの理論を発展させ,そして克服することで現在の思想的,学問的な世界観というものが形成されてきたといえるのです。したがって,哲学書を読むのと同じように,読者が思考力を高めるためにも必要ですし,また現在の世界観を理解するための基本的な知識を実感し 知識のシステムを成長,修正していくためにも,古典的な社会思想書を読

むことは大切になります。しかし，繰返しになりますが内容を記憶する必要はありません。読む行為が思考力を鍛え，読む過程で思考のシステムは成長，修正されるのです。

　現代の経済学や社会学について知ることも大切です。何かいいことをしたい，社会に役に立つことをしたいと思うときでも，あるいは職業的，専門的に社会の中で役割をはたしたいと思うときでも，単に善意や気合い，勢いだけでは効果的に何かを行うことはできません。社会，世の中のあり方，基本的な仕組みやメカニズムを知っていることが必要です。また心理学を現実社会の問題に応用するときにも，経済学や社会学の知識は欠かすことはできません。

　経済学は，ごくやさしく言うならば，生産・販売者と消費者の意思決定に関する学問です。そして，それぞれが持っている限られた資源を使って，自分自身の満足を最大にする選択となる形で資源の交換を行うことによって，個人と組織，そして地域から国際社会までの社会のレベルでそれぞれ何が起こるかを説明しようとします。つまり，金銭的な価値で表現できるモノやサービスに対する選択と満足に関する学問です。そして，経済活動とはモノやサービスがどれだけ取引され，消費されるかによって示されます。つまり経済活動を活発にするということは，商品やサービスを大量に効率的に生み出すことだけではなく，どれだけ人々がモノやサービスを取引し，消費したいと思うかという，心の働きでも決まるのです。心理学からみた極端な表現をすると，経済学は人間の行動や意思決定をすべて金銭価値で表現した心理学ともいえるのです。

　そして，経済学は経済活動だけではなく，広く社会的な行動も研究しています。たとえば，「3.4.4　ガイアの一部としての人間」で紹介した小さな利己主義が社会的破滅をもたらす「コモンズの悲劇」や他者の利他的行為の成果をただで利用する「フリーライダー」はもともとは経済学で扱われてきた概念です。また，金銭的な取引が行われる場面を経済学では市場/marketといいますが，市場活動が他者に不利益を与えることである外部不経済（あるいは負の外部性），たとえば公害や高層建築による景観被害に対する税や処理費用負担義務の導入や，自然保護のような経済活動とは一見関係のなさそうな活動を市場の活動に組み込む可能性，つまり自然保護地域への入場料や入山料を受益者に負

担させる方法などの研究も近年の経済学は行っています。つまり，経済学はその行為や活動が経済活動に含まれるかどうかということを含めた市場性という視点からも，社会的な場面での人間の行動について問題の解決に向けた研究を行っており，社会問題や環境問題を扱う心理学と親しい接点を持っているのです。

　社会学とは複数の人間の活動の総体である社会を一つのまとまりとして研究対象にし，社会現象や構造，あるいは機能のメカニズムの解明をめざす学問です。現実社会の問題を考えるときに，社会学の知識，あるいは広く社会というものに関する基本的な理解と知識が必要なことはすぐに理解できると思います。経済学の知識と同じように，社会学の知識も社会問題や環境問題を扱う心理学には欠かせないものです。

　とくに現代社会は大きな変化の時期にあります。すでに何度か述べたように地球環境問題への対応が緊急の課題になっていることもそうなのですが，もう一つは労働の形態が変わりつつあることです。その理由のいくつかはグローバル経済化が進んだことと生産と消費構造が変化したことで，これまでの平均的な働き方であった終身雇用の，つまり一生同じ会社に勤めるサラリーマンが形成する中流層が失われつつあります。つまり，会社や組織に所属することで人生を保障してもらうという生き方ができなくなりつつあります。それは長年一定以上の収入を安定して受け取る層がなくなることでもありますので，それに基づいている，年金に代表される公的な社会保障もあてにならなくなるということでもあります。

　したがって，明治維新以降ずっと続いてきた，親戚などの血縁関係や農村，漁村などの集落を離れ，会社や国に人生を保障してもらい，核家族つまり親と独立前の子供だけで暮らすというライフスタイルが成立しなくなってきました。会社や国から保障や援助を受けられず，親戚や友人知人とのつながりもなくなってしまった状態を社会的排除の状態といいます。この社会的排除の状態にならないために，会社や国に頼りきらない人のつながりが必要になります。人間関係の干渉性が強い血縁の集団や集落などを好まない人にとっては，新しい形の人間関係が求められるでしょう。こうした人間関係はソーシャルキャピタル

とよばれることがあります［→**本19**］。ソーシャルキャピタルとは互助の関係にある人間関係のことで，それぞれの人が持っている人間関係のことであり，またある集団の中に存在する人間関係の質と量全体を示すこともあります。ソーシャルキャピタルは，仕事を紹介する，専門的な知識や技術を提供するということから，気にかけてくれる，立ち話を楽しむ，まで，さまざまなレベルで利益をもたらしてくれます。そして，ソーシャルキャピタルの違いが生活の満足度や経済状態，あるいは健康状態［→**引用[11]**］にまで影響を与えていることが明らかにされています。

　ソーシャルキャピタルを生み出すためには何らかの人間関係，集団が必要です。近年，そうした視点からのコミュニティに対する関心が高まっています。ご近所のような地域によるコミュニティ，あるいはボランティアのような何かの目的を持って人が集まるコミュニティなど，いろいろな形の非公式な組織であるコミュニティの価値が認められ，その機能や成立過程に関する研究が行われています。そうした研究は人間関係の研究ということになりますので，心理学の対象でもあり，また心理学に対する期待は大きいものがあります。そして，そうした研究をするときに，現代社会の変化，その理由やメカニズムを知っておくことが，適切に研究の目的を決めたり，研究結果の解釈をするために必要になります。また，それは心理学の研究だけではありません。ある社会問題について考えたり，あるいは解決をするためには，その問題の真の原因や関係する要素，背景などを理解しておくことが必要なのです。

　心理学を学び，利用するためにも，またひろく世の中の問題について考え，社会で何かを行っていくためにも，社会の基本的な仕組みを理解しておくことが必要ですし，そのためにはまず経済学と社会学について学ぶ必要があります。経済学や社会学を学ぶには，とくに経済学に関しては基本的な考え方を一通り理解しておくほうがいいと思いますので，大学生であれば授業を受けるのがいいのではないかと思います。心理学を専攻する学生でも選択できる科目に経済学や社会学があることが多いと思います。またその大学の学生ではなくとも，聴講生など授業を受ける方法はいろいろあります。一通り基本的な考え方と基礎知識を身につけた後は，好きな本を読めばいいでしょう。体系的に学ぶとい

うよりも，本をきっかけにして自分で考え，自分なりの理解を持つことのほうが大事だと思います。何らかの理解ができれば，そこに不足しているものもわかりますので，次に学ぶべきこともわかってきます。また，新しい知識に出会ったときに，自分なりの評価ができますので，受け入れるか批判すべきかもわかってくるはずです。そうして，少しずつ自分なりの世の中，社会に対する理解を作り上げていってください。そして，上に書いたことは私の世の中に対する理解ですが，こんなささやかな理解など，みなさんはどんどん乗り越えて行ってくれることを期待しています。

ボックス9　学問の分類

　ここまで理系の自然科学に対して，文系の人文・社会科学という区分をしてきました。その場合には自然科学が自然を対象にする科学で，人文・社会科学が人間に関する科学ということになります。この人文・社会科学を人文科学と社会科学に分ける考えもあります。この区分はかなりあいまいなところがありますが，社会を一つのまとまりのある存在として研究対象にする学問は社会科学だと考えることができるでしょう。そうすると，経済学，社会学，歴史学，政治学，人類学などが典型的な社会科学だとみなすことができます。哲学や倫理学，美学，文学研究などが典型的な人文科学になります。また，人文科学に含まれる学問領域はいわゆる科学という言葉にはなじまないという考えもあり，人文学という表現がされることもあります。

　こうして考えてみると，心理学は人文，社会，自然という科学の分類には当てはめにくいことも理解できると思います。一人ひとりの人間を対象としますので人文科学にも該当しますが，社会性や社会行動も研究対象にし，社会全体の研究も行うので社会科学的でもあります。また，実験心理学の主要な研究アプローチである実験・観察で観測した数値データを分析するという方法は，自然科学のアプローチに近いのです。しかし，実験心理学だけが心理学のすべてではなく，心理学全般では自然科学的アプローチだけではない研究法もいろいろと用いられます。また，アプローチだけではなく，研究の目的もテーマも非常に広く多岐にわたっています。したがって，心理学を結びつけているものは，研究法や目的ではなく，人間を対象に研究をするという点にあるのでしょう。そうした点からすれば，心理学は人間学なのだと考えておくのがいいのかもしれません。

本18　『プロテスタンティズムの倫理と資本主義の精神』

　マックス・ウェーバーは著書の『プロテスタンティズムの倫理と資本主義の精神』の中で，近代の資本主義が成功したのは，キリスト教のプロテスタントの倫理観が背景にあるという仮説について論じています。プロテスタントの勤勉性と禁欲的な精神，そして合理性がお互いに信用可能な経済人を生み出したことが資本主義の発展を促したという主張を豊富な事例と説得力ある論証で示しているのです。つまり，プロテスタントにとっては富を生み出すのは利潤の追求や，まして貪欲によるものではなく，経済活動に勤勉に取り組むこと自体が目的であるというわけです。

　宗教と経済という一見関係のなさそうな活動が実は密接に関係しているのだという意外な主張には，驚きがあり，また知的な興奮があります。現在では多くの反証や反論が出されており，ウェーバーの主張をそのまま事実として受け取ることはできませんが，社会科学というものがどのように行われるのか，すぐれた社会科学の理論がどのように示されるのかを知るためには最適な本でしょう。

Weber, M.（1904-1905）. Die protestantische Ethik und der 'Geist' des Kapitalismus. *Archiv für Sozialwissenschaften und Sozialpolitik*, Bd. XX, Heft 1, SS. 1-54 und Bd. XXI, Heft 1, SS. 1-110.
　（ウェーバー, M.　大塚久雄（訳）（1989）．プロテスタンティズムの倫理と資本主義の精神（改訳）　岩波書店）

本19　『孤独なボウリング――米国コミュニティの崩壊と再生――』

　本書のタイトルである「孤独なボウリング」とは，人々の間のつながりが失われ，いまやボウリングすら一人で行くようになってしまったということをやや比喩的に意味しています。日本でいえば一人カラオケや一人焼肉というニュアンスでしょう。

　組織的や制度的ではない人間の個人的なつながりをソーシャルキャピタルといいます。経済学ではキャピタルは資本を意味しますので，ソーシャルキャピタルは社会資本という意味になりますが，この言葉は道路や設備などの社会のインフラストラクチャー（公共設備）とまぎらわしいので，社会関係資本という訳語がよく使われています。

　このソーシャルキャピタルがたくさんあるコミュニティは結束力や実行力が高く，またソーシャルキャピタルをうまく利用できる個人はいろいろな問題をうま

く解決することができ，さらには心身の健康状態までよいことがわかっています。

つまりソーシャルキャピタルは大切なものなのですが，『孤独なボウリング』はそれが米国のコミュニティにおいて失われつつある現状を問題視し，その原因を分析した本です。

ロバート・パットナムは1970年代以降の米国のコミュニティにおいてソーシャルキャピタルが失われた結果，政治や市民活動，ボランティアへの不参加，労働組合の弱体化が進んだとしています。さらに，相互の信頼感やコミュニティの安全性，幸福感などが減少したと指摘しています。そしてソーシャルキャピタルが減少した主な原因を，①共稼ぎや生活のゆとりの喪失などの生活様式の変化，②住宅の郊外への移動，③TVの普及による余暇の利用法の変化，④世代の変化，の4つとしています。

『孤独なボウリング』は現在の社会科学でもっとも重要な概念の一つであるソーシャルキャピタルの重要性と定義の確立に重要な役割をはたした本ですが，難解な本ではなく（厚いですけどね），丁寧な語り口は理解しやすく，また豊富なデータを用いた例証はとても納得がいくものです。

Putnam, R. D.（2000）. *Bowling alone : The collapse of and revival of American community.* New York, NY, USA：Simon & Schuster.
（パットナム，R. D. 柴内康文（訳）（2006）. 孤独なボウリング――米国コミュニティの崩壊と再生―― 柏書房）

3.5.5 工　学

工学とは自然科学の応用部門です。工学の目的はおもに自然科学の知識を用いて新しい技術を生み出すことであり，その技術を用いて実際的な問題解決をめざします。

工学が新しい知識を生み出すこともあります。研究そのものを目的とする基礎的な科学だけが新しい知識を生み出すわけではなく，知識を応用する実践的な活動もまた知識を生み出すのです。

ある問題解決において，応用しようにも，既存の知識だけでは間に合わないこともあり，自分で基礎的な理論やモデルから研究し，作り出す必要がある場合があります。問題解決の実践的な活動を通じて見えてくる新しい知識や知見というものも少なくないのです。また，仮説や理論の中には，関係する要素が

多かったり，論理的な問題があったりすることから，研究目的での実験や調査をすることが難しいものもあります。そうした研究目的での実験や調査をすることが難しい仮説やモデルでも，現実社会や問題解決場面に応用したときの有効性を試すことで，妥当性を検証することができる場合があります。工学はそうした仮説やモデルの妥当性の検証をする役割をはたすことがあります。つまり，問題解決指向を持つ研究は，単なる「応用」ではなく，基礎科学とは違う形式で知を追究する研究活動と考えることもできるのです。

　心理学にも同じようなことはあります。ゲシュタルト・社会心理学者のクルト・レヴィンの提唱したアクションリサーチは，社会における実践的な研究活動を行い，問題解決と仮説やモデルの妥当性の検討と修正を順番に繰り返していく研究法です。また，応用心理学といわれる領域でも研究と実践活動はお互いに役に立つ互助的関係にあります。たとえば，応用心理学の代表といえる臨床心理学を考えてみましょう。臨床心理学とは人の心の状態を判断し（査定），それに基づいてカウンセリングやその他の援助を行ったりする心理学の領域です。臨床心理学では，理論や技法の発展や開発と，人を助けるという臨床的な実践が一体となった活動を行い，社会的に大きな役割をはたしています。

　心理学を学ぶうえで，あるいは人によっては社会において職業的あるいは専門的な知的活動を行ううえで，具体的な工学の知識や技法が必要になることは少ないかもしれません。しかし，工学の行っている知を生み出すことと，知を用いることが一体であるという活動の有り方を理解しておくことはとても大切なことです。

　また，工学に代表される応用科学的思考法である問題解決指向の思考法を理解し，覚えておくことも重要です。「3.5.2　数学」でも書きましたが，状況が整理され，問題が明確化されれば答えはわかったと考えるのではなく，最初は解決の方法がわからない問題を，唯一あるいは少数の正しい道筋を順番にたどって解決していく，問題解決指向の思考法が必要な場面はどんな人にでもあるのです。

3.5.6 英　　語

　近年，外国語，とくに英語の必要性は高くなっています。心理学を学ぶうえでは，まず読む能力が必要です。重要な本，そして研究論文は外国語であっても読む必要があります。学問の世界に国境(こっきょう)はなく，そして英語が現在，ほぼ学問の世界の標準語になっています。それは研究をする者だけでなく，学生であっても同じで，重要な情報は英語でも読むことが必要ですし，またそのための能力を身につける練習をすることが求められます。

　大学生や慣れない人にとって，心理学の，あるいは学術的な英文全般は，一つひとつの文がとても長く感じるかもしれません。しかし，それは英語に限った話ではありません。言語に関わらず，学術的な文章の1文は長いのです。

　学術的な文章では，意味を限定することがとても重要です。正確に情報を伝えるために，そして解釈や主張の正しさを伝えるために十分な説明が必要になります。また，誤解や誤読をさせないためにも正確で十分な記述が必要です。正確に誤解なく情報を伝えるために，言葉をいちいち丁寧に定義したり，代名詞の使用をなるべく避け，具体的な名詞を繰返し用いるようなことも学術的な文章では行われます。学術的な文章はいわゆる名文をめざしていません。正確に誤解なく情報を伝えるためのやや特殊な道具なのです。

　しかし，この1文が長いということは，読むことが難しいということと同じではありません。むしろ慣れれば，短い文章よりも長い文は読みやすい文でもあります。英語の小説や新聞記事の中にある短い文のほうが，意味がわかりにくいことが多いのです。まず学術的な文は長くとも，文法的に正確です。また，言葉の省略(しょうりゃく)や主語と動詞の順番の倒置(とうち)なども少なく，基本的で単純な構文，文の構造が多く使われていることも学術的な英文の特徴です。つまり，学術的な英文は最初は長く思えても，よく見れば正しい文法で書かれた単純な構文からできた文なのです。

　そのため，学術的な英文を読むためには，まず慣れが必要です。一つひとつの文だけではなく，文章全体の量も高校生までに読んできたものよりもはるかに多い量の英文を読むことに対して，怖気(おじけ)づかない，嫌にならないようになることがまず大切です。そのためには日ごろから英語になじむことが有効です。

たとえば，英語の小説を読んでみることをお勧めします。小説を一冊読むと英語を読むことにかなり慣れますし，また自信もつくでしょう。最初は日本語の翻訳書がある小説をお勧めします。そして翻訳書を読んでから，原書を読むと，内容がすでにわかっているので，楽に読み進められます。すでに読んだことがある翻訳書，たとえば『ハリー・ポッター』のシリーズなどを読んでみてはいかがでしょうか。

　長い英文を読むためには，まず文の文法的構造，構文について分析してみることです。とくに主語と動詞がどれであるかを見つけることです。英文で心理学の文章を読む授業をしていて気がつくことは，学生の間違いの多くは，この主語と動詞を正確に特定できていないことが理由だということです。英語では名詞と動詞が同じ形，綴りであることが多くあります。たとえば，light は「光」という名詞ですが，「光る」（自動詞），あるいは「照らす」（他動詞）という動詞でもあります。ちなみに「明るい」という形容詞でもあります。名詞や動詞などの種類を品詞といいますが，それぞれの単語がどの品詞なのかを間違える，とくに名詞と動詞を取り違えると，文の意味が理解できなくなります。文の意味が理解できない，あるいは理解した意味がおかしいと感じたら，もう一度名詞と動詞の確認をしてください。繰り返しますが，同じ単語でも，主語になる名詞として使われることと，動詞として使われることがあることをもう一度思い出してみることです。また，正しい文法の文では，命令文などを除いては，必ず主語と動詞があり，そしてそれらは対応していることも忘れないでください。授業の中で，英文の中に主語あるいは動詞が見つけられないままむりやり訳そうとして，苦しんでいる学生をよく見かけます。

　知っている英単語数を増やすことも重要です。英文が読めないと感じている人の多くは，単語力が不足していることが多いのです。単語の意味がすべてわかれば，文法や構文をそれほど気にしなくとも，実は全体の単語の意味の組合せから文のだいたいの意味はわかるのです。逆に，知らない単語の意味を意識しながら文の意味を考えると，頭の負担が大きくなり，文の理解が難しくなるのです。

　知っている英単語数，つまり英語の語彙を増やすには継続的に勉強するしか

3.5 何を学ぶべきか・なぜ学ぶのか・どう学ぶのか

ありません。「2.3　辞書を引く」で書いたように，知らない英単語があったら辞書で調べましょう。そして，知らなかった単語とその意味をノートに記録しておきましょう。英単語のための専用のノートをつくるといいと思います。そして，ただ調べた単語と意味を記録するだけでなく，時々自分なりに整理やまとめをしてみましょう。たとえば，同じような意味の単語を多く書いたならば，それらに，さらに調べて出てきた似た意味の言葉をまとめて一覧にする。あるいは，反対の意味の単語を調べて書き加えるというようなことです。似た意味の言葉（類義語）や反対の意味の言葉（反義語）を調べるときには，これも「2.3　辞書を引く」で紹介した類語辞典を使うと便利です。類語辞典では反義語も調べられます。このためにも電子辞書を選ぶときには，類語辞典があるものを選びましょう。また，ある程度の英単語を覚えると，単語の間に共通している部分があることがわかってくると思います。こうした単語の部分である部品，つまり語源にはそれぞれ意味があります。それを覚えることで，英語の語彙がとても増えますし，知らない単語でも大まかな意味を推測できることがあります。

たとえば，頭についている部品（接頭辞）の in や im，un は否定を意味することがあります。たとえば，in + direct（直接）= indirect（間接），im + possible（可能）= impossible（不可能），un + known（知られている）= unknown（知られていない）となります。また，単語の後ろにつく部品（接尾辞）の able は可能であるということを意味します。たとえば rely には信頼という意味がありますが，rely + able = reliable（信頼できる，頼れる）となります。また心理学に関係が深い例では phobia が単語の後ろにつくと，その単語の意味に対する恐怖症となります。たとえば，agora（広場）+ phobia = agoraphobia（広場恐怖症）になります。このように英語の部品の意味が分かれば，biophilia というような造語に出会ったときでも意味を推測できます。

bio は生物や生命を意味し，philia は phobia の反対で，愛や好意を意味しますので，biophilia は生物や生命に対する愛を意味すると判断できます。ちなみに，biophilia・バイオフィリアはアリなどの社会性昆虫の研究などで著名な社会生物学者，エドワード・O・ウィルソンの造語で，人間の持つ生命や生物に

対する感受性の高さと愛着を示す用語です。

　接頭辞や接尾辞がくっつく，単語のおもな部分を語幹といいますが，この語幹そのものも，特定の意味を持つもっと小さな部品である語根に分解できます。この語根をたくさん知ることも有効です。

　英語で文章を書く場合にも，語彙を増やし，文法を意識することが大切です。とくに文法には注意してください。自信のない構文で文を書いてはいけません。よく理解している構文だけを使って文を書いていくことが必要です。そのためには，よく知っている構文を増やすことが大切です。

　また単語を知らなければ，どんな文を書いていいか頭に浮かびません。内容にふさわしい適切な単語を使うことも必要です。さらに各単語には組み合わせて使うのがふさわしい単語とふさわしくない単語があります。つまり，使っていい単語の組合せと，使えない単語の組合せがあるのです。このふさわしい，自然な単語の組合せをコロケーション/collocation といいます。このコロケーションを調べることができるのが「2.3　辞書を引く」で紹介した連語辞典です。

　たとえば，data という名詞を連語辞典で調べてみると，accurate や reliable という形容詞が出てきます。したがって，「正しいデータ」と書きたいときには right data や correct data ではなく accurate data や reliable data を使うほうがいいのだろうと判断できます。（これは一般的にはということです。意味的に right data がふさわしいこともありえます。たとえばA さんとB さんからデータをとったとします。この2つのデータのうち，A さんを分析するためにA さんからとった「正しいデータ」という意味であれば right data を使うこともあるでしょう。）また purpose を調べると，primary や prime が出てきますので，「第一の目的は」と書きたいときは，first purpose よりも primary purpose がいいことがわかります。このような名詞と形容詞だけではなく，名詞と動詞など他の品詞間にもこのコロケーションの関係はあります。辞書を引くだけではなく，つねに自然な表現というものを意識して，そうした表現を使用することが英作文上達の一つのコツです。しかし，ここで注意しておくことがあります。単語の自然な組合せを使用するのは望ましいことですが，他人の文をその

3.5 何を学ぶべきか・なぜ学ぶのか・どう学ぶのか

まま写すのはやってはいけないことです。それは盗用，剽窃という非常に罪の重い，禁止事項です。日本語でも同じことですが，とくに英語の場合には文章を書く負担が大きいことから，つい他人の文章を写してしまいたくなることが多くなるかもしれません。しかし，それは決してしないでください。発覚した場合，大学生であればカンニングと同じような重い処分を受けるかもしれません。また研究者や教員の場合には，職を失ったり，過去の業績と信用を失うことになるかもしれません。剽窃（盗用）が許されないことは，学問と関係がない人にとっても同じことです。

ここに書いた英語の読み方と書き方は心理学を学ぶために必要なことを意識して書きましたが，社会における多くの活動でも語彙の増加と文法への意識の重要性は基本的に同じです。また，英語を使用する方法としては，この他に会話があります。英会話に関しては，決まった表現，言い回しを知っていることがとくに重要です。日常的な会話では半分以上はそうした決まった表現が使われているように思います。それは日本語の会話でも同様でしょう。そして，場所や自分と相手の役割，立場に応じて適切な表現は変わります。したがって，英会話に関してはどれだけたくさん話をして，そうした表現を身につけるか，慣れるかが重要になります。しかし，それは心理学を学ぶうえではあまり関係のない話ですので，ここではこれ以上のことには触れないでおきます。

3.5.7 コンピュータとプログラム言語

コンピュータは創造的・知的生産作業のためには非常に便利で，強力な道具です。この本では，ノートに手書きすること「も」役に立つことである，と書いていますが，それは多くの人が創造的・知的生産作業においてコンピュータを使うことが当たり前になっていることを前提として，そこにノートの価値の再認識を促しているのです。実際，この本の最終的な原稿はコンピュータで書いていますし，図表の多くも自分でコンピュータで作成しています。

心理学を学ぶために最低限必要なコンピュータの技術は①文章作成のためのワープロ，②数値などのデータを整理したり，図表を作成する表計算ソフト，③データの統計処理を行う統計ソフト，が使えるようになることです。

1. ワープロ

　文章を書くためにはワープロ，つまりワードプロセッサといわれるソフトウェアを用いるのが今やふつうになりました。手書きと比べると，誤字の修正や書き直しが楽ですし，また見た目や印刷した場合の仕上がりがきれいであるのもここまで広く使われるようになった理由でしょう。

　もっともよく使われているのはマイクロソフトのワード/Word というワープロだと思いますが，ワープロに求められている機能は文章を書き，きれいに表示することだけですのでどんな製品を使用しても大差ありません。ワープロの製品ごとに保存ファイルの形式が違うことがありますが，テキストファイルにしたり pdf という形式に変換すれば共有できます。ただし，先生や先輩，友人など誰かに文章を直してもらおうと思う場合には，コンピュータの画面上で赤字を入れることが可能な，校正機能が付いたものが便利です。（ちなみに，この本の原稿はワープロではなく $\TeX$（$\LaTeX$）という電子組版ソフトを使っています。長い文章を書くときには便利なので，コンピュータが好きな人はいずれチャレンジしてみてください。）

2. 表計算ソフト

　表計算ソフトとは画面上が四角いマス目に区切られており，そのマスに数値や文字を打ち込んで整理したり，処理をしたりすることができるソフトのことです。そのまま表になるのですが，表の数値を使った計算をすることもできますし，打ち込んだ数値を用いてグラフをつくることもできます。もっともよく使われているのはマイクロソフトのエクセル/Excel というソフトですが，これも他の製品も性能に大差はありません。

　表計算ソフトにはいろいろな数値や文字データを扱う機能があります。心理学を含めた文系領域専攻の大学生や一般的なビジネスの用途であればほとんどのデータ処理ができます。「関数」という機能を使ったさまざまな計算やデータのソート，条件ごとの抽出が簡単にできます。さまざまな種類のきれいなグラフをつくってワープロ上にコピーすることもできます。また，t 検定や回帰分析，相関分析などよく使われる統計技法の多くを行うことも可能です。表計算ソフトは大学を卒業した後でも，とても役に立つソフトですので，大学生は

3.5 何を学ぶべきか・なぜ学ぶのか・どう学ぶのか

そのためにも在学中にぜひ十分に使えるようになりましょう。

3. 統計ソフト

基本的な統計処理は表計算ソフトでできるのですが，高度な統計処理には統計処理専用のソフトが必要になります。学問や科学の世界で昔から使われてきた統計ソフトとしては，SAS Institute の SAS（サス）と IBM の SPSS（エスピーエスエス）があります。性能的にはこの2つのソフトに大きな違いはありません。どちらも，長年改良発展を重ねてきた，高性能で信頼性の高いソフトです。大学や所属組織にはこのどちらかが導入されていることが多いと思います。しかし，この2つはどちらも数十万円する高価なソフトで，ふつうは個人が購入するものではありません。

個人が自分用のコンピュータで使えるものとしては R（アール）あるいは R 言語という名前の統計ソフトがあります。R はフリーソフトウェアといわれる，基本的な制約を守れば無償（ただ）で自由に使えるソフトです。使用するためにはインターネットでダウンロードします。「R インストール」というキーワードで検索すれば，すぐにダウンロードの方法はわかるはずです。R はフリーソフトウェアですが，機能や信頼性は SAS や SPSS と同じくらい高いものです。また，新しい機能を自由に配布することが許されているために，最新の統計技法や特殊なデータ処理の方法などに関しては，SAS や SPSS よりも早くその機能を実現することができるようになることも多いです。大学を卒業した後でも身につけた統計処理の技術を使い続けることを考えると，R を使用するということはかなり良い選択です。

4. プログラムの言語

基本的なコンピュータソフトを使用できることに加えて，プログラム言語を学ぶことにもいくつかの大きな利点があります。それは，プログラム言語を用いることで直接できるようになることがあることと，プログラム言語を書く能力や感覚が，考えることや書くことに間接的に役に立つということです。

プログラム言語はコンピュータを使用するための手段ですが，ワープロや表計算ソフトのように機能が特定の目的に限定されておらず，使用者の意図に従ってコンピュータに直接操作を命じるような命令文を書いて，コンピュータを

使う手段です。命令文に英単語のような言葉を使うことが多いので，言語とよばれています。しかし，日本語や英語のような人間同士がコミュニケーションに用いる言語は自然言語とよばれるのに対して，プログラム言語は人工言語とよばれ，それとは区別されます。プログラム言語にはいろいろな種類があり，Cとその仲間（C++，C#，Objective-Cなど）やBasicなどが昔からずっと使われていますが，JavaScriptやPerl，Rubyなども近年はよく使われています。歴史的にはFortranやCobol，Pascalなどもよく使われました。また最近はPythonという言語の人気が高まってるようです。ホームページの作成に使われるHTMLといわれる言語もプログラム言語の一種です。この他にも100以上のプログラム言語があります。

　プログラム言語の目的はコンピュータに動作の命令を与えることで，ワープロや表計算ソフトのようなソフトや，WindowsやMac OSのようなコンピュータの基本的な動作環境を提供するOS（オペレーティングシステム）もプログラム言語で書かれています。プログラム言語を使用することで，ソフトを開発するような高度な作業ももちろん可能ですが，そのような難度が高い作業だけではなく，もっと簡単な作業にもプログラム言語は役に立ちます。

　たとえば，表計算ソフトのエクセルにはプログラム言語を使用する機能を付け加えることができます。Visual BasicといわれるBasic言語で命令を書くことで，同じ作業を繰り返す場合などに効率を高めることができます。また，統計ソフトのSAS，SPSS，Rはふつうのソフトウェアのように，メニューから命令を選ぶ形で使用することができるのですが，プログラムを書いて使用することもできます。そして，統計ソフトをプログラムを書いて使用することで，どんな処理を行ったかを記録しておくことができます。統計処理を記録しておくことは，分析結果を正確に解釈するためにとても大切なことです。とくに時間がたつと細かいことは忘れがちなので，プログラムの形での統計処理の方法の記録はとても役に立つ情報になります。また，Rなどはプログラム言語そのものとしてもかなりすぐれたものです。それほど高度な作業をするのでなければ，プログラム言語としてRを用いることが可能です。

　プログラムを書くことには，他のことにも間接的に役に立つことがあります。

たとえば，物事を論理的に考える訓練になるのです。プログラム言語は人工言語であるといいましたが，人工言語には自然言語よりも使用のための規則，つまり文法が厳しく適用されるという特徴があります。自然言語を正しく使用するためには，文法（統語論）と意味（意味論），そして慣習（語用論）が重要です。一方で人工言語では基本的に文法に従うことだけが必要です。コンピュータにとっては言葉の「意味」には意味がなく，また言語を使用するための文化的慣習や教養あふれる文体などはありませんので，文法規則に従った論理的な正しさだけが必要になります。したがって，この論理的に正しい場合には実行可能で，論理的な誤りがある場合には実行不可能であるプログラムを書く経験は，論理的な思考をする，論理的な文章を書くための訓練になるのです。

　私自身はたいしたプログラマーではありませんが，プログラムを書いてきた経験は，論理的に考えたり文章を書くためにとても役に立っている実感があります。とくに英語の文章を書くときに役に立つと思っています。英語は日本語よりも文法の力が強い言語だと私は思います。したがって，私は，英語を書くときには，ある程度プログラムを書くような気持ちで書くようにしています。プログラムのように，一つひとつの文を正確な文法で書くこと，そして文章全体を論理的に展開することを英語を書くときには意識するようにしているのです。このことは本当は日本語を書くときにも必要なことですね。

3.6　第3章の課題

1. 小説以外の本を読もう

　小説を読むのはとてもいいことです。しかし，小説以外の本も読んでみましょう。最初は新書がいいかもしれません。新書には哲学に関することや歴史，経済，文化，社会に関するとても良い本がそろっています。はじめは，具体的で狭いテーマのものよりも，「〜入門」や「〜とは何か」というような幅広い内容の一般向けの本がいいでしょう。

2. 専門書を読んでみよう

　新書のような一般向けの本を読んで知識を深めていくことはとても大切なこ

とです。そして，それと同時に専門書も読んでみましょう。たとえば，この本の中の「本」というコラムで紹介しているもののほとんどはそうした専門書です。専門書を読むことはたしかに大変ですが，読む経験をたくさんして，確実に，正確に読むための能力と技術を身につけてください。本を読むというのは一見，授業などで直接教えてもらうよりも効率の悪い手段に思えるかもしれません。たしかに，授業はなじみのない世界を紹介し，導くにはすぐれた手段です。しかし，細かいところまですべて教わるにはいくら時間があっても足りません。また，具体的なテーマについて専門家の授業を受ける機会がないことも多いでしょう。結局，専門的な知識を細かく，すべて学ぶには本を読むしかないのです。また，本であれば，本当の専門家が，その人自身の言葉で語りかけてくれます。これまでも本当の知識のほとんどは本を読むことで学ばれてきたのです。

3. 正しさについて考えてみよう

新聞の社説を読んで，そこに書かれている主張を正しさの種類で分類してみましょう。とくに①真理なのか，②功利的な解（最適解，局所解，正の効果がある解）なのか，③倫理的な解（そうすべきだという解，主張者がそう信じている主張もここに含みます）のどれに当てはまるかを判断してみてください。

4. 心と人間について考えてみよう

「心がどんな働きをしているのか」「あなたとは，あなたの心なのか，それともあなたの脳なのか」「将来コンピュータは心を持つだろうか」「他の動物と人間は何が違うのか」など，心と人間について考えて，じっくりと根本的に見ましょう。これは，すぐに答えが出るものではありません。心理学を学んでいくうえで，そして人間，社会，世界に対する見方や考え方を鍛えていくために，ずっと考え続けていくものです。

5. 知的関心を広げよう

高校時代に文系だった人は物理学や化学とはいいませんので，天文学，生物学などの自然科学に興味を持ってみましょう。また，最低限の数学の勉強をしてみましょう。もう試験はないので自分のペースでやればいいのです。理系だった人は哲学書や思想書を読んでみましょう。

4 考えること

　ここでは考えるための方法を説明します。ちゃんと考える方法は心理学を学ぶだけではなく、日常生活の中でもとても役に立つ技術ですので、丁寧に説明したいと思います。まず、思考を支える論理を説明し、つづいて思考を行うための基本的なツールを紹介します。その後で問題を解決することと意思を決定することという少し具体的な場面における思考法も説明します。最後に思考と感性の関係とノートを使う方法についても紹介したいと思います。

4.1　思　考　法
4.1.1　必要・十分条件ふたたび——演繹法

　考える方法に必要なこととして、ふたたび必要条件と十分条件を取り上げてみましょう。わからないことがあったら「3.2.3　正しさの必要条件と十分条件」と「ボックス3　必要条件・十分条件・必要十分条件」を確認してください。

　少しだけおさらいをします。pならばq (p→q) のことをpはqの十分条件といい、qはpの必要条件といいます。十分条件はそれだけでその命題が成立する条件です。必要条件とは命題が成立するためには不可欠ですが、他にも成立するための条件があるかもしれない条件です。pならばqでさらにqならばpのときは必要十分条件が成立しています。

　ここでこの条件 (p→q) に関する4つの判断の正誤を考えてみましょう。

(1)　pであるので→qである。○
(2)　qであるので→pである。×
(3)　pではないので→qではない。×
(4)　qではないので→pではない。○

図4にこの4つの判断のためのベン図を示してみましょう。ベン図は論理的な関係を図示するための強力なツールです。まず前提としてpならばq（p→q）です。それを示すベン図ではpとqを示す2つの円が重なっています。pの後ろにもqの領域はあります。pはすべてqの中にあり，pであることはqを兼ねますので，pならばqであることが理解できたと思います。そして，各ベン図に関しては灰色が「である」の部分で，白色が「ではない」の部分を意味しています。

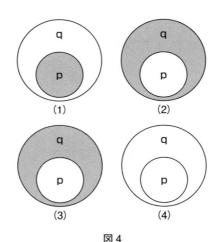

図4
pならばqのときの4つの判断を示すベン図。灰色の部分が「である」の部分を意味し，白色が「ではない」の部分を意味しています。

(1)「pであるので→qである」は前提の条件（p→q）そのものですので正しい判断です。雨が降るをp，道がぬれるをqとすれば「雨が降れば道はぬれる」がp→qとなります。そして，この判断では雨が降ったのだから道はぬれるので，正しいことになります。pであればつねにqになることは**図4**(1)の灰色の部分がすべてqの中にあることでわかります。

(2)「qであるので→pである」は間違っています。pならばq（p→q）なのですが，qである場合にはpではない場合が含まれています。p以外の理由でqになることがあるのです。道がぬれていても，雨が降ったのではなく水道管が

破裂したのかもしれません。**図4 (2)** の灰色の部分が q であっても p ではない場合です。もちろん白い部分 (p) になる場合もあるのですが，ならない場合「も」あるということなのです。

この問題は「逆問題が解けない場合」としても知られています。心理学の場合には指標と機能の関係が逆問題になることがあります。たとえばストレスを感じている場合に特定の脳波が現れるとします。それは確実に再現可能です。したがって，不安（機能）が起こると脳波（指標）が現れるということはできます。これを順問題といいます。しかし，このことだけから，その脳波が出ているから不安を感じているとはいえません。なぜならば，他の心理状態や機能からでもその脳波が現れるかもしれないからです。この場合には逆問題は解けません。この場合には，実験を積み重ねて不安を感じているときにだけその脳波が現れることを確認していくことが必要になります。

(3)「p ではないので→q ではない」も間違いです。**(2)** と同じ理由です。p 以外の理由で q になることがあるのですから，p ではなくとも他の理由で q になることがあります。雨は降らなくとも道は水道管が破裂してぬれているかもしれません。**図4 (3)** の灰色の部分が p ではありませんが q ではある場合です。q であるためにつねに p である必要はないのです。

(4)「q ではないので→p ではない」は正しい判断です。q であることは p であるために必要な条件の一部ですので，したがって q でなければ p であることはありえません。雨が降れば道はぬれます。したがって，道がぬれていなければ雨は降らなかったのです。**図4 (4)** を見ると q は p のすべてを含んでいますから，q が白くなれば p も必ず白くなります。

こうした論理を順に連ねる論証の方法を演繹法といいます。演繹法は正しく用いれば，非常に正確な方法ですが，**(2)** や **(3)** のように一見正しそうに思えても，結論に例外があるために論理的には正しいとはいえない形式を用いてしまうことがないように注意が必要です。演繹法は文章の中で，議論を論理的に正確に展開するために必要な方法です。正確な形式を用いることで，文章の趣旨の説得力が高まります。また心理学においては文章の中で議論をする場合

だけではなく，データや統計結果を解釈する際にもこの論理形式を誤らないことが科学としての正確性を持つために必要です。

4.1.2　裏のうらは表——間接証明法

　心理学の研究でよく使う統計においては，別の種類の演繹的な方法が使われています。データの示した数値に意味があるかどうかを判断する統計の手法を検定といいます。検定には多くの種類があるのですが，その中の多くで間接証明法という演繹的方法が使われているのです。

　検定のながれは次のような感じになります。たとえば数値の意味として，ある実験（正確にいえばその中の操作）の効果を考えてみましょう。検定するのは「効果があるといえるか」ということになります。

1. まず「効果がない」と仮定します。書き間違いではありません。「効果があるといえるか」を確かめるために，「ない」と仮定するのです。
2. データから数値を計算します。検定は確率に基づく判断です。効果がないと仮定して数値の結果が生じる確率を判断します。
3. この数値が生じる確率が大きければ，それはよく起こることです。珍しいことではありません。「効果がない」という仮説どおりのことが起こったといえます。
4. しかし，この数値が生じる確率がすごく小さいときは，めったに起こらないことが偶然生じた，と考えるのはやめます。珍しいことが起こったと考えるのではなく，仮説が間違っていると考えます。一般的に検定では$\frac{1}{20}$よりも小さな確率がすごく小さい確率です。
5. 「効果がない」という仮説が間違っていると判断されたので，「効果がある」と判断します。

　これが検定のながれ，つまり論理的展開です。そして，このような論証の形式が間接証明法です。間接証明法は帰謬法や背理法とほぼ同じものです。こうした論理的展開は検定だけでなく，文章における議論の展開にも使うことができます。「Xではないとすると何か破綻や矛盾が起こる，したがってXである」というのが典型的な形です。

4.1.3 地道な積み重ね——帰納法

　演繹法とならぶ論証の重要な形式が帰納法です。帰納法では，多くの事例や証拠を集め，そこに共通する内容が示す命題を正しいとします。ある命題に対して「3.2.2　正しさの種類」の中の「正の効果を持つ答え」を積み重ねるような感じになります。

　科学の研究は帰納法的に行われているといえます。ある理論に対して，少しずつそれを支持する研究結果を積み重ね，その理論の正しさを強めていきます。これを妥当性を高める，といいます。しかし，いくらその理論を支持する証拠（実証）がたくさん見つかっても，理論が証明されたことにはなりません。1つ反証が見つかれば，それでその理論は正しくないことが証明されてしまうからです。そして，それまで反証が見つかっていなくとも，いつかは見つかるかもしれないのです。

　このように理論の正しさの証明はされずに，いつでも否定される可能性があることを反証可能性といいます。科学哲学者のカール・ポパーがつくった言葉です。そして，この反証可能性は科学的理論に対する信頼性を損なうものではなく，むしろ科学の健全性を示すものです。

　反証可能性があるかどうかが，その領域が科学であるか，科学でないかの一つの基準なのです。たとえば，物理学や心理学は，それまで理論が新しい研究結果によって否定され，新しい理論が示されてきましたので科学です。では占星術はどうでしょうか。占星術には理論も精緻な体系もあります。また長い歴史を持ち，多くの人々が信用してきました。形式だけを見れば占星術と天文学に宇宙を扱う2つの科学の分野のように見えます。しかし，天文学が新しい測定結果や研究成果に応じて，その理論を変更し，発展してきたのに対して，占星術はそうした新しい天文学の知見を活かしているようには見えません。また，これまで多くの科学者がその理論に対する反証を挙げていますが，そうした反証に正面から答えているようにも思えません。ただ，昔からあるから正しいと思える，という論証をしているだけのようです。したがって，科学者の多くは占星術を科学だとは思っていません。もっとも，占星術師が占星術を科学だと思いたいのかどうかは疑問ですが。

4.1.4 見込みを立てて確かめる――仮説演繹法

　正確な意味での帰納法とは，まず多くの事例や情報を集め，その中から共通する法則を見出す方法です。科学においてもこうした方法を使うことはあります。たとえば，まず観察をして，観察結果の中から何らかの法則や理論を導き出すことがあります。これは正確な帰納法でしょう。しかし，科学においては事例や情報を集める前に，仮説を立てることがあります。そして，その後で集めた事例や情報が仮説を支持するかどうかを検討するのです。これを仮説演繹法といいます。

　仮説はすでに存在する理論から導き出される場合もありますし，説得力のある説明を考え出す場合もあります。そして，その仮説を実験や調査で確かめるのです。心理学の研究の多くはこの仮説演繹法を用いています。

4.1.5 トップダウンとボトムアップ

　こうした論証の形式はトップダウン形式とボトムアップ形式にも分けることができます。トップダウン形式とは，理論や前提をはじめに決めて，そこから事例や個別の判断を導き出す形式です。演繹法はトップダウン的な形式を持っています。一方，ボトムアップは最初に事例や個別の判断を集め，それらをまとめて大きな判断や理論を作り出す形式です。帰納法はボトムアップ的な形式を持っています。

4.1.6 対立を前向きに解消する――弁証法

　ここまで，1つの命題の正しさを論証する形式について説明してきました。一度復習しておきましょう。命題とは「真または偽の性質をもつ内容」のことでしたね。ここでは文章の中であなたの主張したい主題や科学の理論が命題です。本題に戻ります。それでは2つあるいは複数の相反する命題がある場合や命題に対する反証がある場合にはどうしたらいいのでしょうか。

　一つの方法は反証に対する反証を示すことです。しかしもう一つの方法があります。それはこの対立そのものを解消することです。つまり，矛盾する2つの命題を統合した新しい命題をつくることです。

この方法は弁証法といわれます。そして，はじめの命題はテーゼ，はじめの命題に矛盾する反対命題をアンチテーゼ，統合された命題をジンテーゼとよびます。弁証法は反対命題の存在を肯定的に解決し，命題を鍛えていくための方泫といえます。

4.2 思考の基礎ツール
4.2.1 まず最初の要素を用意する

まず，思考するための材料を用意します。ここでは思考するための内容や材料で，あるまとまりを持つモノを「要素」とよんでおきます。

思考する，つまり何かを考えるためには，まず考えるための要素が必要です。もちろん，思考している間にもどんどんと追加されていきますが，最初にもある程度の数の要素がなければ，なにも考えはじめられません。

課題や解決すべき問題がすでにあるならば，それらを書き出してみます。大きなテーマや漠然とした思いしかない場合でも，考えていることを何か書き出してみましょう。それ以外にも，関係ありそうなこと，連想したこと，役に立ちそうなことなど何でもいいので書き出してみましょう。こうして，とりあえず使えそうな要素を用意しましょう。

4.2.2 比較する

思考を開始するための要素が用意できたら，要素にいろいろな思考のツールを用いてみましょう。1つ目に紹介するツールは比較です。

比較とは2つの要素の似ている点（類似点）と違う点（相違点）を見つける処理です。2つ以上の要素がある場合には，2つの組合せをしながら，順番に比較をしていきます。2つ以上の比較においては，相違点に注目すればグループへの分類ができます。類似点に注目すれば，関係性を見つけ出すことができます。

4.2.3 リストをつくる

2つ目の思考のツールはリスト化です。リスト化とは，ある要素のグループがあるときに，そのグループに属する他の要素を挙げることです。リスト化で大事なことが3つあります。

1. 何か1つの共通性でグループ化されていること

何かの基準がなければ，リストをつくるための範囲が決まりません。したがってリスト化されたすべての要素が，たとえば動物の種類，東京23区，感情の種類など，1つのラベルで表現されることが必要です。

2. 同じ分類レベルに属していること

分類には異なる細かさの基準があることがあります。たとえば，動物の分類には一番細かい「種」から，一番大きな分類の「門」まで，何段階もの細かさの違う分類があります。さらに動物そのものも生物の分類である動物界として，植物界，菌界とともに真核生物の分類要素の一つです。真核生物と細菌が合わさると生物全体になります。

違う基準で分類された要素が入れ子構造になることを階層構造といいます。県の中に市区町村があり，その中に丁目が含まれているようなイメージです。

リストをつくるためのすべての要素は，こうした階層構造の中の一つの分類レベルに属していることが必要です。とくに異なるレベルの要素を入れると重複する（重なりあう）部分ができてしまうことがあります［→ボックス10］。たとえば動物のリストに哺乳綱と犬を同時に入れてしまうと重なってしまいます。重複した要素は別々の要素として扱えなくなるので，リスト内の要素に重複部分ができないように注意が必要です。

3. 抜けている要素がないこと

ここでのリストをつくる理由は，考慮すべき要素をもれなく挙げることですので，抜けている要素があるとリストの価値が半減します。しかし，あまり重要でない要素やごくまれな例外的要素がたくさんある場合には，抜けのないリストは長くなりすぎることもあります。その場合には，そうした要素をその他としてまとめてもいいでしょう。

4.2 思考の基礎ツール

ボックス10　奇妙なリスト

哲学者のミシェル・フーコーは著書『言葉と物』[→**本20**] の冒頭で奇妙なリストを紹介しています。その部分を引用してみましょう。

　そのテクストは，「シナのある百科事典」を引用しており，そこにはこう書かれている。「動物は次のごとく分けられる。(a) 皇帝に属するもの，(b) 香の匂いを放つもの，(c) 飼いならされたもの，(d) 乳呑み豚，(e) 人魚，(f) お話に出てくるもの，(g) 放し飼いの犬，(h) この分類自体に含まれているもの，(i) 気違いのように騒ぐもの，(j) 算えきれぬもの，(k) 駱駝（らくだ）の毛のごく細の毛筆で描かれたもの，(l) その他 (m) いましがた壺をこわしたもの，(n) とおくから蝿のように見えるもの。」（フーコー，1974，p.13）。

このリストは動物に関するリストですが，さまざまな分類レベルに属している要素をならべていることがおもしろいところです。しかし，重複があるので「正しい」リストとはいえません。ちなみに (l) その他が含まれているので抜けている要素はありません。

本20　『言葉と物——人文科学の考古学——』

『言葉と物』は20世紀のもっとも重要な思想家の一人であるミシェル・フーコーの著作です。現在人文科学といわれる諸領域に関わる知や学問の前提となる理性的な認識の体系であるエピステーメーがどのように変化してきたかを考察しています。

人文科学的な活動においては，類似関係からの推論による隠された意味の探求，目に見える特徴による体系的分類表の作成と個々の存在のそこへの当てはめ，構造やシステムの変化のメカニズムの解明，そして学問の対象としての「人間」の重要性の発見，というように展開してきたと主張されています。そして，この最後の学問の対象としての人間の発見が，心理学を含む現代の人文科学の成立の理由だとされています。

この本の議論における人文科学は人文・社会科学を含んでいます。厚い，そしてやや難解な本ですが，自然科学とは違う人文社会科学の性格を理解するために，そして心理学がどんな科学なのかをよく考えてみるためにも挑んでみる価値がある本です。

Foucault, M. (1966). *Les mots et les choices : Une archéologie des sciences humaines.* Paris, France：Gallimard.
（フーコー，M. 渡辺一民・佐々木 明（訳）（1974）．言葉と物――人文科学の考古学―― 新潮社）

4.2.4 順番にならべる

　要素のリストをつくったら，順番にならべることを考えてみます。

　順番にならべるということは規則を見つけることです。順番にならべるためによく使われる規則には50音順やアルファベット順などがあります。こうした言語的規則でならべれば要素をみつけやすくなります。考えるために順番にならべるのであれば，その他の特性の規則でならべることも考えます。たとえばサイズ（長さ，体積，重さなど）や形態（色や複雑さなど），時間（時系列や経過時間など），空間（位置関係や緯度経度など）に関する特性です。また，重要性や難易度などの内容を規則順にならべることも思考のためには有効です。

　規則にしたがって順番にならべると理解しやすくなります。一つひとつの要素ではなく，要素全体を1つのかたまりとして考えることができるようになります。情報が集約されることで考えるための負担が減るのです。ならべた後に新しい規則が見つかることもあります。たとえば生物の種を生息地の緯度でならべると，大きさ順でもならぶ傾向があることがあります。北極や南極に近づくにつれて生物種は体が大きくなる傾向があります。また時系列でならべた要素に，複雑さも増加する傾向が見つかることなどもあります。

4.2.5 構造を見つけ出す

　構造を見つけ出すために，要素の間の関係を見つけます。

　比較［→4.2.2　比較する］で見つけた類似性がある組合せや，順序にならべたリスト［→4.2.4　順番にならべる］の中で近い位置にある要素は関係が強いと考えます。同時に起こる要素や原因と結果になる要素も関係が強い要素です。こうした関連性をつないで，多くの要素が結びつくとモデルになります［→図5］。ここでのモデルとは多くの要素や情報に秩序を与えて，理解しやすくし

た構造を示すものです。

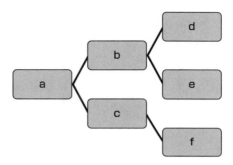

図5　関係構造を示すモデルの例

また2つの違う規則を使って，同じ要素のリストを2つの別の順番にならべてみます。この各要素に対する2つの順番を使うと2次元モデルが作れます[→図6]。

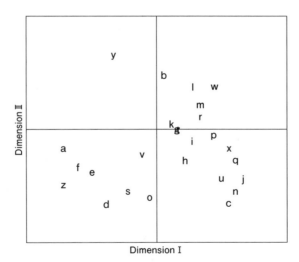

図6　2次元モデルの例
横軸（Dimension I）が第1次元で，縦軸（Dimension II）が第2次元になります。

2次元モデルのつくり方は①まず1つ目の順番で各要素を横軸上にならべます。②次に横軸上にならんだ各要素を今度は縦軸に沿って上下に移動させ，縦方向に2つ目の順番になるようにならべます。数学的にいえば横軸をX，縦軸をYとして，1つ目の順番をX座標，2つ目の順番をY座標とするX-Y座標上に各要素を置くということです。

2次元モデルをみると，各要素の特徴だけでなく，2つの規則の関係も理解しやすくなります。また図6では順位の中央に線を引いて，全体を4つに分割しています。こうすると，左上の小さな四角形の領域には要素が1つ（y）しかないことなどもわかります。

構造がわかると要素全体が構成する秩序(ちつじょ)を理解しやすくなります。たとえば文化人類学者のレヴィ=ストロースは，未開の民族の非文化的で単なる儀式的慣習に見える生活様式の中に，彼らの社会を維持していくために必要な規則を見つけ，その構造が高度な社会構造を生み出すことから，西欧社会の文化と未開社会の文化との間に合理性という点で優劣がないことを示しました［→本21］。

本21　『悲しき熱帯』

クロード・レヴィ=ストロースは文化人類学者で，20世紀最大の思想的運動の一つである構造主義を生み出した一人です。

『悲しき熱帯』は若き日のレヴィ=ストロースが行ったブラジルの先住民族社会に対するフィールドワークの記録で，学術的な記述よりも紀行文やエッセイに近いものです。しかし，本書の内容にはレヴィ=ストロースの理論のエッセンスがちりばめられています。

19世紀までの文化人類学というものは，先進国の人間が，世界にはいろいろな未開社会がある，不思議な民族がいるのだという驚きを報告するものだったのですが，レヴィ=ストロースは未開に見える社会であっても，そこでの生活には厳密な規則が存在しており，その規則に従うことで眼には見えない複雑で厳密な社会的機能の構造が生じていることを示しました。つまり，先進国と未開社会において生活様式が違うのは状況，風土，そして利用できる資源が違うからであり，理性や規則を守るというような文化的機能には差がないことを示したわけです。つまり，社会の様式が異なることはあっても，文化に優劣はないということ

を示したのです。
　また，この眼に見えない構造の存在が構造主義という思想の成立に大きな役割をはたしました。

Lévi-Strauss, C.（1955）. *Tristes tropiques*. Paris, France：Plon.
　（レヴィ=ストロース，C.　川田順造（訳）（2001）．悲しき熱帯（I・II）　中央公論新社）

4.2.6　メカニズムを知る

　相互に影響を与える要素が構成するまとまりをシステムといいます。構造を見つけ出した後のステップは，構造がシステムとして機能するためのお互いの影響を知ることです。構造の働く仕組み，つまりメカニズムを知ることといっていいでしょう。

　何かのメカニズムを持つシステムにおける要素間の影響のことを因果といい，因果を持つ関係を因果関係といいます。因果関係とは原因と結果の関係のことです。ある要素の働きが別の要素の働きに影響を与えることが因果関係です。しかし，ある要素と別の要素が連動や同調する場合に必ず因果関係があるわけではありません。真の因果関係が存在する条件に関しては，哲学や科学哲学の中で難しい議論がありますが，ここでは日常的な思考として役に立つ範囲での簡単な因果関係が成立する条件を示してみましょう。

- **条件1**：確実な原因が起これば，必ず結果が生じる。
- **条件2**：原因が結果を引き起こすメカニズムに納得のいく説明がある。

　条件1は再現性ということです。ある要素が現れる，活動すると必ず特定の別の要素が起こる，活動することが因果関係には必要です。たとえば，水を熱すれば，必ず水温が上がります。

　しかし，起こることもあれば起こらないこともある，といったようなことにも因果関係があるように思えるかもしれません。たとえば「寒い時期に薄着をすると風邪をひく」です。よく言われることだと思います。しかし，これは因果関係ではありません。風邪の原因はウイルスあるいは細菌です。寒い時期に薄着をすると体温が下がり免疫力が低下したり体力の消耗を招くので，ウイル

スや細菌に感染したときに風邪の症状がでやすくなるだけです。したがって，「寒い時期に薄着をすると風邪をひく」は正しい因果関係ではありません。

　また，感染した状態が症状を引き起こすかどうかは，感染者の免疫や体力の状態でも変化します。これはどこまで因果のメカニズムの範囲に含めるかの表現の問題ですので，どこまで広く考え，表現するかは必要性や目的に応じて適当に判断しましょう。

　再現性は予測力と深い関係があります。再現性があれば確実な予測ができます。要素aが要素bの原因である場合には，要素aが起これば，要素bが生じると予測することに問題はありません。やかんの水を火のついたコンロにかければ，5分後にはお湯ができていると考えて間違いありません。

　しかし，再現性がいくら高くとも因果関係ではないものもあります。これも昔から因果関係の議論で使われてきた例ですが，毎日夜明け前に必ず鳴く鶏（にわとり）がいたとします。泣き声と日の出の関係の再現性は高いといえます。しかし，それは因果関係とはいえません。なぜならば，夜中に鶏を蹴飛ばして鳴かせたとしても，太陽は昇ってこないからです。したがって，鶏の鳴き声と日の出の間に確実な予測力があるとはいえません。

　なぜ因果関係がないのに同時に起こる要素が存在するのでしょうか。そうした場合には第3の要素［→**ボックス11**］が共通の原因になっていることが考えられます。

　因果関係があるというための2つ目の条件は説明力があることです（条件2）。鶏の例をもう一度考えましょう。先ほどはかわいそうですが蹴飛ばすことができたので，鶏が鳴いても太陽が昇ってこないことがあることがわかりました。しかし，鶏を蹴飛ばすことができなかったらどうでしょうか。とくに夜明け以外には鳴かない鶏だったとしたら，因果関係の判断はできないのでしょうか。そんなことはありません。

　因果関係があるためには，原因が結果を引き起こすメカニズムに納得のいく説明が必要です。現在の科学的知識から考えて，鶏の鳴き声が天体を動かす力を持つとは思えません。常識や生物学の知識から考えて鶏にそんな超能力があるとはとても思えないのです。似ているものはシンクロ（同調）するというよ

うな魔術的思考［→**ボックス12**］から納得できる人もいるのかもしれませんが，それは現代社会ではごく少数派でしょう。

このように因果関係があるというためには，既存の知識・理論や法則に矛盾しないことが必要です。しかし，画期的な大発見に関しては，既存の知識や法則と一致しないことがあるかもしれません。そうした大発見はごくまれな例外です。鶏が鳴くからではなく，地球が太陽の周りで自転しているからという説明のほうが，朝に太陽が昇ってくる原因として，既存の天文学や物理学の知識と一致しており，理解しやすいでしょう。このように説明力とは理解が可能で説得力があるものと考えることができます。

それでは，関係を説明するために同じくらい説明力がある説明が複数ある場合にはどうすればいいのでしょうか。その場合には単純な説明を採用すべきだという原則［→**ボックス13**］があります。つまり，説明に不必要なことを付け加えないということです。

複数の要素から構成されるシステムを理解するということは，こうした因果関係の連鎖の構造を解明するということです。とくに第3の要素が加わるような，間接的な関係を直接的な因果関係と誤解しないことが重要になります。

ボックス11　第3の要素

　2つの要素の間に同調関係があっても，そのすべてがその2つの要素間の因果関係によるものとは限りません。その2つ以外の要素が関係していることがあります。この第3の要素が関係する典型的なケースを3つ考えてみましょう。

1. 1カ月ごとのアイスクリームの売上げ数と熱中症の患者数の間にかなり強い正の比例関係がありました。これは因果関係といえるでしょうか。アイスクリームを食べると熱中症になるとは考えにくいので，熱中症になるとアイスクリームを食べるということでしょうか。これもおそらく間違いです。正しい答えは，その月の気温がアイスクリーム売上げ数と熱中症の患者数の共通の原因になっているのです。つまり夏の暑さは両方を増やし，冬の寒さが両方を少なくしていました。このように共通原因としての第3の要素が，因果関係のない2つの要素間に同調関係を作り出すことがあります。
2. ブランドショップの外観，つまり見た目が高級そうな店ほど売上げ額が高い

という関係がありました。これは外観を高級にすれば売上げが上がるという因果関係があるといっていいでしょうか。売上げを上げるために，外観をひたすら立派にするのはいい方法なのでしょうか。この方法は正解ではないかもしれません。調べたところ高級な外観の店では人気の高額商品が多く売られている傾向がありました。したがって，高級な店には高額の人気商品が売られているので，売上げが上がっていたのでした。したがって扱う商品が同じままで，外観を立派にすることの効果は薄いでしょう。むしろ，高級すぎて入りにくいと感じさせ，売上げは下がるかもしれません。

3. 第3の要素のせいで2つの要素の間の因果関係が見つけにくくなるケースも考えてみましょう。年齢と和菓子を食べる量の間には関係がみられませんでした。しかし，男女別に分けると違う結果が見つかりました。男性は年齢が上がると和菓子を食べる量が減っていき，女性では年齢が上がるにつれて食べる量が増えていたのです。つまり，性別で分ければ年齢と和菓子を食べる量に因果関係があったのです。しかし，性別という第3の要素がそれを隠していたのです。

このような因果関係に影響を与える第3の要素はどのように扱えばいいのでしょうか。一つの方法は実験をしてみることです。ショップの外観を変えて，売上げに影響があるかどうかを実際に確かめてみることです。もう一つの方法は関係のありそうな要素で分けて，別々に検討してみることです。性別で分けて因果関係を調べてみたのがこの例です。また別の方法として，データをあつめて数学的に検討する偏相関という方法もありますが，これは今知っている必要はありません。大学に入ってから少しずつ学んでいけばいいことです。

ボックス12　魔術的思考

魔術的思考とは既存の科学の知識や理論，とくに物理的法則では説明のできない力の存在を信じる思考法です。魔法の力や超能力の存在を仮定すれば，いろいろなことをうまく説明できるかもしれませんが，魔法の力や超能力の存在は現在の物理の理論からは説明できません。雨乞いやまじない，呪いなど，未開の社会における生活には多くの魔術的思考に彩られた行為がありました。しかし非科学的思考法は近代以前の思考だとはいえないところがあります。現代人も悪いことをするとばちが当たる気がすることは多いですし，仏滅に結婚式をあげる人は少数派です。しかし，こうしたことを避けなければいけない科学的根拠はありません。魔術的思考は形を変えて，現代にも残っています。

ボックス 13　倹約の原理

　ある現象を説明するための同じくらい説明力がある説明が複数ある場合には，なるべく含まれる仮定の少ない説明を選択すべきであるというのが倹約の原理です。つまり，説明をするうえで，必要以上に複雑なメカニズムを想定しないという方針を意味します。この原理を重視した 14 世紀の神学者・哲学者，オッカム (William of Ockham) の名前をとってオッカムの剃刀とよばれることがあります。剃刀は肥大した理論を削りこむことの比喩です。超自然的な存在や力をむやみに想定することを避けようとする態度，といった意味もあります。単純な説明のほうが理解しやすく，また新しい仮説を含まない説明のほうが既存の知識や理論との整合性は高いことが多いのです。そして多くの科学者は，彼らにとってではありますが，単純でありながらさまざまな現象を説明できる理論が良い理論であると思っています。しかし，単純な説明がつねに正しく，複雑な説明がいつも間違っているというわけではありません。そのため，倹約の原理と説明の正しさの関係に関しては多くの議論がなされています。

　心理学におけるモーガンの公準も似た意味を持っています。19 世紀から 20 世紀にかけて活躍した心理学者，ロイド・モーガンの提唱したモーガンの公準とは，動物の行動を解釈する際，過度の擬人化を戒めることを意味しています。たとえば計算ができる馬を見た場合に，馬が計算を学習したと解釈するのではなく，周りの人間が示す何かの合図やしるしに反応していると考えることです。

　数学的な計算で問題を検討する場合にも同じような方針があります。説明のための数式にあらゆる要素を入れれば説明力は上がります。しかし，そうした要素の中には直接的因果関係を持たない要素，本質的重要性のない要素，あるいはそもそも関係のないものまでが含まれる可能性があります。そうした要素とのそのときだけの関係や，偶然に過ぎない同調であるという説明までが説明力に含まれるので見かけの説明力は上がるのです。しかし，次回にはそうした一時的な説明や偶然の説明部分は再現されないので，あらゆる要素を含んだ数式は説明力は高くとも，予測力は高くなりません。そうした予測力を増やさない要素は数式を単に複雑にして，理解しにくくしているだけと考えることができます。これはモデルの過適合の問題といわれます。

4.3 思考実験

　何か考えをまとめたり，問題の解決法を考えるときには，「4.1　思考法」と「4.2　思考の基礎ツール」をうまく使ってください。なんとなく思いついた，考えたというのではなく，分析的に，そして論理的に考えることができるようになりましょう。では，実際にはどのように「4.1　思考法」と「4.2　思考の基礎ツール」を使えばいいのでしょうか。一つのコツは思考実験を繰り返してみることです。

　思考実験とは，頭の中で状況や条件を設定し，その結果を考えて導き出すことです。実験といってはいますが，現実場面で行うのではなく，あくまでも思考の中で行うものです。

　いろいろと状況や条件を変えながら，どんな結果になるかを繰返し導き，評価し，比較し，修正しながら考えをまとめていくのです。状況や条件を整理するために「4.2　思考の基礎ツール」を使いましょう。また，結果を導き出すために「4.1　思考法」を使います。

　思考実験で結果を導くときには，極端な場合を考えてみることが役に立つことが多いです。一般的な場合には問題がない結果でも，極端に拡大したり，無条件に自由にしたり，あるいは極限まで推し進めると，大きな問題を引き起こすこともあります。たとえば，何かの問題を軽減するために，自由や人権に対して制約や介入を引き起こす方法を考えてみましょう。日常的な場面では，問題の軽減の大きな効果が，自由や人権に対して制約や介入のもたらす小さな不便をはるかに上回るかもしれません。しかし，有事においては大きな介入や制約がなされるかもしれないのです。したがって制約や執行が極限においてどこまで許され，その結果何が起こる可能性があるかを考慮する必要があります。

　また，契約や正式な約束を行う場合には，とくに極端な場合を考えることが重要です。何も起こらない通常の状態で何が行われるかだけでなく，極端な場合に何が起こる，起こせる可能性があるかを事前に考慮しなければいけません。めったに起こらないことが起こった場合や，対立した結果相手が自分の利益のみを追求したときに何が起こるかを思考実験してみることが必要です。

4.3 思考実験

思考実験には現実社会の約束や物理的な制約がありませんので [→**ボックス 14**]，実際には実現できないような極端なケースが何をもたらすかを考えるのにとても有効な手段です。

ボックス 14 中国語の部屋とシュレディンガーの猫

「中国語の部屋」と「シュレディンガーの猫」とよばれる有名な思考実験を紹介します。

中国語の部屋とは，「3.4.1 コンピュータ付きのアンドロイドとしての人間」の中で紹介した哲学者のジョン・サールが用いた思考実験です。サールは，部屋の中に中国語を理解できない人と，彼が理解できる言語で書かれた言語と中国語の対応表が置かれた状況を想定しました。そして，外部からの質問に対してこの対応表を用いて，中国語をまったく理解していないにも関わらず，中国語によるやりとりが可能になると仮定しました。そして，この会話は外部の人間からすると，中国人同士のやりとりと変わらないとします。この場合に「部屋の中の人間は中国語で考えたと言っていいのでしょうか」というのがサールの提示した問題です。サールの答えは「No/言えない」です。サールは，この部屋の中の人間は記号を対応表が示す規則に従い，つまり形式的に操作しているだけで，内容を理解していないと考えます。そして，これが人工知能の行っている処理であるとしています。つまり，人間の思考と同じ結果をもたらす形式的処理ができることと，本当に理解すること，つまり「人間のように考える」ことは別であると主張しました。そして「3.4.1 コンピュータ付きのアンドロイドとしての人間」で紹介した強いAIの主張を否定しました。この主張に対しては，部屋の中の人間ではなく，部屋全体をシステムとして考えることができるというような反論もあり，現在まで強いAIに対する議論には結論が出ていません。

シュレディンガーの猫とは，物理学者のエルヴィン・シュレディンガーが考えた量子力学に関する思考実験です。シュレディンガーは，分子や原子よりも小さい物質の構成要素である粒子の位置と運動量を，同時に正確に決定することはできない，という「不確定性原理」から導き出される確率的な解釈の異常さを示すために，この思考実験を提唱しました。シュレディンガーは部屋の中に猫と毒ガスの発生装置が置かれた状況を設定しました。この毒ガス発生装置は放射性物質が粒子を発生させた場合に毒を発生させます。しかし，粒子の発生は確率的にしか判断できないために，部屋の中で猫が生きているか死んでいるかは，部屋を開けてみるまでは確率的にしかわからないということになります。この際に，部屋

> の中には生きている猫と死んでいる猫が重なって存在していると解釈しなければなりませんが，ふつうそんな状態を考えることはできないというパラドックスが生まれることを示しました。

4.4 メタ思考

　思考実験と同じくらい強力な思考のための上級ツールがメタ思考です。メタ思考とは，思考方法そのものを思考することです。つまり，自分が考えているということ自体を客観的に見つめ，考える，考え直すことを意味します。

　メタ思考をするということは，何かを考えているときに，その考え方，筋道が正しい方向に向いているかどうかを考えることです。また，より効果的な方法やアイデアがないかどうかを考えることです。そして，考えがうまくいっていないと感じたときに，考え方そのものを変える，方向転換することができるということです。このメタ思考をうまくつかうことで，思考の効率が上がります。思考力がついていく，思考が鍛えられていくということの多くの部分は，このメタ思考が上手にできるようになることなのです。

　また，この自分自身の思考がどのように行われているかを見つめる，観察するということは，日常生活の中でも重要なことです。それは，自分自身の考え方の偏りや欠点に気づくきっかけになり，それを直していくことが思考，そして人間的な成長を助けてくれます。

　ちなみにメタとは「高次な」「超越した」という意味のギリシャ語が元になっており，たとえばmetaphysicsといえば，physics/物理学を超越したもの，超えたものということで形而上学，つまり物質世界を超えた精神世界の学問，つまり理性の哲学を意味します。

4.5 問題を解決する

　ここで考えることが必要な場面として，問題を解決することを考えてみましょう。問題解決だけではなく，何かを考えるときには，考えるための型をうま

く使うことが役に立ちます。考えるための型とは思考の基礎ツールを使うための決まりきった手順です。

問題解決の型は〈状況・問題〉→〈分析・原因〉→〈解決法〉の3つのステップからできています。

4.5.1 状況・問題

あらかじめ正確な問題点がわかっていることもありますが，問題点がわかっていない場合には，解決すべき問題を設定することがまず必要です。そのためには問題が起こっている状況をよく理解することからはじめます。どんな問題が起こっているのか，どんな背景で起こっているのか，誰が関係しているのかなどについてよく知ることが必要です。またどの範囲までを問題解決の過程に含めるかについてもよく決める必要があります。この範囲とは場所・空間だけではなく，人間やモノ，時間，制度なども含まれます。

こうして問題のある状況をよく理解し，解決すべき問題を設定します。できるだけ具体的に問題を設定しないと，関係する範囲が広がりすぎ，解決法を見つけることが難しくなります。因果関係で考えるならば，まず問題である結果を限定することです。難しい状況や多くの要素が含まれている場合には「4.2 思考の基礎ツール」を使って，要素を整理していきましょう。

4.5.2 分析・原因

分析・原因のステップでは，状況・問題のステップで設定した問題が起きるメカニズムを，関係する状況を考慮しながら，明らかにします。因果関係で考えるならば，問題である結果の原因を解明することです。

問題となっている結果の原因を見つけるためには，「4.1 思考法」を使って考えます。とくに「4.2 思考の基礎ツール」の中の「4.2.6 メカニズムを知る」で示した因果関係の条件も頭において考えてみてください。

ここで特定された原因は，理論的にもデータ的にもそのまま受け入れることができるような事実に近いようなものから，明らかに仮説であるものまで，いろいろです。事実に近い原因のときには，そのまま，次の解決法のステップに

進みます。原因が仮説である場合には，仮説が十分な説明力があり納得ができることを確認することが必要です。説明力が不十分な場合には「4.3　思考実験」を繰返し行って仮説を修正し，もっとも説明力が高い仮説をつくるようにしましょう。とくに第3の要素の影響［→**ボックス11**］に注意が必要です。

4.5.3　解　決　法

　解決法のステップでは解決法を考案，発明します。先に述べたように，理工学的（理系的）な問題ではこの部分こそが問題解決の中心であり，真剣に取り組まれますが，人文社会系（文系）では問題が設定され，原因が特定されればもう問題は解決したかのように考えてしまうようなことが時々あるようです。しかし，人文社会系の問題においても，解決法にも十分に取り組むことが必要です。「問題の原因が特定できたので，これを解決すればいい」というような提言は問題解決策ではありません。それは問題提起です。

　問題解決場面には，次のようないろいろな状況が考えられます。
(a) 有効な解決法がわからない。
(b) 解決法はわかるが，その実現法がわからない。
(c) 解決法もその実現法もわかるが，技術的，実務的な点で具体的実施法がわからない。

　たとえば，洪水で苦しんでいる町があるとします。洪水が被害をもたらす原因は，増水したときに川の水があふれだすことである，と問題が特定されました。しかし，どうすればいいのかわからないことがあります。これが (a) の状況です。

　いろいろ調べたり，考えたりした結果，堤防を築けば増水時も川の水はあふれなくなりそうです。しかし，どのようにして堤防を築けばいいのか実現法がわかりません。これが (b) の状況です。

　堤防を築くための工法を調べました。あるいは，行政機関に頼む方法もあるようです。しかし，そうした工法をどのように実施していくのかについて技術力がありませんし，具体的な手順もわかりません。また，行政機関に要請するための正式な手続きもわかりません。これが (c) の状況です。

4.5 問題を解決する

　問題解決策を考案したり，発明するときにはこのような中のどの状況にあるのかをよく把握することが必要です。また，問題点と解決者の役割から判断して，(a)(b)(c)のどこまでを解決するかを適切に判断する必要があります。また「3.2.2　正しさの種類」で議論したように正しい意見にもいろいろな種類があるように，解決法にもいろいろな種類があります。そして絶対的に正しい唯一の解決法というのはそれほど多くあるものではありません。1つの問題に対して複数の解決法があることがほとんどです。その場合にはどの解決法を選ぶべきなのかが，もっとも重要な課題になることも多いでしょう。

　また，現実社会における問題の解決法は制約の中で決定されていく必要があります。何がどのくらい利用できるのか，どんな制約があるのかを考慮に入れない解決法は役には立ちません。また，解決法にはトレードオフが含まれていることがよくあります。トレードオフ (trade-off) とは2つの要素の関係において，1つに利益をもたらすことが必然的にもう1つの犠牲を生み出す関係です [→**ボックス15**]。

　問題解決状況におけるトレードオフは，何かを解決することで，別の問題が生じることを意味します。たとえば，川を護岸，つまり川のふちをコンクリートで固めれば土手は崩れにくくなり洪水対策になりますが，多くの生物のすみかが失われます。問題解決法におけるトレードオフの影響を正確に判断するためには，問題の構造を正確に理解することが必要ですが，そもそも問題設定において関係する範囲を適切に設定しておくことがとくに重要になります。洪水対策だけを範囲にすれば，護岸は正解の一つですが，生態系への影響を問題解決の範囲に入れれば，慎重になる必要があることがわかります。

　つまり，トレードオフの状況で提案される問題解決策は何を犠牲にしているかをよく考えることが必要です。トレードオフの状況での提案には，時にはそうした犠牲や必要なコストについての説明がないこともあります。そんなときでも，その提案の反対側に何があるのかを見極めることが必要です。ごちそうに見えても天秤の反対側に何がのっているのかをよく考えてください。毒がのっているかもしれません。何もかもうまくいく方法というのはめったにないものです。

ボックス15　日本代表チームへの提言とトレードオフ

　問題解決の例としてサッカーの日本代表チームのことを取り上げてみましょう。日本代表チームが連敗するとよくなされる提言があります。〈状況・問題〉→〈分析・原因〉→〈解決法〉の流れに沿って，その提言を考えてみましょう。

〈状況・問題〉
　日本代表チームは連戦による疲労やレギュラーメンバーの離脱（りだつ）があると勝率が落ちる。
　↓
〈分析・原因〉
　レギュラーメンバーが固定されているので，控え選手の底上げ，つまりチームへの溶け込みや戦術の実戦的理解が不足しているから，レギュラーメンバーとの交代がうまくできないからだ。
　↓
〈解決法〉
　試合の中で控え組から新しいメンバーをもっと使うべきだ。

　この提言自体はもっともな話です。しかし，「3.2.1　意見の正しさとは」で紹介したクリティカルシンキングをしてみましょう。
　サッカーの強豪国には，世代や監督を越えたその国の戦術や考え方があり，選手はその戦略やシステムを共有しています。つまり，戦術的アイデンティティがあります。したがって，新しい選手が入ってきても，何を，どうすればいいのかがあらかじめ共有されています。
　しかし，強豪国とはいえない日本チームにはまだ確立した戦術的アイデンティティがありません。そのため，レギュラー選手を固定して，新たな戦術を戦術的アイデンティティとして定着させようとしているのです。そう考えれば，試合ごとに選手を変えることは不利になります。
　つまり控え選手をどんどん使うことの利点とレギュラー選手を固定することの利点は，同時に追求することができないトレードオフの関係になっているのです。したがって，控え選手の底上げのために，試合ごとに多くの選手を入れ替えるような極端な方法をとることは，戦術の定着を妨げます（さまた）。たまたま連敗があったからといって，それまでうまくいっていたことをやめてしまうのは間違いです。底上げと戦術的アイデンティティ定着のバランスをとることこそが望ましい答えでしょう。

> サッカーに限らず，提言というものにはこうした問題がつきものです。つまりトレードオフ関係を無視して，自分の主張やその時点での問題の解決だけに注目してしまうことが，提言にはよくあります。提言を聞くときには，その提言がもたらす利点だけでなく，その提言を採用することで損なわれることは何かについても考えることが必要です。トレードオフの天秤の反対側に何がぶら下がっているかを考えることが大切なのです。

4.6 意思を決定する
4.6.1 合理的選択

意思を決定することも考えることが必要な場面です。先にも述べたとおり，意志と意思は似たような言葉ですが，意味はやや違います。意志はやり遂げる決意ですが，意思は何かをしようとする考えのことです。ここでは後の言葉の意思について話をします。

意思決定の考え方の型は単純で〈選択肢〉→〈比較〉です。つまり選択肢を用意して，それを比較してもっとも望ましいものを選ぶことです。

しかし，意思決定のときに実際に行われることはそれほど簡単ではありません。まずどのように選択肢をそろえるかという問題があります。すでに知っていた選択肢や思いついた選択肢の中から一番いいものを選んだとしても，実はそれとは別にもっと優れた選択肢があったとしたら，それは正しい判断とはいえません。

しかし，可能な選択肢をすべて用意するというのはいつでも簡単にできることではありません。たとえば，あなたが新しいパソコンを買おうとしているとします。その場合に，現在市販されているすべての機種と，そのデザインと性能を調べるだけでも大変だと思いますが，しかもそれを一番安く買おうとするならば，すべての機種のすべての店の販売価格を調べる必要が出てきます。こうした情報をすべて準備したうえで，すべての要素を考慮して比較し，購入する機種を決定することが正しい判断でしょう。

こうしたすべての情報を知ったうえでの判断を，古典的な経済学における合理的選択とよびますが，この合理的判断は簡単にできることではないのです。

したがって，正しい判断というものの基準はもう少し緩めて考えることがあります。緩めた合理的判断では，可能なすべての選択肢から最良のものを選択するのではなく，自分が納得できる選択肢を正しい選択肢と考えます。つまり，選択肢の中に自分が納得がいく選択肢があれば，それを選択することが正しい選択であるということです。

選択肢だけでなく選択基準に関しても話は簡単ではありません。何が一番優れているかをどのように判断すれば正しいといえるのでしょうか。パソコンでいえば，もっとも価格が安くて，もっとも高性能で，もっとも好みのデザインのパソコンが正しい選択に間違いありません。しかし，そんな組合せがあるとは限りません。とくに性能と価格はトレードオフの関係にあるのがふつうですから，安いものは低性能で，高性能なものは高価ではないでしょうか。したがって，各要素の重要性で重み付けをして，総合的な判断をしなければいけません。重み付けというのは，目的を考えると性能は譲れないので非常に重視するが，価格はバイトをがんばれば何とかなるので，多少高くとも仕方ないというように，総合判断において何を重視するかを決めることです。

数理哲学者のイツァーク・ギルボアもまた合理的な選択を「自分で納得がいく選択」と定義しています［→**本22**］。そしてあるものにどのくらい価値があるか，何を重視するか，何に満足するかの基準は一人ひとり違うのですから，誰にでも共通の合理的な選択は存在しないとしています。そして，その基準に従った選択がされていれば，それは合理的であるということです。

こうなってくると，極論に言えばなんでも好きな選択をして，後悔しなければそれでいいということになります。実際そうかもしれませんが，その納得がいく選択をするために，必要な情報を確実に集める技術を身につけ，自分の選択基準を自分で理解したうえで最適化し，正しい思考法で判断を行っていくことが必要になります。

本22 　　『合理的選択』

　合理的という言葉にはやや注意が必要です。日常的には，理にかなっている，まともであるという意味で使われますが，心理学や経済学の内容の中で使われて

いるときには，規則に従っている，一貫しているという意味で使われていることがあります。この意味では，説明が可能で，理解が可能であれば，どんなおかしな判断や行動でも合理的なのです。

自称「数理哲学者」，ふつうに考えると経済学者のイツァーク・ギルボアの『合理的選択』は，この後者の意味での合理性に関する本です。入門書，教科書の形になっていますので，読んでいくことで合理的選択に関係するいろいろな知識を学ぶことができます。心理学と経済学の深い関係性についても理解できます。

たとえば「3.4.3 社会の一部としての人間」で説明したゲーム理論や囚人のジレンマに関する説明があります。「3.5.4 社会科学」の中にあった経済学における市場の意味や外部不経済についてくわしく知りたいときにも，役に立つでしょう。また，社会における公正の問題を考えるうえで欠かせない「パレート最適性」や「アローの定理」などに関する紹介もあります。合理性と意思決定の問題は現代の社会を理解するために必要な基礎知識なのです。

Gilboa, I.（2010）. *Rational choice*. Boston, MA, USA：MIT Press.
　（ギルボア，I. 松井彰彦（訳）（2013）．合理的選択　みすず書房）

4.6.2　ヒューリスティックとメタ思考

日常生活の中では多くの意思決定が行われています。駅まで通う道を選ぶことやコンビニエンスストアでジュースを選ぶことなど，日常の行動は意思決定の連続であるということができます。しかし，こうした意思決定のほとんどは，合理的選択の議論で示したような，ちゃんと考えた結果としての選択ではありません。駅までの道は選択というよりも自動的に通い慣れた道が選ばれることがほとんどでしょう。コンビニエンスストアのジュースは目立つディスプレイがされていたのものを選んだかもしれません。

このように日常生活におけるほとんどの意思決定は，熟慮の結果ではなく，無意識的であったり瞬間的なものです。こうした瞬間的な判断に用いられる判断の方法をヒューリスティックといいます。直感的な判断や経験的に獲得した概算的な推論，つまり大まかな目安に基づく判断です。たとえば，いつもの道は今までとくに問題をもたらさなかったので，それでいいと即時に無意識的判断がなされます。目立つジュースは，他の人も買っているのだからおいしいだ

ろうと大まかに推測して買ったのかもしれません。

　ヒューリスティックによる判断はたしかに大まかなものですので，つねに最適とは限りません。とくに，特殊な問題の設定をすると，かなり大きく誤った判断をしてしまうことが知られています［→**本23**］。しかし，日常生活のほとんどの場面においては，とくに大きな問題を引き起こすこともありません。とくにとっさの判断にはとても役に立ちます。そしてヒューリスティックのような，注意や努力が必要のない思考法があるおかげで，われわれは頭の使いすぎで，疲労困憊することから免れているのです。ヒューリスティックには感謝しましょう。

　しかし，時には日常的な選択について考え直してみることも大切です。たとえば電車で通学している人のことを考えてみましょう。適当な時間に駅に行って，とりあえずやってきた電車に乗るというのは，ヒューリスティックな判断です。同じ種類，つまり各駅停車や急行か，という点で同じであれば最初に来た電車に乗ることが，一番早く目的地に着くために正しい判断です。しかし，この方法は混んでいる電車に乗る可能性が高い方法です。なぜならば，適当に駅に行った場合には，前の電車との時間の間隔が短く空いた電車よりも，長く空いた電車に乗ってしまう可能性が高いからです。その長い間隔の間に各駅で電車を待つ乗客は増えるので，前の電車から時間が空いた電車は混むのです。さらに混み始めた電車は，乗り降りに時間がかかるので，ますます前の電車との間隔は長くなります。そうしてどんどんと混みあいが進むのです。したがって，快適ということを考慮に入れるならば，発車時間を確かめて，目的地に間に合う時間の中で，前の電車との間隔が短い電車に乗るのがいいということになります。この話は物理学者の寺田寅彦が紹介している有名な話です［→**引用**[12]］。

　世の中には，このように人々のヒューリスティックが生み出した小さな誤りが積み重なって，非効率になっていることがたくさんあります。少し考えるだけで，自分は効率的な判断や行動ができることがいろいろとありますので，当たり前のように行動していることでも，時にはとまって，考え直してみましょう。このように，自分が何を考えているのか自体を考えてみることをメタ思考

といいました（「4.4 メタ思考」）。

本23　『ファスト&スロー——あなたの意思はどのように決まるか？——』

　ノーベル経済学賞を受賞した認知心理学者，ダニエル・カーネマンの『ファスト&スロー』は判断と意思決定に関わるメカニズムと誤りに関する著作です。カーネマンがノーベル経済学賞を受賞したのは，彼がこの著作で紹介した行動経済学という研究領域の設立に貢献が認められたからです。

　この本ではまず，人間の思考システムを2つに分けます。速く自動的，直感的なシステム1と遅く意識的で努力を必要とするシステム2です。こうしたシステムは説明のための表現であり，実在する別々の存在ではありませんが，人間の思考にこうした2種類の違う形があるということです。そして日常の思考，あるいは行動の判断，意思決定のほとんどはシステム1によって行われています。しかし，システム1は誤ることもあります。本当に間違った判断をすることもありますし，またかなり不正確な見積もりをすることもあります。こうした誤りが起こりそうな難しい場面，慎重さが必要な場面でのみ，システム2が働き，システム2の判断を確認したり，修正を加えます。しかし，システム2を使うことは，広い範囲の多くのデータを客観的に判断する，無意識のストーリーや錯覚の誤りを排除するというような，意識的な熟慮ですので心理的な負担があります。したがって，人間はシステム2はなるべく使わないようにしています。

　次に，このシステム1の誤りについて，とくに意思決定場面におけるメカニズムが紹介されます。正確ではありませんが，複雑な問題を単純化した判断作業に置き換えて処理するヒューリスティックと，判断における一貫した誤りの傾向であるバイアスが紹介されています。このバイアスを生み出す理論の一つとしてとくに有名なものとして「プロスペクト理論」があり，くわしく紹介されています。

　プロスペクト理論とは，現状から同じ量の何かを失うことを予想する場合と，獲得を予想する場合とでは，損失のほうが心理的な変化の量が大きいというものです。この心理的な量を経済学では効用といいますが，同じ物理的な変化の量に対して，損失の予測のもたらす負の効用は，獲得の予測に対する正の効用よりも大きいということです。

　最後に，経験しているときと記憶から思い出しているときの価値判断の違いと，それがもたらす幸福感の研究が紹介されています。

　意思決定におけるヒューリスティックとバイアスや行動経済学は現在とても話題の研究領域であり，多くの本が出版されています。しかし，この本が一番わか

りやすい本です。ほとんどの場合には研究を行った本人が書いた本は専門性が強く，解説書のほうが理解しやすいことが多いのですが，この本は数少ない例外です。

Kahneman, D.（2011）. *Thinking, fast and slow*. New York, NY, USA：Farrar, Strauss, and Giroux.
（カーネマン，D. 村井章子（訳）（2012）. ファスト＆スロー——あなたの意思はどのように決まるか？——（上・下） 早川書房）

4.6.3 感情と思考

　考えることについての話になぜ感情が出てくるのかと思ったかもしれませんね。あなたは感情というのは，考えること，つまり思考とは違うものと考えているかもしれません。常識的には思考は理性的なもので，理性は感情の反対語とされることもあります。たしかに感情的になるというのは，理性を失った状態かもしれません。一方で，「感情がない人」というのは，つまり冷たい人であるという悪口です。つまり感情とは非論理的なものではあるが，人間性のよりどころというのが常識的なとらえ方でしょう。

　しかし，感情には合理的な役割もあるのです。たとえば怒りについて考えてみましょう。怒りは自分が不利益を受けそうな状況で起こります。とくにまだ状況を改善する可能性がある場合に怒りは大きくなります。改善の可能性がまったくなければ，怒りではなく悲しみや絶望の感情が起こるはずです。怒りが起こるのは抗議したり，排除したり，あるいは対決することが必要な状況です。この状況では，強い態度と意志で行動することが必要です。怒りを覚えることで，そうした強い行動をとることを助けます。身体的にも興奮し，活動的になります。また，怒りの表情も相手に対して不満の強さや強い抗議行動の意志の脅威を伝えるものです。こうした表情だけで，相手から譲歩を引き出せることも多いでしょう。このように，怒りは不利益を改善するために役に立つ状況を作り出してくれるのです。怒りが時として不適切になるのは，怒りが身体的な暴力にまで進んでしまうことがあるからです。また，対立ではなく，協力的な話し合いのほうが大きな改善をもたらせる可能性がある場合にも不適切でしょ

う。しかし，すべての場合に怒りが不適切というわけではないのです。

　他の感情も同様の働きがあります。悲しみはすでに大きな被害や損害を受けてしまったときに起こる感情です。この状態では行動を起こして改善をはかれる可能性は低いので，それ以上被害を拡大させないために，そして自然に回復するのを待つために，静かに休息する必要があります。そのため悲しみの感情は，心身の活動状態を下げ，表情も哀れみを感じさせ，それ以上の攻撃をさせにくくします。

　怒りも悲しみも否定的な感情ですが，それでは肯定的な感情はどのような働きをするのでしょうか。喜びは何かがうまくいったときに起こる感情です。そのやり方はうまくいったのですから，今後も繰り返すことが利益になります。喜びの感情は，その行動を今後も繰り返すために与えられる報酬なのです。自分にとって望ましい行動を続けていくためのご褒美なのです。

　少しびっくりしたかもしれませんね。あるいは，そんなことはないだろうと思ったかもしれません。しかし，感情がない人間を考えてみてください。たとえば食事をしてもおいしいという喜びはなく，空腹という苦痛も感じないので食事をしたいとも思いません。恐怖がないので死ぬことも怖くありません。こんな人間が生き残れるとはとても思えないでしょう。

　感情はさまざまな状況に応じてすばやく対応するための合理性のある機能なのです。行き過ぎになったり，最適な結果にならない場合もありますが，多くの場合には役に立っているのです。これは「4.6.2　ヒューリスティックとメタ思考」で紹介したヒューリスティックに似ています。どちらも最適ではないことがあっても，すばやく，そして少ない負担で楽に機能してくれるシステムです。意識的思考が間に合わないような緊急時には頼りになります。なにより感情やヒューリスティックがあるおかげで，われわれはすべての出来事に対して意識的思考による処理や判断をしなくとも暮らしていけるのです。

　そしてさらに感情は理性的な思考にも影響を与えています。楽しい時間と比べて退屈な時間は過ぎていくのが遅いと感じると思います。こうした感情と思考の関係は数値の推論として測ることもできます。折れ曲がっていて上下の階の様子が直接見えない階段があります。こうした上下の階の見えない階段がど

のくらいの長さがあるかを推定させると，時として実際の距離の3倍にも長く見積もられることがあります [→引用 [13], [14]]。つまり階段は上り下りするのが大変なので，その疲労感や不快感が非常に過大な推定として反映されてしまうのです。しかし，上下の階が見える階段では長さの推定値はかなり正確なものになります。疲労感や不快感による過大な見積もりが，実際に見ている距離の情報によって修正されるのです。

　このように感情が思考に及ぼしている影響は自分自身でも気がつかないことがあります。たとえば，問題を解決する場合でも，意思を決定する場合でも，いろいろな局面で感情が思考に影響していることがあります。とくに思考の前提になっている部分に関して，あなたは当たり前，必然的と思っていても，実は感情が決めてしまっているのかもしれません。そして，感情のもたらす判断は必ずしも正しいわけではないのです。「4.6.2　ヒューリスティックとメタ思考」での指摘を繰り返しますが，つねに「自分がどうしてそう考えたのか」について考えるメタ思考の習慣をつけましょう。

4.7　感　性

　考えることをするうえで働いている機能として，最後に紹介するものは感性です。ここでの感性とはうまくいっているかどうかをつねに，ほぼ自動的に判断している感覚だと思ってください。とくに思考中において，考えがいい方向に行っているかどうかを確認している感覚です。

　もちろん思考は論理的に展開されていきますし，またいくべきですが，これまで説明してきたように正しい答えは1つではありませんし，正しい展開にもいろいろな方法があります。こうした複数の可能性の中から1つの展開を選択している基準の1つは，それがよさそうだという感覚，ここでいう感性なのです。

　しかし感性とはそもそも何なのでしょうか。美的な作品を創りだしたり，批評するときに使われる感性は，美的感覚のように生まれつきのセンスが過去の経験を通じて洗練されたものが主になるかもしれません。しかし，論理的思考

において働いている感性は生まれつきのセンス以外の要素が大きいと考えられます。それは過去の繰返しの経験によって獲得された無意識の判断システムです。これは過去の経験により獲得した思考のパターンによる自動化された判断のシステムだと考えられます。このシステムは意識化，あるいは言語化されていないことが多いでしょう。この自動化されたシステムは思考や判断がうまくいっているときにはある種の気持ちのよさを感じさせ，誤ったときにはある種の不快感を感じさせます。

　文章を書き慣れた小説家や学者が，頭ではなく，指先やペン，あるいはキーボードが文章を考えてくれるかのように自動的に文章が生み出されていく感覚について語るときに，そこで働いているのは実はこの感性の機能です。熟達の著者においては，アイデアや方向性さえあれば，後は過去の経験によって蓄えられた数多くの思考のパターンによって，文章をあたかも自動的に感じるように生み出すことができることがある，ということでしょう。

　つまり論理的な思考の能力を上げていくために必要なことは，これまで説明してきたような正しい思考のツールを使った正しい思考法を積み重ねること，そして読書を通じてさまざまな思考のパターンを経験することでこうした思考のための感性を作り上げていくこと，ということになるでしょう。

4.8　ノート術

　考えるための方法としてノートを使うことはとても役に立ちます。

　「2.2　ノートをとる」で説明したような，記録をするためにノートをとることは，みなさんもこれまでもやってきたことだと思いますが，ここではなじみがうすいと思われる，考えるための方法としてノートを使うことを考えてみたいと思います。

　考えるための方法としてノートを使うということで一番重要なことは，頭の中にあることを外に出すということです。そして外に出すことで，思考能力の負担を減らすということです。人間の思考力，正確に言うならば脳の持っている即時の情報処理の能力，つまりその瞬間に同時に扱うことのできる情報の量

は限られたものです。人間は多めに見積もっても10個程度，多くの場合には4,5個の情報しか同時に考えることができないのです。また，多くのことを同時に考えようとすれば，並べ替え，相違点や類似点の指摘，優劣の比較，パターンや構造の発見などの処理に使える残りの思考力は少なくなってしまいます。このため，多くの情報を処理するためには，少しずつ部分部分を順番に処理していくことになります。しかし，処理したことを覚えておいたり，思い出したりすることにも思考力は必要になりますので，多くの情報を処理するためには一度に処理できる情報は少なくなりますし，また処理したものの忘れてしまうことも多くなります。

　こうした情報を処理するための負担を減らすことが，考えるためにノートを使うということです。処理の負担が減れば多くの情報を楽に処理できますし，また処理し損なうことが減り，情報全体を使って考えることができるようになるというわけです。考えるためのノート術の本質はこのことだけです。要するに考えていることを書き出すだけのことです。書き出すことがノート術のほとんどだといえます。

　最初に書き出すのは単語や短い言葉，あるいは短い文です。ちゃんとした長い文や文章はまだ必要ありませんが，書いていけないわけではありません。書けるのであれば文章を書いてみることもいいでしょう。情報や内容の要素を書き出したら，まず見落としていることがないかどうかを確認し，あったら追加します。このときだけでなく，いつでも見落としに気がついたら追加することが大切です。次に並べ替え，相違点や類似点の指摘，優劣の比較，パターンや構造の発見などを行います。目の前に見えているので，いちいち情報や要素を思い出す必要がなく，こうした思考をすることが楽になっています。処理し損なう情報や要素も減るでしょう。

　そして思考した結果について書き込みます。たとえば同じものや類似しているものの間は―や＝，≃，違うものは≠などの記号で結びます。原因と結果の因果関係があるものや，演繹的な関係，つまり必然的な展開，論理的なつながりは⟶や⟵で，対比するものや対立するものは⟷で結んだりします。とくに重要な情報や要素はよく目立つように四角や楕円で囲んだりするのもいい

でしょう。途中で思いついたこと，あるいは解釈や補足的な説明に関しては色を変えて書き込むと，元の情報と補足の情報の区別がつきやすくなるので，後でノートを理解しやすくなります。こうした記号や補足の書き込みをするために，最初に単語や短い言葉を書き出すときにはやや間を空けて書いたほうがいいでしょう。

こうして書き込みをするうちに書き込むスペースが足りなくなったり，パターンや構造が見つかったら新しいページにそれらを整理して書き写します。こうして何度か新しいページに整理して書き写しをすると，考えがまとまり，そして洗練されていきます。

ある程度思考の目的がわかっているときには，最初に書き出すときから，目的に応じて分類や時系列，つまり時間的な順番，重要性などを意識して配置することもできます。2つ以上の基準で分類するときには，表にすることも効果的です。**表3**は3種類の筆記用具とそれぞれの利点欠点をまとめたものです。こうすれば目的や自分の価値観にあった筆記用具を選びやすくなります。

表3　筆記用具の種類と利点欠点

	利　点	欠　点
ボールペン	消えない 線が見やすい 値段が安い	修正しにくい （注：消せるものもあります）
鉛　筆	修正しやすい 値段が安い	消えやすい 線が薄い 芯が折れやすい
万 年 筆	書き心地がいい 消えにくい 線が見やすい	修正しにくい 値段が高い 書けない紙がある

また論理的な関係を理解するために「4.1.1　必要・十分条件ふたたび——演繹法」で紹介したベン図［→**図4**］を書いてみたり，パターンや構造を示すために「4.2.5　構造を見つけ出す」で説明した関係図［→**図5**］や2次元モデル［→**図6**］を書いてみるのもいいことです。

「4.3 思考実験」で説明した思考実験をするときも，ノートに書いたほうが複雑な条件や前提を間違えずに扱うことができます。また「4.5 問題を解決する」や「4.6 意思を決定する」のような場合でもノートに書き出しながら考えることは有効な方法です。思考の負担が減るので正確な判断ができるようになりますし，考え損なう情報や要素が少なくなります。また自分で何を考えているかを確認することができるので，「4.6.2 ヒューリスティックとメタ思考」で説明したメタ思考，つまり自分の考えを客観的に判断をするためにも役に立ちます。

つまり，一見回り道に見えますが，楽に速く正確に考えるためにノートに書き出しながら考えることはいつでも効果的だということです。またノートに書いておけば，あなたが一度考えたことを覚えておく必要がなくなります。必要に応じてノートを読み直して利用したり，そこから考えを再開することもできます。ノートはあなたの思考のための材料になり，知的な財産となるのです。

4.9 第4章の課題

1. 帰納法と演繹法の具体的な例を考えてみよう

あなたの街，昔からある中規模の市街地に，新しい道路が必要かどうかを考えてみてください。次のような情報があります。

(a) 朝夕の通勤時間には，街の中心に向かう道路はいつも渋滞している。

(b) 道路は昔の農道が発展したものであり，比較的狭く，曲がりくねっているところも多い。

①渋滞を解消するために，毎日の通行量のデータを調べ，必要な道路を設計することは帰納法的判断ですか。それとも演繹法的判断ですか。また，②災害時に緊急車両を確実に移動できるようにするために，道路の幅を広げたり，道路網を整備することは帰納法的判断ですか。それとも演繹法的判断ですか。考えてみてください（答えはこの章の最後）。

2. 論理的に思考してみる

新しいパーソナル・コンピュータ（PC）を買うと仮定してみてください。

どの機種を買うことが，あなたにとって最適なのかを合理的に思考して判断してみてください。

(a) まず必要な情報を準備します（「4.2.1　まず最初の要素を用意する」）。どんなタイプのPCがありますか（ノート，一体型，大型分離型，タブレット）。どんなメーカーがありますか。それぞれのメーカーごと，タイプごとの値段の相場はどうでしょうか。

(b) 比較をする基準を考えます（「4.2.2　比較する」）。あなたに必要なことは何ですか。処理やグラフィックの性能ですか。持ち運びやすさや大きさですか。それとも値段ですか。

(c) いくつか重要だと思う基準が決まったら，製品のリストをつくり（「4.2.3　リストをつくる」），それぞれの基準でならべてみてください（「4.2.4　順番にならべる」）。

(d) それぞれの基準でならべたリストを比較し，関係を見つけ出しましょう（「4.2.5　構造を見つけ出す」）。たとえば「値段」と「処理/グラフィック性能」は同じような順番になっているかもしれません。あるいは，「PCのタイプ」ごとに「値段」と「処理/グラフィック性能」が類似しているかもしれません。

(e) こうした関係を理解したうえで，自分に最適なPCを選んでみましょう。たとえば，「PCのタイプ」と「持ち運びやすさ」は強く関係しているので自由な選択の余地はあまりありません（つまり，持ち運びやすい大型分離型PCは選べません）。しかし，「PCのタイプ」と「処理/グラフィック性能」はあまり関係していないかもしれませんので，どんなタイプのPCでも必要な性能のPCを選ぶことはできそうです。性能の高いPCは値段も高いようです。このように関係を規定する物理的，経済的メカニズムを考慮することで（「4.2.6　メカニズムを知る」），可能な基準の組合せを考えて，そのルールに従って自分に最適なPCを判断してみてください。

3. 思考実験をしてみよう

「水素を燃料にした自動車は地球にやさしい」という命題・問題について簡単な思考実験をしてみましょう。

(a) 水素は燃やしても，水になるだけで，二酸化炭素を排出しないので，大

気汚染も地球温暖化も引き起こさない。したがって，地球にやさしい。たしかに，このことだけを考えると「水素を燃料にした自動車は地球にやさしい」という命題は真である（正しい）。

(b) 水素を作り出すには，化石燃料を処理してつくる方法があるが，その方法では化石燃料を消費し，またその過程で二酸化炭素を排出するので，化石燃料をそのまま自動車の動力として使用することと地球へのやさしさに変わりはない。

　直接二酸化炭素を排出しないで，大量の水素をつくるための通常の手段は水の電気分解である。しかし，そのためには大量の電力が必要である。電力を作り出すために，石油や石炭などの化石燃料を使用した場合も，先ほどと同様に環境にやさしいとはいえない。エネルギーを変換するときに失われるエネルギーの分だけ，化石燃料を無駄にすることにもなる。また原子力発電を行うことには，環境配慮に対する，別の未解決の問題（たとえば安全確保や最終処分場確保）への配慮が必要になる。

　このように，水素の製造の過程までを考えに含めるならば，「水素を燃料にした自動車は地球にやさしい」という命題はおそらく偽である（間違い，あるいは正しいとは言い難い）。

(c) 発電に太陽光，風力，潮力などの流動的な（つまり化石燃料のように長い時間をかけて形成，固定されたものではないもの）自然エネルギーを用いることも可能である。しかし，流動的な自然エネルギーによる発電には，水素燃料車そのものと同じ構造の問題がある。つまり，発電の時点では地球にやさしいが，それを製造し，最終的に廃棄するところまでを含めて考えた場合に，既存の発電方法よりも地球にやさしいかどうかが，それほど明らかではない。また，地球上を循環しているそうした自然エネルギーを大量に使用してしまった場合に，気象や気候にどのような影響が出るのかもわかってはいない。したがって，ここまでを考えると「水素を燃料にした自動車は地球にやさしい」という命題の真偽について明快な正解はなくなる。みなさんの判断はどうだろうか。自分の答えを出してみよう。

4. 感性について考えてみる

　感性というと美的なセンスのような気がして，何か芸術的な作品を制作したり，美的な表現をするときにだけ役に立つものだと思う人も多いかもしれません。しかし，感性は日常的な生活の中にもつねに働いているものです。たとえば，みなさんの中には部屋を片付けられない人がいるかもしれません。そして，そうした人は，部屋を片付けられないのは部屋を片付ける技術がないと感じているのかもしれません。実際，そうした部屋を片付けるための方法を紹介した本や情報はたくさんあります。しかし，部屋を片付けるために一番大切なことは，片付いていない部屋を不快に思い，片付けをしなければいけないと思う感性です。片付けをしはじめれば，部屋は少しずつ片付いていくのです。そして，部屋が片付いたこと，片付いた部屋に対してうれしい気持ちが生まれ，部屋はますます片付くのです。技術はそれを手伝ってくれるものに過ぎません。片付けに限らず，何か自分にとって望ましいことをすることを努力や義務と感じているうちは，なかなか習慣にすることはできません。しないことが不快で，することによって気持ちがよくなるようにしていくことが望ましいことです。本を読む，勉強をする，よい文章を書く，などもすべて同じことです。義務で行うことは難しいことで，やりたいと思えるように習慣にしていくことが大切です。

(**1.** の答え：①帰納法的，②演繹法的判断です。)

表現すること

　どんなにいいことを考えていたとしても，人に伝えるためには形にすることが必要です。ここではまず，文章という形で表現する方法について説明します。
　文章を書くには言葉を知っていることが必要です。語彙といいますが，多くの言葉を正確に知っていること，そして日本語に使われている言葉の性質を知ることについて最初に説明します。次に，文を書く方法を説明します。この本では，一つひとつの独立した文を「文」とよび，文が集まったものを「文章」とよんで分けています。まず，心理学あるいは他の学術的な文を書くために必要な規則と方法を紹介します。この規則と方法は日常的な文章を書くときにも役に立つものです。その後で文章を構成し，展開する方法を教えます。はじめから長い文章を書くことが得意な人は少ないのですが，ちゃんとした長い文章を書く技術を身につけてほしいと思います。

5.1　言葉を知る

　日本語で書かれた文にはいろいろな種類の文字が使われています。ひらがな，カタカナ，漢字，数字（アラビア数字・ローマ数字），アルファベットなどです。これは他の言語で書かれた文にはあまりない特徴です。
　また，言葉自体もいろいろな種類が混じっているのが日本語の文の特徴です。大きく分ければ，やまと言葉，漢語，外来語などの種類があります。

5.1.1　やまと言葉

　やまと言葉とは大陸から漢字が伝わる前からあった日本固有の言葉のことです。漢字で表現されること（それが訓読みです）もありますが，それは漢字が伝わった後に，対応する意味をもつ漢字を当てはめたものです。この文章の中

でいえば「つたわる」「あてはめる」はやまと言葉です。

　やまと言葉は，特徴としてひらがなが混じることやひらがなだけで表記されることが多いため，やわらかでやさしい感じを与えます。ひらがなだけで表記した場合には，区切りが目立たなくなり，言葉の印象は強くはありません。

5.1.2　漢　　語

　漢語とは音読みで読まれ，漢字で表記される言葉です。2文字以上で1つの言葉になっていることが多いです。たとえば，「理解」や「表現」は漢語です。もともと現在の中国がある地域で使われていた言葉が使われている場合と，日本で新しくつくられた場合があります。日本でつくられたものを和製漢語とよぶことがあります。

　とくに明治時代以降，外国から多くの言葉を取り入れた時期に，外国語を翻訳した多くの漢語の訳語がつくられました。こうした訳語は何もないところから作り上げた新造語と，仏典や中国の古典などで使われていた言葉を借用した転用語があります。江戸時代から明治時代にかけて活躍した思想家の西 周はこうした訳語を多くつくった一人で，「心理学」「哲学」「科学」など現在使われている多くの思想や科学，学問の言葉の多くは彼がつくったものです。

　漢語の特徴は，言葉の持つ意味の重要性が高いため，文の意味の中で中心的内容を示すことが多いことです。そのため漢語だけを拾い読みしていっただけで，文章のだいたいの意味が分かります。また，抽象的であったり，難解な印象があることも多く，やや固い感じを与えることもあります。

5.1.3　外　来　語

　外来語とは漢語以外の外国から入ってきた言葉です。訳語ではなく，元の言葉の発音をそのままカタカナで表記することが多い言葉です。たとえば「ミルク」「パーソナリティ」「コンプライアンス」が外来語です。ただし，ironがアイロンになったように，元の言葉とは意味も発音もずれてしまっている外来語もあります。

　外来語の特徴は，カタカナで書かれることが多いことから，文章の中でよく

目立つことです。意味も重要なことが多く，漢語と同様に文の中心的内容を持つことが多くあります。また，新しい外国語でまだ定着した訳語がない場合でも，そのまま発音を書くことで，どんな言葉でも日本語で表記ができます。定着した訳語があっても，専門的に使用する際には意味にずれができてしまう場合に，元の言葉のままの外来語で表記することもあります。たとえば personality には性格，人格という定着した訳語がありますが，心理学の用語として使うためにはどちらの意味も含み，さらに個性など別の意味も含むので，パーソナリティという外来語が使われることが多いです。

一方で，カタカナで書かれた外来語は，一つひとつの文字が意味を持つ漢字のように文字自体から意味を推測することができないので，その言葉を知らない人には意味が伝わらないという問題があります。ある一定の人たちにはよく知られていても，その他の多くの人には知られていない外来語はたくさんあります［→**ボックス 16**］。そうした仲間だけでしか通じない外来語を，その仲間以外の人が読む文章で使うことはできるだけやめましょう。どうしてもその外来語が必要な場合には，その文章の中ではじめて使う部分で，必ず意味も添えて書くようにします。たとえば「精神的な強さや回復力であるレジリエンスが高い生徒は，低い生徒よりも……」のように書きます。

こうした各言葉の種類の特徴をよく知り，特徴を意識して言葉を選ぶことが良い文章を書くために必要です。また，学問の文章の中には，日常的にはあまり使われない言葉や，同じような意味で使われているが厳密に言えば意味の違う言葉が使われることがあります［→**ボックス 17**］。そうした言葉を意識し，意味や使い分けに自信がない場合にはすぐに辞書で調べる習慣をつけることも大切です。

ボックス 16　ジャーゴン

「昨日から急に円安が進んだ。私のスキームはテクニカルなので，チャートだけに注目してポジションした。2 時間かけて先日のナンピンの分を含んで利益を上げた。」

これは外貨（為替）取引について書いた文です。「ナンピン」以外の言葉は知

っていると思いますが，文の意味はわかったでしょうか。ここで使われているカタカナ語の多くは仲間内だけでしか通じない言葉です。言葉が本来の意味とは違う意味で使われていることもあります。そうした仲間内専用の言葉はジャーゴンといわれます。

ちなみにこの文章を一般の人でもわかる言葉で書けばこうなります。

「昨日から急にドルに対する円の取引価格が上がった。私の外貨取引の方針は，取引価格の変動の理由を考えるのではなく，変動のパターンだけを判断基準にすることなので，外貨価格変動のグラフだけに注目して売り買いを行った。2時間の売り買いで先日の追加購入による平均購入価格の調整をした分を含めて利益を上げた。」

このように，ジャーゴンを使用すると仲間内向けには短く簡潔な文を書くことができるのですが，仲間以外には通じない文になってしまいます。よく知られていないカタカナ語の中でも，とくにジャーゴンは使わないように心がけましょう。

ボックス17　見慣れない言葉，違いがわかりにくい言葉

日常会話やふつうの文章ではあまり見かけませんが，学問の文章の中にはよく使われる言葉というものがあります。たとえば，逓減，漸近，弾性，平衡というような言葉があります。意味どころか読み方もわかりにくいかもしれませんが，以下のような意味です。

- **逓減**：しだいに減っていくこと

漸減も同じような意味ですが，逓減は他の要素の変化とともに変化し，漸減は時間の経緯に従ってというニュアンスがあるかもしれません。効用が逓減する，人口が漸減するといいます。効用逓減とは，何かの使用を続けていると，だんだん，一つひとつのありがたみが少なくなることです。人口漸減とは人口が時代とともに減ることです。

- **漸近**：少しずつ別のものの性質に近づくこと

いつまでも完全に同じにはならないという意味も含まれることが多いです。数学では曲線の関数に対する直線の関数を漸近線ということが多いですが，社会科学では曲線を示す関数のほうが直線に近づいていくという意味で使うことのほうが多いです。

- **弾性**：関係する2つの要素の変化率の比のこと

弾力性ともいいます。物理学では反発する性質のことですが，ここでは経済学の用語としての弾性のことです。AとBを，関係する2つの要素のそれぞれの変化率（変化の具体的な量ではなく，％などの率です）とすると，AとBの比

というのは $\frac{A}{B}$ ですので $B=1$ とすれば，B が 1 変化したときの A の変化の量のことになります。たとえば，税率と購買量には反比例するような関係がありますが，変化の関係は品物の種類によって変わります。もしも，弾性（の絶対値）が 1 より大きい場合には，増税すると売上げがすごく減るので，税金による総収入はむしろ減ります。しかし，弾性（の絶対値）が 1 より小さい場合には，増税すれば税金による総収入は増えます。したがって，弾性が大きいものよりも，小さいものの税金を上げることが，税収を増加させるためには効果的です。これが，酒やたばこに対する税金が高い一つの理由です。

- **平衡**：さまざまな状態をとることが可能なシステムが，変化しないで一定の状態にとどまっていること

たとえば，温度を一定に保った部屋に置かれたモノの温度は，ほうっておけば部屋の温度に近づき，その後一定の温度で平衡状態になり，変化しなくなります（熱力学の第 2 法則）。このように，いろいろな力や作用，効果が働いているけれども，それらがある種のバランス状態に達して，一定の状況にとどまっていることを平衡といいます。

また，同じような言葉で，言葉そのものは知っているものの，正確な意味の違いがわかりにくい言葉というものもあります。たとえば，平等と公平という言葉があります。同じような言葉で，日常会話ではどちらを使っても問題はないでしょう。しかし，正確な意味は違うのです。

- **平等**（equality）：同じようにすること

すべてが同じという意味です。平等な分配とは，すべての人が同じ量をもらうということです。（厳密に言えば，平等な分配は結果の平等でのことです。機会や手段の平等の場合には結果は平等にならないかもしれません。）

- **公平**（equity/fairness）：適切に行うこと，行われていること/何かの基準に基づいて精確に（正しく精度よく）行うこと，行われていること

たとえば公平な分配の一つでは，2 倍貢献した人は，ふつう（平均・1 倍）に貢献した人の 2 倍の量をもらいます。別の公平な分配では，2 倍必要な人は 2 倍もらいます。

平等と公平はどちらも望ましい目標です。しかし，何が公平，つまりなにが「適切なのか」に関してはいろいろな考えがあります。「2 倍貢献した人が 2 倍もらう」を公平と考えるならば，もらえる量は人によって変わることが公平と考えているということです。一方で「2 倍必要な人は 2 倍もらう」を公平と考える場

合には，もらった後の結果を平等にすることを公平と考えていることになります。

このように公平に関しては，いろいろな価値観があります（公平や社会的正義に関してくわしいことを知りたい人は『正義論』という本を読んでみるのもいいかもしれません [→**引用** [15]]。これも読み終えることができれば，自信がつき自慢していいような厚い本です）。したがって，そうした価値観が問題になっている場合にはどんな意味で使用しているのかがよく伝わるように説明をすることが必要になることもあります。

見慣れない言葉や正確な意味がわからない言葉に出会ったときには，そのままにしないで，すぐに意味や使い方を調べることが必要です。

5.2 文を書く

この本では一つの文を「文」とし，複数の文が集まって構成されたものを「文章」としています。ここではまず文章を構成する一つひとつの文の書き方について説明していきましょう。

5.2.1 だ・である調とです・ます調

日本語の文の書き方には，主に文末に使う言葉が違ういくつかのスタイルがあります。その中でも，現在使われている文のほとんどは常体と敬体のどちらかで書かれています。

常体とは文末に「だ」や「である」が使われる文です。そのため「だ・である調」といわれます。文末だけではなく文の途中でも内容のまとまりをつけるときの最後の言葉にも「で」や「だが」などが使われます。文中の動詞や形容詞もふつうに活用したままで使うことができますので，文のスタイルに気をつかう必要はあまりありません。

だ・である調の文は内容を簡潔に伝達していくようなスタイルです。現在の日本語の文章の多くはこのスタイルで書かれています。新聞雑誌，小説などの多くはだ・である調で書かれていますし，学術的な本や論文のほぼすべてもだ・である調で書かれています。

敬体は文末を「です」や「ます」で終える文です。「です・ます調」といわれます。文の途中では「であり」や「ですが」などが使われます。また、その他の文中の言葉も適当に変化させる必要があります。

です・ます調の文は目の前の読者に語りかけるようなスタイルです。読者に語りかけていますから、全体に丁寧な書き方になります。子ども向けの本や入門書、あるいはエッセイなどでよく見かける文のスタイルです。また、友達へのメールはだいたいこのスタイルで書きますね。

です・ます調の中にも丁寧さのレベルが違うものがあり、とても丁寧で、まるで敬語で話しかけるような文から、文末だけが「です・ます」になっているだけのようなものもあります。

この本は、入門書であり、読者のみなさんに伝えたいという意識で書かれていますので、です・ます調で書きました。ですが、内容を簡潔に、正確に伝えたいという気持ちもありましたので、です・ます調としてはそれほど丁寧ではないスタイルになっています。

1つの文章の中では、基本的にすべての文のスタイルを統一します。また、です・ます調であれば丁寧さのレベルもそろえるように心がけます。もっとも、高度な文章技術として、「です」「ます」という同じ文末が続くことの単調さを避けるために、敬体の中に少しだけ常体を混ぜたりすることがありますが、それはまだ気にすることはありません。みなさんはできるだけ統一することを心がけましょう。同じように過去の出来事を記述している過去形の文章の中に、少しだけ現在形を加えるという技もありますが、これもまだ気にしなくていいでしょう。

5.2.2　書き言葉と話し言葉

ちゃんとした文を書く場合、ふさわしい言葉とふさわしくない言葉があります。ちゃんとした文というのは正式の文ということであり、不特定多数の人に読んでもらうための文を意味しています。不特定多数の人とは、友達や家族、恋人のように決まった相手以外という意味です。たとえば、感想文、レポート、論文などがちゃんとした文です。ちゃんとした文は書き言葉で書かれる必要が

あります。書き言葉とは会話ではなく，文章のための言葉という意味です。

とくに話し言葉の中には，書き言葉としてはふさわしくない言葉や表現があります。話し言葉とは，日常会話に使っている言葉です。友だち同士のメールなどでは，いつも話をしているそのままの文を書くことが多いと思いますが，その中にはちゃんとした書き言葉にはふさわしくない言葉や表現があります。ちゃんとした文は書き言葉で書くということをよく意識してください。

たとえば，文のあたまを「が，」「で，」ではじめる文を時々見かけますが，これは話し言葉でしょう。「が，」は「ですが」あるいはせめて「だが」にすべきです。「で，」も「それなので」や「したがって」とすべきです。書き言葉として不適切であり，さらに1文字で1つの言葉というのは見た目のバランスも悪いでしょう。

5.2.3 漢字の使い方

ワープロで文を書くと漢字が増えます。どんな難しい漢字でもコンピュータが変換してくれるからです。時々，自分で読めない漢字でも書いてしまうことすらあります。「ざんねんながら」と書いて変換キーを押すと「残念乍ら」とでてきたりします。しかし，明治時代ではないのですから，基本的に「ながら」にこんな漢字を使うことはやめておきましょう。「所謂(いわゆる)」「所詮(しょせん)」「所為(せい)」なども使いません。「有難う(ありがと)御座(ござ)います」もやめましょう。

また，当て字，つまり誰かが間に合わせにつくった，正式とはいえない言葉も使わないように心がけましょう。「珈琲(コーヒー)」や「米粉(ビーフン)」などは読める人も多いでしょうが，「阿利布(オリーブ)」や「狼狽(うろた)える」などはどのくらいの人が読めるのでしょうか。クイズ番組に出てくる難読漢字はこんなものばかりですが，今，文を書く場合には実用性のない当て字です。また中国語を使っていることもありますが，正しい意味で使われているとは限りません。一般的ではない漢字を使うことはやめるのが原則です。

さらにいえば，漢字は大事な言葉，とくに文の中で重要な意味を持つ名詞，動詞，形容詞・形容動詞にだけ使うようにするのがいいかもしれません。たとえば「こんな事」「そんな物」「やって見る」「した時には」「する様にしよう」

などは「こんなこと」「そんなもの」「やってみる」「したときには」「するようにしよう」と書くほうが，とくに文中に漢字が多すぎるときにはいいかもしれません．つまり，漢字を使わなくとも違和感のない言葉はひらがなで書くことを考えるということです．違う言い方をすれば，その文の漢字だけを読んでだいたいの意味が通じるならば，残りはひらがなで書いておけばいいということです．そのほうが漢字が目立つので，文の意味が理解しやすくなります．

5.2.4 カタカナの使い方

「5.1.3 外来語」で説明したように，カタカナはおもに外来語を表記（書いて示すこと）するために使います．定訳，つまり定着した訳語がない場合によく使うことになりますが，言葉によっては日本語よりも外来語のほうがよく使われており，意味もわかりやすいことがありますので，定訳があってもあえて原語をカタカナで書くこともあります．たとえば，この本の中では主題という言葉をテーマに書き換えているところがかなりあります．他にも機序はメカニズムにしました．機序とメカニズムでは，メカニズムのほうがはるかによく使われる言葉です．また文体をスタイルにしているところもあります．この場合は，文体という言葉が，①文の様式という意味と，②個人的な文の書き方という2つの意味を持ち，紛らわしいので，前者の意味のときにはスタイルを使っています．このように，意味を原語のニュアンスに限定するときにも原語のカタカナ表記が使われます．

また，カタカナは強調にも使えます．この後この本ではカカリとウケという言葉がたくさん出てきます．係りと受けのことなのですが，カタカナで表記しているのは係り受けという言葉を強調するためです．

カタカナはひらがなと漢字の文章の中でよく目立ちます．外来語を含めてカタカナの存在感をうまく使っていきましょう．

5.2.5 正しい日本語の文とは

ここからは正しい文の書き方について考えてみましょう．この本が考えている正しい日本語の文とは，意味が正確に通じる日本語のことです．文法的なこ

とはあまり考えていません。なぜならば日本語の文法はそれほど厳しいものではないからです。

　文法には，実際に使われている言語表現の中から法則を導き出すという機能と，文法により言語の使い方を規定するという機能がありますが，日本語では使い方を規定するという機能はかなり弱いものです。それは規定力がある言語と比べてみるとわかりやすいでしょう。たとえば英語の"He have book."は間違った文です。正しくは"He has a book."です。"a book"の代わりに"the book"，"books"，"the books"にしても正しい文です。

　しかし，"He have book."はちゃんと意味がわかります。とくに日本人にはよくわかるでしょう。そして，この三人称単数の変化，冠詞，単数形と複数形の正しい使用法は日本人が苦手とする点です。日本語の感覚からすれば，そこはあまりこだわる点ではないのです。しかし，その分正しい日本語とは何かを判断するのは難しいともいえます。日本語はそんな言語です。これは優劣の問題ではありません，種類の違いです［→**ボックス18**］。逆にみれば，三人称単数が意味を限定するうえで論理的に必要な理由はよくわかりません（言語学的にはわかっていますが，われわれがすぐにわからないという意味です）。また英語の単数形と複数形にも変な点はいろいろあります。たとえばfishは複数形で使うことができない不可算名詞です。熱帯魚屋さんや魚類学者はきっと不便でしょうね（実際には必要な場合にはfishesは使います。使わないと困るからでしょう）。そういう意味では，自然に発達したどんな言語にもいろいろ不思議な点や不便な点があるのです［→**本24**］。

　したがって，日本語の文に必要なことは，文法的に正しい文であるということよりも，意味が正確に通じる文であることです。そして，われわれがここでめざそうとしている文は，わかりやすく，意味を誤解されない文です。

ボックス18　**言語の種類**

　言語を構文の類似性から屈折語，膠着語，孤立語に分ける分類があります。屈折語は単語が複雑に活用され，変化することで文における文法的な役割が明確に示される言語です。活用による変化によって各単語の文法的な役割が明示されて

いるので，構文における語の順番の自由度が大きくなります。ラテン語が屈折語の典型だといわれます。

　膠着語とは単語の前後にその単語の文法的な役割を示す部品（接頭辞，接尾辞）をつける言語です。この場合も前後に部品がついた単語は文法的な意味を示しているので，語順の自由度は大きくなります。日本語は膠着語です。日本語の場合には単語の後ろに助詞がついて，その単語の文法的な意味を示します。

　孤立語とは単語が活用変化しない語です。各単語には文法的な役割を示す情報がありませんので，語順によって文法的な意味を示します。したがって構文の制約が厳密になります。中国語が典型例です。英語は屈折語的な要素が残っている孤立語といわれます。たとえば，固有名詞は活用変化されません。代名詞は主格と目的格で変化するもの（I と me）もありますが，変化しないもの（you と you）もあります。もっとも，多くの言語が完全にはこの分類には当てはまりません。それぞれすべての性質を持っていることが多いのですが，どの性質が強いかということになります。

本24　『言語を生み出す本能』

　『言語を生み出す本能』は実験言語心理学者のスティーブン・ピンカーによる言語に関する一般向けの啓蒙書，科学的なエッセイです。ピンカーは「生成文法」を強く支持しています。生成文法とは言語学者，ノーム・チョムスキーの提唱した，人間には言語の使用と理解に関する生まれつき備わっている基本的な能力があるという理論です。生成文法の理論は言語学的な意味だけではなく，目に見えている現象の背後に隠れた構造が存在するということを示すことから，構造主義の成立に大きな役割を果たしています。そして，『言語を生み出す本能』は生成文法が示す能力がたしかに存在し，それは人間の能力の中に進化的に規定された多くの能力や特性を示す言語的，あるいは心の機能の構成要素（モジュール）があるということを意味する，という立場から人間の言語に関わるさまざまな側面をエッセイ風に紹介しています。

　文法構文，発話，言語の理解や発達，心的言語（心の中の言葉），言語の種類，言語を生み出す脳の機能，進化心理学的視点，「正しい文法」とは何かなど，多様なテーマをわかりやすい語り口で紹介していますが，中身は最新の科学的知見と認識に基づいた高度なものです。手話ができるチンパンジーの話はうそであった，など興味深い話題も豊富です。また，人間の発達における「生まれと育ち」の問題と生物学的決定論の関係など，心理学を学ぶ者にとって正確に理解しなければいけない社会的な問題などについてのわかりやすい解説もあります。とくに

言語に関しての心の問題，言語心理学に興味がある人にはお勧めします。

Pinker, S.（1994）. *The language instinct : How the mind creates language.* New York, NY, USA : William Morrow.
（ピンカー，S. 椋田直子（訳）（1995）. 言語を生み出す本能（上・下） NHKブックス）

5.2.6　カカリウケの重要性

　上に書いたように日本語は文法の規定力が低めの言語です。文法というよりも，おもに書かれている内容や文中に使われている単語が文の良し悪しを決めることになります。ですので，それほど文法的に正しい構文，つまり文法的に規定される文の構造というものを意識することはあまりありません。日本語の文章の構文という点では，カカリ（係り）とウケ（受け）の関係を正しく行うことが大切です。

　カカリ（係り）とは文の中の主部を指します。主部とは英語で言えば主語のようなもので，英語では1文に1つしかないものですが，主部はたくさんあることもあります。くわしくは後ほど説明します。ウケ（受け）とは文の中の述部を指します。主部を修飾する，つまり説明するところです。

　たとえば「私は歩いている」という文では，「私は」がカカリで「歩いている」がウケです。このカカリ部分とウケ部分がちゃんと対応していることが，正しい，あるいは正しいと感じさせる日本語を書くうえでとても重要です。もちろんこんな短い文章で対応させることは簡単です。しかし次のような文章を読んでみてください。

「私がここで言いたいことは，日本語の構文においては文法の規定力が強くないために，カカリとウケの構造を意識することが正しいと感じさせる日本語を書くために大切になっている。」

　どうでしょうか。なんとなく意味はわかるような気はするけれども，違和感を感じませんか。そうです，この文は間違っています。文頭にある〈私がここで言いたいことは〉というカカリに対して，文末にあるウケが〈大切になって

いる〉になっています。これを結ぶと「私がここで言いたいことは大切になっている」となり，おかしな意味の文になってしまいます。カカリとウケが対応していないのです。ウケをカカリに対応するように正しく修正すれば次のような文になります。

「私がここで言いたいことは，日本語の構文においては文法の規定力が強くないために，カカリとウケの構造を意識することが，正しいと感じさせる日本語を書くために大切になっているということである。」

この文の頭のカカリとウケは「私がここで言いたいことは……ことである」ですので，正しく対応していることがわかります。このように，長い文章ではうっかりすると，カカリとウケが対応しなくなってしまうことがあるのです。それではカカリとウケを正しく対応させるために，カカリとウケのルールを考えてみましょう。

5.2.7　カカリウケの基本ルール

カカリとウケの対応を正しく行うために，覚えておいてほしいカカリウケ関係の基本ルールを6つ紹介してみましょう。

1. すべてのカカリにはウケが必要である

カカリは必ずウケる必要があります。そしてウケはカカリに，内容的にも用語的にも対応させます。ここでの例ではウケは動詞形ですが，カカリウケの関係は英語のように主語と動詞の関係に必ずなるわけではありません。内容的に用語的にそこで示したい意味を完結させる対応になります。

構造：〈カカリ〉→〈ウケ〉
例文：「私は走る」
分析：〈私は〉→〈走る〉

2. カカリとウケの対は繰り返して，つなげることができる

カカリウケの関係は一度成立すれば，その後にまたカカリウケをはじめることができます。

　　　　　　構造：〈カカリ〉→〈ウケ〉＋〈カカリ〉→〈ウケ〉
　　　　　　例文：「私は走り，彼女は歩いた」
　　　　　　分析：〈私は〉→〈走り〉＋〈彼女は〉→〈歩いた〉

3. カカリとウケの対は全体でカカリになり新しいウケと対になることができる

　カカリウケが一度成立すると，今度はその対全体がカカリになることができます。下の例文で「思った」のは彼女ではなく私です。この文だけでは意味がはっきりしませんが，前の文をうけてこうした文はよく書かれます。しかし，文型的には例外的なもので，むしろ 6. の前のカカリが省略された形と考えるほうがいいのかもしれません。

　　　　　　構造：〈〈カカリ〉　→　〈ウケ〉〉→〈ウケ〉
　　　　　　　　　　　　　カ　カ　リ
　　　　　　例文：「彼女は本が読みたいのだと思った」
　　　　　　分析：〈〈彼女は〉→〈本が読みたいのだと〉〉→〈思った〉

4. カカリとウケの対は全体でウケになり新しいカカリと対になることができる

　3. と同じように，カカリウケが一度成立すると，その対全体がウケになることができます。

　　　　　　構造：〈カカリ〉→〈〈カカリ〉　→　〈ウケ〉〉
　　　　　　　　　　　　　　　　　　　　　　ウ　ケ
　　　　　　例文：「私は本を読む」
　　　　　　分析：「〈私は〉→〈〈本を〉→〈読む〉〉

5. 2つ以上のカカリに1つのウケが対応できる

　日本語の文では主語の役割をする語が複数あることがある，といわれることがあります。たとえば「象は鼻が長い」という文では，「象」も「鼻」も主語の働きをしていると説明されます［→引用［16］］。この構造は 4. の構造と区別しにくいこともありますが，カカリ部分が長かったり，あるいは 3. で説明したようにカカリの中にカカリウケ関係がある場合などでは，4. の形として考えるよりも，ここでの形として考えたほうが理解しやすいので，4. とは別の形として説明しておきます。

　　　　　　　　　　5.2　文を書く　　　　　　　　　　175

　　　　　　　　　　〈カカリ〉
　　　　　構造：　　　　　　↘
　　　　　　　　　　　　　　　〈ウケ〉
　　　　　　　　　　　　　　↗
　　　　　　　　　　〈カカリ〉

　　　　　例文：「私は彼と走っていた」

　　　　　　　　　　〈私は〉
　　　　　　　　　　　　　　↘
　　　　　分析：　　　　　　　〈走っていた〉
　　　　　　　　　　　　　　↗
　　　　　　　　　　〈彼と〉

6. 2つ以上のカカリとウケの対は入れ子にすることができる

　対応するカカリとウケの間に，別のカカリウケを入れることができます。二重だけではなく，三重以上にすることもできますが，理解しにくくなるので二重までにしましょう。こうしたある構造が別の構造を取り込むことを入れ子構造といいます。他の国の言葉，つまり自然言語にもある構造ですが，プログラム言語でも非常に多用される構造（ネスト構造）です。

　　　　　構造：〈カカリ〉―（〈カカリ〉→〈ウケ〉）→〈ウケ〉
　　　　　例文：「私は彼女が走りたいのだと思った」
　　　　　分析：〈私は〉―（〈彼女が〉→〈走りたいのだと〉）→〈思った〉

5.2.8　カカリウケの注意点

　ここまで説明してきたような基本ルールに従って，文を書くときには少なくともカカリウケの対応を間違えないことが大切です。ここでは，さらにカカリウケに関係する誤解されやすい文を避けるための注意点を指摘しておきます。

1. カカリを間違ったウケに対応されてしまうことがないようにする

　日本語の文章を読んでいるときには，文中にカカリを見つけるとウケを探します。英文を読む場合に，まず主語と動詞の関係を探すようなものです。そして，カカリをウケられそうな言葉に出会うとそこをウケとして読んでしまうことがあります。とくに文の中の近い位置にあるとカカリウケとして読んでしまうことが多くなります。

　たとえば次の文章を読んでみてください。

「私はおしゃべりで楽しい人が好きだ」

この文章は2通りの意味で読めます。

(a) 〈私はおしゃべりで〉〈楽しい人が好きだ〉
(b) 〈私は〉〈おしゃべりで楽しい人が好きだ〉

　もしも (b) の意味で書いていたとしても，(a) の意味で読まれることがあります。それは，文の中で〈私は〉というカカリを読んでウケを待っているときに，ちょうど意味的にもよくつながる〈おしゃべり〉という言葉が次にでてくるからです。

　こうした混乱を避けるために，単語の順番や表現を工夫(くふう)して，対応しないカカリとウケがくっつかないようにします。逆に，対応するカカリウケはなるべく近くに置きましょう。またカカリとウケはなるべく交互に置くことも効果的です。カカリウケは入れ子になることはできますが，カカリがすでに次のカカリとカカリウケになっている以外のウケをとばして次のウケと対応することはできないからです。

　たとえば，(a) と (b) の意味で混乱されないためには次のように書くことができます。

(a)「おしゃべりな私は楽しい人が好きだ」
(b)「おしゃべりで楽しい人が私は好きだ」

　これならば，2通りの意味に読まれることはないでしょう。

2. 否定文で2つ以上のカカリを1つのウケに対応させるときに，何が否定されているのかを限定する

　すでに説明したように2つ以上のカカリに1つのウケが対応できますが，この文型では否定形に注意が必要です。次の文章を読んでみてください。

「私は彼のように足が速くない」

　いったい彼は足が速いのでしょうか，速くないのでしょうか。この文は次のような2つの意味で読むことができます。

(a) 〈私は〉〈彼のように足が速くない〉：私も彼も遅い
(b) 〈私は〉〈彼のように(は)〉〈足が速くない〉：私は遅いが彼は速い

　この形の意味のあいまいな文にはよくお目にかかります。このような意味の

あいまいさを避けることが必要です。これも語順を変えたり，あるいは表現を調整して，間違ったカカリウケ関係が起こらないようにします。

こうした点に従って，この文も(a)と(b)の意味で混乱されないように書き直してみましょう。
(a) 「彼のように私は足が速くない」
(b) 「私は彼のようには足が速くない」

これであれば，意図どおりの意味になるでしょう。わかりやすく，意味を誤解されない文を書くためにはカカリウケを強く意識することが必要なのです。この「カカリウケの重要性」と次に説明する「テンの使い方」に関しては本多勝一著『日本語の作文技術』[→**引用** [17]]もとても参考になります。この本からは私もたくさん勉強させていただきました。

5.2.9　テンの使い方

わかりやすく，意味を誤解されない文を書くためには読点の使い方を意識することも必要です。

文中に使われるテンが読点です。マルは句点といいます。この本で使っているのは「，」と「。」で，横書きの教科書や学術書・専門書でよく使われる組合せです。テンには縦書きで使われる「、」も使われます。マルには横書きで使われることが多い「．」もあります。

このテンとマルのすべての組合せが使えますが，一般的には縦書きは「、」と「。」，横書きには「，」と「。」あるいは「、」と「。」の組合せが使われます。どの組合せを使ってもかまいませんが，同じ文章の中では一定にする必要があります。ワープロを使って書く場合には，あらかじめ設定しておきます。

マルの使い方は文の終わりにつけるだけですので，気をつけることは何もありません。しかしテンは使い方によって，文のわかりやすさやあいまいさが変わります。テンの基本は，カカリウケを正しく読むことを助けるように使うということです。そのため，正しいカカリとウケの対応を分割するようなテンを打ってはいけません。先ほど使った文，「私はおしゃべりで楽しい人が好きだ」をもう一度使ってみましょう。この文は次の2つの意味で読めました。

(a) 〈私はおしゃべりで〉〈楽しい人が好きだ〉
(b) 〈私は〉〈おしゃべりで楽しい人が好きだ〉

　このあいまいさをなくす一つの方法は，語順や表現を修正することでした。先ほどは次のように修正しました。
(a) 「おしゃべりな私は楽しい人が好きだ」
(b) 「おしゃべりで楽しい人が私は好きだ」

　しかし，テンを使ってあいまいさを減らすこともできます。それは上で〈　〉で囲っていた部分をテンで区切ればいいのです。
(a) 「私はおしゃべりで，楽しい人が好きだ」
(b) 「私は，おしゃべりで楽しい人が好きだ」

　このように，①正しいカカリウケの対応の間にはテンを打たない，②正しくないカカリウケになりそうな対応の間にはテンを打つ，というのがテンの使い方の原則の一つです。

　また，テンには読みやすさを高める役割もあります。次の文を読んでみてください。とくにあいまいさはありませんが，やや長いので読みにくいかもしれません。
「文のあいまいさを減らすためにカカリウケを正確に対応させることと読点の位置に気をつけることが何よりも必要になる。」
　こうした文にはやはり文中にテンがあったほうがいいでしょう。
「文のあいまいさを減らすために，カカリウケを正確に対応させることと，読点の位置に気をつけることが何よりも必要になる。」
　この文では〈文のあいまいさを減らすために〉〈カカリウケを正確に対応させることと〉〈読点の位置に気をつけることが〉の3つのカカリが〈何よりも必要になる〉という1つのウケに対応しています。そして，各カカリの中にもカカリウケ関係があります。このように，2つ以上のカカリが1つのウケに対応しており，各カカリの中にさらにカカリウケがある場合には，カカリウケを持つ長いカカリの間にテンを打つとわかりやすくなります。

　このようにテンはカカリウケを意識して，文のわかりやすさを助け，あいまいさを減らすように使うことが原則です。こうした原則に従わないテンは文を

読みにくく，あいまいにしてしまうことがあります．とくにワープロを使って文を書く場合には，つい漢字変換のタイミングでテンを打ってしまいがちですので注意しましょう．書き終えた文は必ず見直し，不要なテンをとる習慣をつけるといいでしょう．私もできるだけ心がけています．なかなか難しいのですが，お互いがんばりましょう．

5.2.10 文の長さ

ところでわかりやすい文は読みやすい文のことではありません．つまり短い文は読みやすい文ですが，ここで目的にしているわかりやすい文であるとは限らないのです．

文は短いほうがいいという教えがあります．そして長くなってしまった文は，どこかで2つ以上の文に分けましょうといわれます．たとえば新聞記事の文章はとても単語数の少ない短い文がならんでいます．たしかに読みやすい文章でしょう．しかし，あのスタイルでどんな内容でも書けるわけではないのです．あいまいさのない論理的な文章を書くためには，あのスタイルでは難しいことが多いのです．たとえば，プログラム言語でプログラムを書くことを想像してみてください．時には非常に長い文，ステートメントが必要になることがあります．それは，論理的な制約や条件，判断，処理を正確に記述するために必要だからです．日本語でも同じことです．複雑な内容を正確に伝えるには必然的に文が長くなることがあるのです．そうした文をどこかで分割することは，意味をあいまいにしてしまうことになりかねません．

文は長くなってもかまわないのです．長くなるのがいけないのではなく，長くなると含まれる情報の量が多くなるだけではなく，カカリウケの構造が複雑になって理解が難しくなるのが問題なのです．また，正しいカカリウケ以外で読まれる文やカカリウケがそもそも正しく対応していない文を書くと，意味があいまいになったり，意味が間違って理解されたりすることが問題なのです．

したがって，長い文を書かないようにするのではなく，長くともあいまいさがなく，正しくわかる文を書くことを目標にしましょう．そのためには，カカリウケや読点の位置によく注意を払って文を書きましょう．長い文を正確に扱

えることが，この本が望ましいと考えている，論理的に考え，そして表現をすることができる人の持つべき技術です．

5.2.11　あなたの考えたこととそれ以外のこと

　文を書くときにもう一つ大切なことがあります．書かれていることが，それはあなたが考えたことなのか，それ以外のことなのかをはっきりと区別できるようにすることです．

　あなたが考えたことには，あなたの意見，主張，解釈，あるいは論理的な説得である論証，考証などが含まれます．これは主観的なものであり，あなたが変えることができることです．それ以外のこととは，あなたの考えたこと以外のすべてです．事実や法則などもそうですし，他人の意見，主張，考察，論証，既存の知識や理論，数値データや実験・観察結果などもすべてそれ以外のことです．それはすでにある客観的な存在であり，あなたがかってに変えることができないことです．このように，書き手が自由に書くことができる主観的な内容と，書き手が変えることができない客観的な内容が区別できるように，あなたの考えたこととそれ以外のことははっきりと区別される必要があります．

　さらに，あなたの考えたことには，あなたは発表者の権利を持つことができます．それはあなたの功績であり成果になることがあります．一方で，あなたはあなたが考えたことの内容に対して責任も負っています．あなたの考えが間違っていたり，迷惑をかけた場合には，あなたの責任なのです．そして，他者の考えには，それを考えた人の権利があります．それを自分の考えのように書いてしまえば，その他者の権利を盗んでしまうことになります．このように，書かれている内容に対する権利と責任を持っているのが誰なのかがわかるように，あなたが考えたことなのか，それ以外のことなのかを区別する必要があります．

　他人の考えを自分のもののように書くことを盗用（とうよう），あるいはもっと難しい言葉では剽窃（ひょうせつ）といいます．これは，とくに学生を含めて大学や学術に関わる人間はけっしてしてはいけないことです．盗用をしたことがわかった場合には，とても重い罰を受けることになります．

自分の考えたこととそれ以外のことを区別するためには，まず書き方，表現を変える必要があります。自分で考えたことであれば「私の考えでは……」「私の解釈では……」「……と思う/と思います」「……だろう/でしょう」「……となる/となります」。また，「したがって」「つまり」「だが」「一方で（他方で）」などの論旨を展開する言葉も，自分の考えであることを示すことができます。

自分で考えたこと以外のことでは，事実であれば「……いる」「……である/でしょう」のような書き方がされますし，他者が考えたことであれば「……といわれている/います」「……ということが知られている/います」「……ということが示されている/います」などの表現が使われます。誰の考えなのか，誰が言ったことなのかわかっている場合には，名前を付け加え「A（他者の名前）は……と述べている/います」「Aが示唆していることは……」のような表現をするようにしていきましょう。

自分で考えたこと以外のことの中で，とくに本や雑誌などに書かれていることについて書く場合には「引用」という方式で書くことが必要です。それはそこに書いた内容が，もともとは誰によって，どの本や雑誌に書かれたものであるのかをちゃんと説明するということです。それはもともとの著者の権利を守ることですし，またその内容に興味を持った読者に対して，もともと書かれたものを見つけるための情報を提供するということでもあります。

引用にはいろいろな形式があります。この本で用いているように，文中に[**番号**]を示し，本の最後に番号ごとに引用された出所（出典）の情報をまとめて示す方法もその一つです。心理学の本や論文では文中に人名と本や論文の発行年（例：（羽生，2015））を示して，最後に出典の情報をまとめて示す方法がよく使われます。どんな方法を使う場合でも，ルールがありますので，正確な引用ができるようになる努力をしてください。

5.3 文章を構成する

文章といってもいろいろなタイプがあり，それぞれ構成の形に関しては違い

があります。小説やエッセイなどは決まった構成があまりありませんので自由に書けばいいでしょう。ここでは構成がある程度決まっている文章として①要約型，②批評型，③報告型，④論証型の4つの文章のタイプを紹介し，それぞれの型の構成を考えてみましょう。

5.3.1　要約型の文章の構成

　本1冊の内容をまとめるというようなことが要約型の文章です。1冊ではなく，特定の章やページをまとめることもあります。また，1冊ではなく数冊ということもあるかもしれません。課題としては「教科書・参考図書の内容を3,000字程度で要約しなさい」「課題図書の内容を3ページ以内でまとめなさい」のようになります。本ではなく論文をまとめる課題もゼミや少人数の授業では求められることがあります。

　要約型の文章の構成の基本は，まとめるべき対象の構成に従うことです。章があれば，その章の構成通りにまとめていきます。ただし，節よりも細かい構成に関しては，書くべきページ数とのバランスで考えてください。数ページの文章を書くのに，1冊の本の節まで構成に従っては，文章を書くスペースがほとんどなくなってしまうかもしれません。

　文章に関しては，まとめる対象に使われているキーワードや重要な概念，主張が伝わるように書いていきます。そのとき本に書かれていた文章から抜き書きをするのではなく，自分の言葉で書いていくことが必要です。それは「5.2.11　あなたの考えたこととそれ以外のこと」で説明した剽窃(ひょうせつ)をしないためにも大切ですし，また限られたページ数の中で多くの内容を幅広く要約するためにも必要になります。1冊の本を要約するのに，元の文を抜き出して，すべてを引用していては，ページがどんどん増えてしまいます。

　論文をまとめるときにも，その論文の構成と同じ構成にします。多くの論文にはすでにアブストラクトといわれる要約が付いていますので，それも参考にしましょう。しかし，それをそのまま写してはいけません。

　要約の課題では，要約に加えて感想を求められることもあります。この場合の感想とは「面白かった」「難しかった」というような感情を書けといってい

るのではありません。意見を求められているのです。「同意する」「納得できない」「この部分には同意できるが，ここには同意できない」などの賛否の態度を示したり，「論旨が間違っている」「この部分はおかしい」「ここの記述とここの記述は矛盾している」などの批判的な指摘をしてください。そのときに具体的な該当箇所を示すことも忘れないようにしましょう。つまり「第〇章での記述によれば」「〇ページの説明は」などと該当箇所がわかるようにしてください。

感想は要約の間にはさみこんでもいいですし，要約の後にまとめてもかまいません。つまり次の2つの構成のどちらかになります。ABCは順序を示しています。つまりABCの順番に文章が展開しているということです。

構成1：はさみこみ型	構成2：まとめ型
1. 要約A	1. 要約A
2. 感想A	2. 要約B
3. 要約B	3. 要約C
4. 感想B	4. 感想A
5. 要約C	5. 感想B
6. 感想C	6. 感想C

どちらの場合でも，要約なのか感想なのかが区別できるようにすることが必要です。感想は「5.2.11 あなたの考えたこととそれ以外のこと」の「あなたの考えたこと」ですが，要約は「それ以外のこと」ですので，区別がつくようにすることが必要です。「要約」「感想」というようなタイトルをつけるのが一番簡単な方法です。

5.3.2 批評型の文章の構成

本を読んでその内容をそのまま受け入れるのではなく，内容に対して納得ができるかどうかをよく考えながら，納得ができない点を指摘し，できない理由を説明するのが批評型の文章です。つまり「3.2.1 意見の正しさとは」で紹介

したクリティカルシンキングを文章に対して行うということです。「教科書・参考書に対してあなたの考えを述べよ」「課題図書を読んであなたの考えを自由に書きなさい」という形の課題にはこの批評型の文章を書きます。この場合でも1冊ではなく、特定の章やページを対象にすることもあります。

批判型の文章を書く場合には、はじめに要約をすることが必要です。したがって、感想を付け加えた要約型の文章と批評型の文章は、実はそれほど形式に差はありません。しかし、内容的には不賛成を示したり批判的な指摘をしたときに、その理由をくわしく書くことが必要です。つまり〈批判〉→〈理由〉が必ずセットになります。

批判の理由には論理的な説得力が必要です。ただ「嫌いである」「私の意見とは違う」というのは批判の理由にはなりません。

正当な理由を持つ批判には、①内容そのものに対する絶対的な批判と、②他の対象との比較のうえで行う相対的な批判があります。

絶対的な批判はさらに a. 誤り・誤解、b. 論理展開の間違い、c. 矛盾、d. 極論時の間違い、e. 限界という理由に分類することができます。

a. 誤り・誤解

誤り・誤解とは批判対象の著者が間違ったことを書いていたり、あるいは誤った理解をしているような場合のことです。この場合には〈批判〉は誤りや誤解を指摘し、〈理由〉は誤っていることや誤解していることを指摘/説明します。

b. 論理展開の間違い

論理展開の間違いとは主張や論証の中での展開に論理的な誤りや無理がある場合のことです。「4.1 思考法」で紹介した論理的な思考法を当てはめて、間違った論理展開を見つけてみてください。この場合には〈批判〉は論理的な誤りを指摘し、〈理由〉は論理が誤っている理由と、正しく論理展開した場合の結果を示します。

c. 矛　　盾

矛盾とは文章の中で書かれている複数の内容が一致していないことです。たとえば前半部での主張と後半部の主張が一致していないようなことです。この場合には〈批判〉は矛盾する内容を指摘し、〈理由〉は矛盾していることを説

明し，さらに内容Aと内容Bが矛盾しているならば，「Aが正しいとすればBにこうなるべきで，Bが正しいならばAはこうなる」というような矛盾を解消した場合の説明を示します。

d. 極論時の間違い

極論時の間違いとは，すぐに思いつく常識的な場合や前提においては問題はありませんが，非常に極端な場合や前提で考えた場合に問題になることです。あるいはふつうに行われるときには効果的ですが，悪意を持って行われたときには危険があるというようなことも含まれます。一見説得力のある主張や意見に対して「4.3 思考実験」で紹介した思考実験をすることで，こうした極論時の間違いを見つけ出せることがあります。この場合には〈批判〉は誤りとなる場合や前提を指摘し，〈理由〉でそうした場合や前提ではどのような誤りが起こるかを説明します。

e. 限　界

限界とは主張や議論が扱える範囲が限定されていることです。ある主張や議論を当てはめることができない範囲や対象に対しても当てはめているときに批判の対象となります。また，限界がある主張や議論を過度に一般化すること，つまり実はかなり特別な場合の議論を，すべてに当てはまるように主張することも批判されます。極論時の間違いと似ていますが，違いは極論時の間違いがある状況で誤りになるのに対し，限界はある状況には当てはめることができなくなる，という点です。この場合には〈批判〉は議論や主張の限界を指摘したり，あるいは不適切な当てはめや過度の一般化を指摘します。〈理由〉は限界がある理由，あるいはなぜ不適切な当てはめなのかや，一般化ができないのかを説明します。

一方で相対的な批判とは，絶対的な批判のように内容そのものに対して批判するのではなく，他の対象との比較をしながら批判をすることです。相対的な批判は a. 劣性と b. 不整合に分類することができます。

a. 劣　性

劣性とは，その主張や議論が他の主張や意見よりも劣っているという批判で

す。「3.2.1 意見の正しさとは」で説明したように，正しい主張や議論というものは1つではありません。したがって，同じテーマや問題に対して多くの正しい主張や議論がありえますし，実際多くの場合にはすでにさまざまな議論や主張が発表されているものです。その場合には批判対象の主張や議論と，すでに発表されている主張や議論を比較し，どちらがすぐれているかを判断することができます。また，すでに発表されている主張や議論と対立したり矛盾したりすることもあります。むしろ新しい主張や議論は，それまでの主張や議論に挑戦するためにされることも多いのですから，対立や矛盾は当たり前です。しかし，すでに定評があり受け入れられている主張や議論を打ち負かすことは大変なことですから，時には無理な主張や議論になっていることもあるでしょう。

　この場合には〈批判〉は同じテーマや問題に対してすでに発表されている主張や議論の存在を指摘し，〈理由〉はすでに存在している主張や議論が批判対象の主張や議論よりもなぜすぐれているかを説明します。また，「4.1.6 対立を前向きに解消する——弁証法」で説明した弁証法を使って，対立や矛盾を解決する方法や方向性を提案することも考えてみましょう。

b. 不整合

　不整合とはその主張や議論が，そのテーマや問題に広く関係する他の主張や意見とうまくつながらないことです。その主張や議論がたとえ画期的なものであっても，すでに広く認められている既存の知識や議論の枠組みにうまく当てはまらない場合には，やはり問題があります。もちろん既存の枠組みが間違っていることもありますし，実際歴史上では，そういう間違いをくつがえす画期的な発見や理論が数多く生み出されてきました。しかし，割合からいえばそうした画期的なことはめったにありません。したがって，既存の知の枠組みと不整合な主張や議論は少なくとも批判の対象になるのです。真に正しい主張や議論は，そうした批判を退けることができますが，そうしたケースはごくごく少数です。

　この場合には〈批判〉は既存の知の枠組みとうまくつながらないことを指摘し，〈理由〉は「どのように」つながらないかを説明します。「なぜ」つながらないのかを理論的に説明し，つながるためにはどのように修正すればいいのか

を提案することができれば，〈批判〉の〈理由〉はより説得力を持ちます。

　構成については，要約の感想と同じように，批判は要約の間にはさんでもいいですし，要約の後にまとめてもかまいません。後にまとめる場合には，要約した内容の順番でならべてもかまいませんが，批判する内容の重要性でならべるほうがいいかもしれません。構成1は批判をはさみこんだ構成で，構成2は批判を重要性でならべた構成です。C，A，Bの順に重要性が高いと考えています。
　どちらの場合も，批判の直後にはその批判の理由を必ず書いてください。また，要約なのか，批判とその理由なのかが区別できるようにすることが必要です。批判とその理由は「あなたの考えたこと」で，要約は「それ以外のこと」です。

　　　　構成1：はさみこみ型　　　　構成2：まとめ重要性型
　　　　　1. 要約A　　　　　　　　　1. 要約A
　　　　　2. 批判A　　　　　　　　　2. 要約B
　　　　　3. 理由A　　　　　　　　　3. 要約C
　　　　　4. 要約B　　　　　　　　　4. 批判C
　　　　　5. 批判B　　　　　　　　　5. 理由C
　　　　　6. 理由B　　　　　　　　　6. 批判A
　　　　　7. 要約C　　　　　　　　　7. 理由A
　　　　　8. 批判C　　　　　　　　　8. 批判B
　　　　　9. 理由C　　　　　　　　　9. 理由B

5.3.3　報告型の文章の構成

　報告型の文章とは基本的にあなたが考えたことではない「それ以外のこと」だけを書く文章のことです。授業のレポート課題でいえば「〜（というテーマに）ついて調べたことを書きなさい」「〜とは何かを説明せよ」というような課題に対する文章です。一番簡単な報告型の文章の構成はただ必要な要素，つ

まり情報・事実をならべていくだけです。書式が決まっていて，必要な場所に書き入れるだけという報告書も多くあります。

報告型の文章では，あなたの意見や主張は最低限にとどめておく必要はあるものの，情報の要素をどのような構造で報告するかにはあなたの考えを使うことができます。その場合には書かれている中身（要素・情報）は客観的内容ですが，それをどのように組み立てるかは主観的なものになります。

報告書をあなたの考えを使って構成する場合には2つの代表的なアプローチがあります。1. 偵察衛星型のアプローチと2. 顕微鏡型のアプローチです。

1. 偵察衛星型のアプローチ

偵察衛星型のアプローチとは全体を俯瞰して構造を見つけることです。ここでいう俯瞰とは，高い高度から偵察衛星が地表を調べていくように全体を調べることです。つまり偵察衛星型のアプローチで書かれた報告型の文章とは，多くの報告すべき情報から，理解しやすい構造を見つけて提示する文章です。

理解しやすい構造を見つけるためには，「4.2 思考の基礎ツール」で紹介した「比較する」「リストをつくる」「順番にならべる」「構造を見つけ出す」などを使って，要素を整理します。また，図表を使うことも構造を示すためには有効です。文章と図表を組み合わせて，視覚的なイメージとして情報全体がどのような構造になっているかを伝えるようにしましょう。関係する要素・情報をなるべく多く，広く，もれなく報告するときに向いている方法です。

2. 顕微鏡型のアプローチ

顕微鏡型のアプローチとは細部を見て，くわしい内容を調べることです。関係する情報をすべて報告することが求められている場合には使いにくい方法ですが，そうでないときには1つの選択肢になります。たとえば，「～（というテーマに）ついて調べたことを書きなさい」という授業の課題には適しています。

顕微鏡型のアプローチでは，報告すべきテーマの中の小さく絞ったテーマだけをくわしく説明していきます。いろいろなことを調べ，多くの情報を準備したとしても，その中から絞ったテーマに関係のあることだけを使って文章を書きます。そして文章には1つのストーリーをつくります。顕微鏡型のアプローチで書くと，報告型の文章ではありますが，全体として新しい視点，つまりあ

なたが考えたストーリー展開を持つ文章になるということです。報告型の文章であっても，あなたの考えや創造性を発揮できる方法です。

また偵察衛星型と顕微鏡型を組み合わせる混合型のアプローチも考えられます。さまざまなアプローチを混合する方法はいろいろなよび方があります［→**ボックス19**］が，報告型の文章を書く場合の代表的な組み合わせ方は，まず簡単な偵察衛星型のアプローチで全体を俯瞰し，そのうえで顕微鏡型のアプローチで重要なストーリーを紹介するという構成になるでしょう。

ボックス19 複眼的，トライアンギュレーション，折衷主義

　この混合型のアプローチに対しては複眼的［→**引用[18]**］という言い方もあります。文学的表現としての複眼は理解できるものの，昆虫や甲殻類などの複眼と混乱するので，私はややまぎらわしい表現だと思っています。昆虫の複眼は，視野は広く，移動する対象に対する感受性が高いですが，静止物の細部に対する解像度は低い器官です。レーダーみたいなもので，どちらかというと，対象が何であるかを知るよりも，敵やエサをすばやく見つけるのに向いている目です。ですので文学的表現としての多様な視点を持つ目という意味の複眼は，昆虫の複眼とはまるで別のものです。

　視野の広さを変えるという意味とはやや違いますが，複数の方法を併用して，1つの対象を調べることをトライアンギュレーションといいます。三角測量のことですが，調査の言葉として使う場合には，まったく違う方法で調べた結果や解釈が一致することで，正しい結果や解釈をしていることを保証することを意味します。同じような意味で「無節操な折衷主義」というものもあります。無節操というのは一般的には悪い意味ですが，ここでは方法論に研究の方向を決められるのではなく，本当に調べたいことに対して方法のほうを合わせるべきだという信念がこめられています。つまり形式を重視するのではなく「実践を重視しよう，理論ではなく現場だ，使えるものは何でも使え」という意味です。

5.3.4 論証型の文章の構成

　論証型の文章とは，あるテーマに関する自分の意見を論証する文章のことです。論証というのは，自分の意見の正しさを説得することです。つまり論証型の文章では論点に対する意見を示し，論証するという構成になります。多くの文系の論文はこの構成になっています。授業のレポート課題でいえば「〜に対

するあなたの考えを書きなさい」「〜についてレポートを書きなさい」というような課題が求めている文章です。後ろの課題に対しては報告型の文章を書くこともできますが，期待されているのは論証型の文章です。

「〜に対するあなたの考えを書きなさい」「〜についてレポートを書きなさい」の「〜」には①事実や現象，あるいは②他者の意見が入ります。

事実や現象とは，たとえば「少子高齢化」「地球温暖化」「プログレッシブロックの衰退」などのことです。事実や現象に対する論証型の文章では，分析・解釈と解決策を考えることになります。「4.5 問題を解決する」で説明した〈状況・問題〉→〈分析・原因〉→〈解決法〉の手順に従って文章を構成します。

他者の意見とは主張，意見，議論，理論などです。この場合には構成は単純に〈論点〉→〈意見〉→〈論証〉です。まず，あなたの意見は基本的には賛成するか反対するかです。条件付きでの賛成やこの部分以外は反対などの全面的ではない賛否の意見もあり，これを保留的態度といいます。次に，自分の意見を論証，つまり議論をつくして自分の意見の正しさを説得します。

論証にはこの本でここまで紹介してきたあらゆる考える技術，表現する技術を使います。演繹法のように前提から議論を論理的に展開していく方法もありますし，帰納法を用いて多くの事例の紹介から一般的法則を導き出す方法もあります。矛盾や対立する知見を弁証法により統合，発展させることで，議論が洗練されることもあるでしょう。また，思考実験でとくに極限や極端な状況を設定した議論をすることで，論旨は強化されていきます。報告型の文章で知見や情報を整理し，批判型の文章で他者の意見をクリティカルに評価することも，説得力を上げるためには効果的です。

つまり論証型の文章は総合力を駆使した説得の文章ということになります。論理的な説明であなたの意見をできるだけ強化し，弱点を守り，つまり論理的に言い訳し，対立する意見を論破し，多くの支持事例を紹介して読者を説得します。

この場合に大切なことは，情熱や感情で読者を説得しようとしないことです。あくまでも論理的に説得してください。また「あなたの考えたこと」と「それ以外のこと」が区別できるように書くということは，この場合でも大切です。

5.3 文章を構成する

　ここからは上級編です。論証型の文章に慣れないうちはあなたの意見，主張をうまく説得できるように，「強（つよ）める」ようにしていきましょう。しかし，論証型の文章で本当に必要なことは弱点を「守る」ことなのです。主張を支持する議論や事例を示すことも大切なのですが，主張が破綻（はたん）しないように，つまり，間違っていると判断されないように，問題になりそうな点に関しても議論をすることが大切だということです。とくに専門性の高い文章，たとえば学術論文ではこの弱点を守ることについて書かれている部分が，意見，主張そのものを展開している部分より多いことも珍しくありません。

　それは専門的な文章においては，読者は「3.2.1　意見の正しさとは」で紹介したクリティカルシンキングをしながら読んでいるからです。あらさがしをしているわけではありません。専門的な文章の読者は自分も専門家ですので，知識として利用，採用できる，本当に正しいことなのかどうかを見極めているのです。

　意見や主張を守るためにはもちろん論理的な展開がしっかりしていることが必要ですが，それ以外に 1. 言葉・用語を定義する，2. 主張の範囲を限定する，3. 成立条件を明確にする，ことが必要です。

1. 言葉・用語を定義する

　意見や主張で使用している重要な用語をどのような意味で使用しているかを定義しておくことが必要です。たとえば公平という言葉は「同じである」という意味や「応分（おうぶん）である」という意味の両方で使われることがあります［→ボックス 17］。あなたが応分という意味で使っていても，読者は同じであるという意味で使った場合には主張がおかしいと思うかもしれません。正義，自由，合理的，あるいは生命，進化，人工知能なども，さまざまな意味を持つ多義的な概念です。このように概念には大きく意味が違う複数の意味があることがあるので注意が必要です。それは歴史的にいろいろな意味で使われてきた場合もありますし，学説や学問的立場により違う使われ方がされていることもあります。重要な言葉，用語については，必ずあなたが意図する意味を正確に定義しましょう。

2. 主張の範囲を限定する

　あらゆることに当てはまる意見や主張はめったにないものです。「こうした対象」「こんな事態」「こんな他者の意見」に対する意見である，主張であると思いながら書いているものです。しかし，この範囲を明確に限定しておかないと，あなたが想定外の対象，事態，意見に対しては成立しないと読者から批判されてしまうことがあります。「4.3　思考実験」で紹介した極端な場合を当てはめられてしまうということです。そうならないように，あなたが思考実験を繰り返し，とくに極端な場合を検討し，あなたの意見や主張がどの範囲まで成立し，どの場合には成立しないのかを明確に書いておくことが必要です。

　とくに適応できない範囲まで意見や主張を広げることは避けなければいけません。これは過度の一般化とよばれる，論理的な文章において避けるべきことです。自分の意見・主張は価値があると思いたくなるので，多くの事柄に当てはまると思いたくなるものなのですが，本当に価値がある論証型の文章は，適応の範囲が正確に，むしろせまく限定されているものです。確実に成立する範囲がわかっている知識でなければ，積み重ねたときに信頼できる知の構造にならないのです。

3. 成立条件を明確にする

　主張の範囲を限定することと似ていますが，主張が成立する前提条件を明確にすることも必要です。そうしておかないと，あなたが想定していない条件において，あなたの意見や主張が成立しないと批判されてしまうことがあります。この場合も思考実験をして，成立するための条件を明確に説明しておきましょう。とくに極端な条件では結論が変わることはよくあります。極端な場合をよく検討しておくことが大切です。

　いずれの場合でも大切なことは，あなたには当たり前のことでも，書いておかなければ伝わらないということです。また，伝わっていても，書かれていないであいまいにされていることは，あなたが意図しない意味でも読まれてしまい，批判されてしまうのです。それは悪意によるものではありません。それは確実で信用できる知識を共有するための厳しさなのです。またここの部分の内容は「5.3.2　批評型の文章の構成」を立場を変えた言い直しにもなっています。

悪い批評をうけないためには批判する能力が必要になるのです。

5.3.5 アウトラインをつくる

　文章を書くときにはまずアウトラインをつくることをお勧めします。アウトラインとは文章の構造を示す設計図です。具体的にはくわしい目次です。

　私の場合には，目次とアウトラインはほぼ同じものです。この本のはじめに載っている目次がこの本のアウトラインです。この本の目次を見てもらうとわかるように，目次型のアウトラインの場合には，各項目はごく短い言葉になります。しかし，目次とアウトラインを別のものにして，アウトラインはもう少し長めの文で書いてもかまいません。むしろ，文章を書くことに慣れないうちは，文章にしておいたほうが自分で何を書こうとしているのかを忘れないためにもいいかもしれません。

　アウトラインは章，章の中の節，節の中の項のような入れ子構造になります。この先もさらに細かい入れ子を付け加えることもできますが，よほど長い文章でなければ3段階くらいまでで間に合うと思います。

　アウトラインができれば，後はアウトラインに従って文章を書いていきます。アウトラインをつくることは，自分の考えをまとめることです。論理的な展開のアウトラインができれば，論理的な展開の文章が書けるということです。しかし，アウトラインは書きながらも変化していくものです。書いてみて不足している内容に気がつき，アウトラインに追加することもありますし，書いてみて論理的におかしいことに気がつき削除することもあります。そのためにアウトラインが本当に完成するのは，文章が完成するときです。

　アウトラインはいつつくればいいのでしょうか。「4.1.5　トップダウンとボトムアップ」で紹介したトップダウン的なアプローチではアウトラインをまず決めてから，それに従って必要な本や資料を集め，読むことになります。ボトムアップ的なアプローチでは，関係のありそうな本や資料を読み，その中からアウトラインの要素，材料を見つけ，それを整理し，まとめてアウトラインにしていきます。実際には両方のアプローチが併用されると思います。本や資料を読みながらアウトラインをつくりはじめ，またアウトラインに従って不足し

ている必要な本や資料を探し，調べるということになるでしょう。

5.3.6　パラグラフをつくる

　文章はパラグラフを意識して書いていくようにします。

　パラグラフとは段落のことです。改行された次の文章から，次の改行までの文の集まりです。段落ではなくパラグラフという言葉を使ったのは，パラグラフを意識して文章を書いていくパラグラフライティングにおいては，パラグラフは単なる文の集まり以上の意味があるからです。

　パラグラフライティングにおけるパラグラフ（これ以降の「パラグラフ」とはパラグラフライティングのパラグラフの意味です）とは，1つの内容についてのみ書かれた，文章における部品，パーツです。段落といった場合には，文章の読みやすさを意識して，段落が長くなりすぎない適当な箇所に改行が入ることが多いですが，パラグラフの場合には読みやすい長さではなく，内容のまとまりによって改行位置が決まります。

　1つのパラグラフが1つの内容についてのみ書かれているということは，それぞれのパラグラフが意味的にかなり独立しているということです。もちろん前後のパラグラフとの関係はありますが，それでもそのパラグラフを読んだだけで，何らかの意味が十分に伝わるということです。

　つまりパラグラフをつくることを意識することで，文章の意味がわかりやすくなります。1つのパラグラフの中には1つの内容しか書かれていないわけですから，パラグラフの中でのいろいろな文の内容から総合的に意味を理解することができます。違う言い方をすれば，パラグラフとは文章の意味を確実に理解してもらうために，文章の展開のペースをスローダウンしていく仕掛けともいえます。パラグラフをつくることで，次々と内容が展開してしまい，読者がついていくのが大変にならないようにすることができます。

　書くことを考えたときも，パラグラフをつくっていくことを目標にしていればいいので，何をどう書いていいかの悩みが減ります。アウトラインのそれぞれの項目をいくつかのパラグラフで表現していくことだけを考えて書いていけばいいのです。

5.3 文章を構成する

　パラグラフライティングで書かれた文章は，文章の構成を修正することも楽です。パラグラフ全体を文章の中で大きく移動させることが，文の最小限の修正で可能になります。修正なしで移動できることもありますし，修正が必要なときでも，ほとんどはパラグラフのあたまの接続詞や最後の文の修正だけですみます。また，パラグラフは内容の独立性が高いので，新しいパラグラフの追加や，不必要や不適切になってしまったパラグラフの削除も，他のパラグラフの大きな修正なしでできます。よく書けたパラグラフはブロック遊びのブロックのようなものであり，望むとおりに自由に組み立てることができるのです。

　では，パラグラフにはどのようなことを書けばいいのでしょうか。基本的にパラグラフの中には 1. 内容の要約，2. 定義，3. 内容の説明，4. 発展・示唆，5. 実例を書きます。1つのパラグラフに反証や異論を含めることはしません。それには別のパラグラフをつくります。

1. 内容の要約

　内容の要約とは，そのパラグラフの内容を要約した文です。主題文，トピックセンテンスとよばれます。基本的にパラグラフのあたまに置きます。この本はパラグラフライティングを意識して書かれていますので，ほとんどの場合，各パラグラフの最初の文が，そのパラグラフの内容の要約になっています。

2. 定　　義

　定義とは，内容の要約に使われている重要な言葉・用語や概念を限定し，また説明することです。1つの用語や概念が複数の意味を持っていることがあります。そうしたときには，パラグラフの内容を正確に伝えるために意味のあいまいさや多義性をなくしておくことが必要です。また，読者の理解を助けるために，文中にはじめて出てきた重要な用語や概念に関しては定義したり，簡単に説明することも大切です。定義とは，つまり，何であり，何ではないか，を示すことです。

3. 内容の説明

　内容の要約で要約した内容を十分にくわしく説明します。パラグラフのおもな部分です。読者の理解を助けるために，同じ内容について抽象的な表現と具体的な表現の両方の文を書いたり，言い換えをすることを考えてみましょう。

意見や主張の限界や制約，論理的な妥当性などを書いたり，分析や解釈を述べたりと，この本でここまで説明してきた，考える方法や表現する方法を使って，論理的かつ理解しやすい文を書いてください。

4. 発展・示唆

パラグラフの内容から導かれる内容や結論，あるいは示唆，つまり内容が合理的に示すことを書くこともあります。この発展と示唆は，厳密にはパラグラフの内容とは別の独立した内容ですので，本来は別のパラグラフとして分けます。しかし，ごく短いとき，たとえば1，2文の場合にはそのパラグラフに含めてもいいでしょう。

5. 実　例

内容を示す実例はとても説得力のある説明です。理解を助けるための実例は典型的なもの1つでもかまいませんが，意見や主張を支持するための実例には，できるだけ複数の例を示すようにしましょう。1例しか示さない場合には，むしろ例外的な例を示しているように思われることもあります。その場合は，主張を一般化するという点では逆効果になりかねません。3例以上示すことができれば，意見や主張が特殊な場合のみのものではないことが伝わります。

パラグラフの長さには制約はありません。1文で内容がすべて，正確に伝わるのであれば，1文だけのパラグラフもありえます。実際，この本の中でも章や節のトピックセンテンスの役割になるように，1文だけのパラグラフがあります。長いほうも制限はないのですが，読みやすさも考えて現実的には1ページの半分程度まででしょう。用紙の大きさにもよりますが，ページの半分の文字数は500文字から700文字程度です。

平均的なパラグラフは100文字から400文字程度です。この本のパラグラフの多くもその範囲に収まっていると思います。その程度が話題の展開が速すぎず，また読みやすさも適当だと思います。ちなみにこのパラグラフは104文字です。

5.3.7　内容伝達と文章表現

　パラグラフライティングは内容の伝達機能，つまりいかにして内容を正確に，誤解されずに伝えるかを重視した文章，つまり実用文に向いています。要約型，批評型，報告型，論証型の文章はみなこうした伝達機能を重視した実用文です。こうした実用文には学術的文書，ビジネス文章，いろいろな報告書，そして大学でのレポートなどが当てはまります。

　一方で書かれた内容と同じくらい，あるいはそれ以上に，どのように書いたか，表現したかを重視する文章もあります。たとえば小説，随筆・エッセイ，戯曲，詩・歌などです。こうしたいわゆる芸術的あるいは作品的文章ではパラグラフライティングが適切とは限りません。

　新聞の文章もパラグラフライティングが使われていない文章です。紙面のスペースの制約から必要な内容を限られた字数で記述するために，名詞や形容詞を文末に置く体言止めを多用する特殊な文体が報道記事では使われています。社説やコラムでも基本的にそのスタイルの短文を使っています。また新聞のコラムは他にはあまりない独自の構成，構造の文章です。新聞コラムには本題とは直接関係のない導入部分，つまりつかみがあり，そこから本題に入りますが，また本題とは直接関係のない話題に進んだり，あるいは連想的な話題をいくつか書きならべます。そして最後に，緩やかに全体を受けた結論や主張で全体が結ばれます。こうした文章は教養人が知的に文で遊ぶ伝統的随筆につらなる名文なのかもしれませんが，内容を伝達するための実用文には向かないでしょう。

5.4　文章を展開する

　文章というものの一つの特徴は順番に文を読んでいかなければいけないということです。同時に複数の文を読んだり，ましてや全体を一度に理解することはできません。これは図表と大きく違う点です。図表であれば，多くの情報を一度に把握することができます。しかし，図表からは情報を受け取ることはできますが，その情報が何を意味しているのか，あるいはどう解釈できるのかがよく伝わらないことがあります。とくに，その図表を示した人が「どのように

解釈したか/してほしいと思っているか」を正確に知ることができないことがあります。こうした他者の考え，思考について伝達し，理解するためには，文章はとてもすぐれた方法，あるいは媒体・メディアなのです。そして文章には一度に一文を順番に読んでいくという性質があるので，それぞれの文がどのようにつながっていくかがとても重要です。文と文のつながりがわかりやすければ，読みやすい文章になりますし，また説得力も増すことになります。

5.4.1 接続詞の使い方

　文と文のつながりをわかりやすくするためには接続詞の使い方が大切になります。知っていると思いますが，接続詞とは「だから」「しかし」などの言葉です。文章が自然で必然的な論理的展開をすれば接続詞は必要ないので，接続詞を使わないようにしようという意見もあるのですが，それは達人の文章の書き方です。そうした技術をぜひ身につけたいとは思いますが，その前の段階としては接続詞をうまく使うことをめざすことをお勧めします。

　文のつながりを示す接続詞は大きく分けて 1. 順接と 2. 逆接です。

1. 順　　接

　順接の接続詞とは，前の文の内容を肯定的に受けて，次の文を書く場合に使われる接続詞です。因果関係を示している「だから」「そのため」「したがって」「それなので」などや，前提条件とその結果を示している「すると」「だとすると」「それならば」などがあります。

2. 逆　　接

　逆接の接続詞とは，前の文の内容を否定的に受けて，次の文を書くときに使われる言葉です。前の文の内容に反することを示す「しかし」「だが」や，予想に反する内容を示す「ところが」「にもかかわらず」「ですが」などがあります。

　次に順接，逆接以外の接続詞で使いやすい接続詞を少し紹介しておきます。接続詞以外にも接続詞の役割をはたす決まり文句も少し入っています。

　3.「そして」「また」「それに」「しかも」「ただし」「もっとも」「なお」「ち

5.4 文章を展開する

なみに」：前の文に何かを追加するときに使います。

 4.「なぜなら」「なぜならば」「というのは」：前の文の理由を書くときに使います。

 5.「したがって」：前の文が導く内容を書くときに使います。

 6.「または」「あるいは」「もしくは」：前の文の内容に対応する他の選択肢を示します。

 7.「つまり」「ようするに」「いわば」「言い換えれば」：前の文の要約や言い換えに使います。

 8.「このように」「こうしたことから」「以上のことから」「まとめると」「要約すると」：前の複数の文の内容をまとめるときに使います。

 9.「まず」「次に」「さらに」「最後に」「同時に」：複数の内容を列挙していくときに使います。

10.「一方」「他方」「反対に」「逆に」：前の文と対立する文を書くときに使います。

11.「むしろ」「そのかわり」：前の文をやや否定し，代案を出したり，強調する点や視点を変えるときに使います。

12.「とくに」「なかでも」：前の文の内容の中で重要な点や注目点を示すときに使います。

13.「たとえば」「具体的には」「実際」「現実的にも」：前の文に合う例，実例を示すときに使います。

14.「さて」「ところで」：前の文とは違う内容をはじめるときに使います。合いの手のようなものです。

　これらは私がこうした文章，つまりややかしこまった文章でよく使う接続詞です。この他にもさまざまな接続詞がありますので，自分自身で使いこなせる接続詞を増やしていってください。ただし「5.2.2　書き言葉と話し言葉」に書いたように「が」「で」というような話し言葉の接続詞は文章では使わないようにしましょう。つまり「が，……」というような文を書かないということです。

5.4.2 ストーリーをつくる

　接続詞をうまく使うことで，前後のパラグラフのつながりが理解しやすくなります。同時に，文章全体の展開にも注意をはらうことが必要です。

　すでに説明したように，文章というものは一つひとつの文を順番に読んでいくものです。したがって，順番に理解をしていくために，文章は全体として大きな流れをつくることが必要です。流れがない場合には，読者はいちいち自分が何の話を読んでいるのか，前の内容と今読んでいる内容はどのように関係しているのかがわからなくなりがちです。読者に現在読んでいる内容と全体の内容の関係がすぐに伝わり，しばしば次に読む内容の予測がつくような文章展開が理想となります。

　つまり，ストーリーが必要だということです。ストーリーというと小説のあらすじのようなものを思い浮かべるかもしれませんが，小説などの芸術的な文章ではなく実用文であっても，そうしたあらすじが書けるようなストーリーが必要なのです。つまりどんな文章であっても，情報や説明をただならべるだけではいけないということです。何かをただならべることを羅列といいますが，羅列的な文章はだめだということです。

　相手に話しかけて，何かを説得しているような気分で文章を展開してください。話がわき道にそれたり，余計なことを言っては相手の注意がそれてしまいます。納得してもらうには説得するテーマに関することだけを言わなければいけません。また，典型的なストーリー展開というものがあるので，それを使うことで文章の展開を理解しやすくなり，また予測しやすくなります。

　予測しやすい典型的なストーリーをつくるためのコツとしては次のようなことがあります。

1. 意見を述べてから論証をする。
2. 現象を述べてから説明を書く。
3. 前提や背景などの大きな話を先にしてから細かい具体的な話をする。
4. 前提や条件を書いてから，それが導くこと，意味することを書く。
5. 支持する内容・事例を書いてから，支持しない内容・反例を挙げ，その対立を解消する考えを書く。

6. 時間的な順番に書く。
7. 単純なことからだんだん複雑なことを書いていく。たとえば単純な規則から複雑な規則を書いていく。あるいはその逆に現実的なことや複雑な現象から法則に向けて書いていく。
8. 理論的な話をしてから，応用的，現実的な話をする。
9. 羅列的な書き方をする前には，羅列することを予告する。

「5.3 文章を構成する」で紹介した構成とこうした典型的なストーリー展開，適切な接続詞の使用を組み合わせて，全体として理解しやすいストーリーの文章を書いてください。

またこうしたコツを身につけるため，何度も文章を書き，また読書を多くすることで身につけた思考のパターンを使うということが必要です。ストーリーに限らず，そもそも文章を書くというのは思考のパターンを使うことといってもいいでしょう。書いた文章の展開や文のカカリウケなどが正しいかどうかを論理や規則に当てはめて判断することはできますが，何かの論理や規則でどんな文を書き，どんな展開をするかを導き出すことはできないのです。そうした実際の文や文章を創造するときには，これまで身につけてきた思考のパターンを使っています。新しい材料を，すでに持っている適当なパターンに当てはめて文章を書いているのです。したがって，多くの文章を書き，多くの文章を読むことが，良い文章を書くためには絶対に必要になってくるということです。

5.5 よけいなことを書かない決意と消す勇気

ストーリーのある文章を書くためにもっとも必要なことは，ストーリーと関係のないことを書かないことです。文章を書いていると知っていること，調べたことをつい何でも書きたくなってしまいます。しかし，ストーリーとは関係ないことは書かないという強い意志を持つことが必要です。

また，ストーリーに関係すると思って書いたことでも，書き上げてみるとあまり関係がないということはよくあることです。この場合にはその文章を消すことが必要です。一度書いた文章，とくにいくつものパラグラフにまたがるよ

うなある程度長い文章を削除することはとてもつらいことです。しかし，勇気を持って消すことが，ストーリーを持った良い文章を書くためにはぜひとも必要です。

この勇気を出す方法として，ある程度長い文章を削除する場合には別の場所に記録しておくという方法があります。別の文章を書くときに使う部品として残しておくのです。こうしておけば，長い文章でも書くために使った時間が無駄にはならないと思えるので，消す勇気がわくでしょう。実際，このような文章の部品をたくさん持っておくことは，多くの文章を効率的に書くことに役立ちます。

削除した文章だけでなく，普段から気がついたことや，調べたことなどを文章にして持っておくと，いろいろな文章を書く機会に使えます。なお，調べたことに関しては出典を記録しておくことをお忘れなく。

5.6 読み返して直すこと

文章を最後まで書き終わるとほっと安心してしまいますが，そこでもう一度文章を見直すことがとても大切です。文章を読み返して直すことを推敲(すいこう)といいますが，推敲は文章を書くことの中でもっとも大事なことかもしれません。少なくとも何回かは最初から最後まで読んで，漢字の間違い，とくに変換ミスや入力ミスでおかしくなっている言葉を見つけて直しましょう。また，読んでいて違和感を感じる文はカカリウケがおかしいことが多いので，「5.2.7　カカリウケの基本ルール」で説明したカカリウケのルールを思い出し修正しましょう。

文章を書いているときは，今書いている部分のみに集中しがちなので，全体のバランスに対する意識がやや少なくなります。ですので，読み直しのときには文章全体のバランスを確認しましょう。バランスがおかしいところ，たとえば内容に対して記述の量が多すぎる，少なすぎるところを直します。また，ストーリーとして考えたときに位置や順序がおかしい内容があるときには文章の構成を変更します。

「5.3.6　パラグラフをつくる」で勧めたパラグラフライティングで書いてお

くと各内容が自立したパーツになっていますので，他のパラグラフをあまり直すことなく記述の量の増減も構成の変更もできます。これはパラグラフライティングをする大きな利点の一つです。

「5.2.9　テンの使い方」に従ってテンを直すことも忘れないようにしましょう。とくに多すぎるテンを削除することで文が良くなることが多いです。漢字を変換したときに無意識に入れてしまったテン，正しいカカリウケの関係を切ってしまっているテン，意味をあいまいにしている，あるいはおかしくしているテンを見つけて消しましょう。

推敲は文章を書き終えた直後ではなく，一晩あるいは数日置いたほうがいいといわれることもあります。書いている最中の興奮が冷めてから冷静に読み返すと，たしかに自分の文章でも客観的・批判的に読むことができるようです。また私自身の実感としても文章は直せば直すほど良くなります。最初に書き上げた文章はあくまで仮のものという意識が必要です。文章を書くことに比べ，推敲はつらい作業なのですが，文章が良くなると思いがんばってやりましょう。

こうしたことを考えると文章は締切りの数日前に書き終わることが必要です。推敲の時間を含めて計画を立てることが大切になってきます。もっとも締切りを守ることを含め，計画的に作業を進めることはどんなときでも大切なことです。

5.7　文章が書けないと感じたときには

文章が書けないと感じることはよくあることです。この本を書いているときに私も何度も感じました。どんなときに文章が書けないと感じるのでしょうか。そして，どうしたら書けるようになるのでしょうか。

文章が書けないと感じたときには，まずその原因を分析してみましょう。文章が書けないときには 1. 書く内容がない，2. 書く内容が整理されていない，3. 文につまっている，のような理由があります。書けない理由がわからないと問題は解決しません。まず書けない理由を意識し，それぞれに適した解決法を試みてみましょう。

1. 書く内容がない

　書く内容がないというのは実は書こうとしていることがないときのことです。アウトラインの細部が決まっていなかったり，十分な資料の収集などがされていない，あるいは考えがまとまっていない場合に，よく書けないと感じます。書く材料がなければ文章は書けません。この場合には書けないのではなく，書くことがないのだということに気がついて，何を書くかということから考え直すことになります。

2. 書く内容が整理されていない

　書く内容が整理されていないというのは，なんとなく書こうとしていることはあるものの，それをどのように構成していいかが決められないときです。こんなときこそ「4.8 ノート術」で紹介した方法を使いましょう。複雑な内容を整理するには，いきなり文章にするのではなく，箇条書きや図表として構成するほうがずっと楽にうまくできます。また一度文章化してしまうと修正するのが大変ですので，文章化する前に修正が簡単なノート上で納得がいくまで修正しましょう。書いた後である程度長い文章を修正するのは，もったいないと感じるので心理的にもとてもつらいことです。

3. 文につまっている

　ここでの文につまっているというのは，書くべきことはわかっているものの，それをどのように表現していいか悩んでいるときを意味しています。こんなときにはとりあえず何か書いてみることをお勧めします。何もない状態で悩んでいてもしょうがありません。まず書いてみて，それを見ながら修正をしていきます。とりあえずでもいいので書いてみたものを見ながら考えると，何を書くかということに関しては頭の中においておく必要がなくなるので，表現だけに集中できます。そのため，何も見ないで文を考えるときよりも思考能力に余裕が生まれるので，楽に考えることができます。カカリウケの関係がおかしくならないことを意識しながら語順を入れ替えたり，文を分けたりくっつけたりして，書こうとしている内容を文章にしていきましょう。

　この他の書けないと感じる場合として，書き出しに困っているときがありま

5.7 文章が書けないと感じたときには

す。文章全体の書き出しもそうですが，各章やパラグラフの書き出しも悩むものです。文章全体の書き出しについては，みなさんそれぞれで悩んでもらうしかないのですが，章やパラグラフの書き出しについては基本的に「5.3.6 パラグラフをつくる」で説明したトピックセンテンスを書くと決めてしまうとかなり楽になります。トピックセンテンスとはパラグラフの内容を要約した文のことです。つまり，章やパラグラフの書き出しにはこれから書こうとしている内容の要約を書くということです。章の書き出しについてはトピックセンテンスがつねに必要というわけではありませんが，どうしても書き出せないときにはトピックセンテンスあるいはトピックセンテンスのようなパラグラフを書くことも考えてみるといいと思います。

　また，とても疲れてしまうと文章は書けなくなります。そんなときには少し休みましょう。ふたたび文章を書くために休憩をするならば，ただ何もしないで休むよりも体を動かすことのほうが効果的なようです。私は散歩したり，ジョギングしたりすることが多いです。書くことをやめて体を動かすと，逆に多くのいいアイデアがわくことが本当に多いです。外出するときはメモ帳と筆記用具を持っていきましょう［→**ボックス20**］。記録しておかない限りどんなアイデアでもすぐに忘れてしまうものです。

ボックス20　メモ術

　思いついたことを書きとめるためにメモ帳と筆記用具はいつも持ち歩きましょう。あらゆるカバンの中にメモ帳と筆記用具を入れておきましょう。もちろん手帳と兼用でもかまいません。眠ろうとしているときに何か思いつくことも多いので，寝る場所にもあると便利です。**図7**はいろいろなカバンや枕元にあった私のメモ帳です。

　メモはアイデアを忘れないためのモノですが，逆に言えば書きとめることによってアイデアを頭から忘れさせるためのモノでもあります。大事なアイデアを忘れないようにしておくのはけっこう大変なことですし，その間はさらに新しいことを考えることもできません。メモというのは頭の負担を軽くし，自由に働かせるためのものなのです。

　また，忘れないようにと思っていても，アイデアは本当にすぐに忘れてしまうものです。ほんの1分前の思いつきでも，思い出せなくなることはよくあること

図7　いろいろなメモ帳
一番小さいサイズのものはジョギング用です。大きなものはベッドの横にあったものです。私はなぐり書き派ですが，とくにお勧めはしません。もう少しきれいに書いたほうがいいと思います。

です。しかし，アイデアの内容のすべてではなく，キーワードだけでもメモしておけば，しばらくの間は何を考えていたかを思い出すのは難しいことではありません。何か思いついたら必ずメモをとることを習慣にしましょう。

　また，メモしたアイデアは忘れないうちにノートにくわしい内容として書き写しておいたほうがいいでしょう。キーワードだけから内容を思い出せる期間はそれほど長くありません。数カ月後や数年後には確実に何も思い出せなくなります。そのアイデアをすぐに使わないのであれば，思い出せるうちにある程度くわしく文章化しておくことが必要です。

5.8　第5章の課題

1. だ・である調とです・ます調の文体の違いをよく理解しよう

　「5.2.1　だ・である調とです・ます調」で説明したように，だ・である調の文とは「だ」や「である」のような言葉で終わる文（常体）ですし，です・ます調とは「です」や「ます」などの言葉で終わる文（敬体）のことです。1つの文章は，だ・である調かです・ます調のどちらかの文体だけで書くことが原則です。です・ます調の文章にだ・である調の文を少しだけ入れて変化をつけるというのは時々見かけますが，文章力に自信がつくまでは混ぜないようにし

ておきましょう。それでは，今日一日の出来事を同じ内容の日記として，だ・である調とです・ます調の両方の文体で書いてみましょう。分量は10行程度でかまいません。それぞれの文体で書くときにどんな気分になるか，また読者がどんな気分で読むかを想像してみてください。だ・である調とです・ます調の役割や機能が少し理解できるはずです。

2. 自分の文のカカリウケを確認してみよう

上の課題で書いた日記でもかまいませんし，その他の文でもかまいませんが，自分が書いた文が「5.2.7 カカリウケの基本ルール」を守っているかどうかを確認してみましょう。カカリウケがおかしくなっているために，不自然に感じられたり，意味がわかりにくくなっている文があったら，カカリウケを正しく修正してください。

3. アウトラインとパラグラフを意識して文章を書いてみよう

「心理学とはどんな学問か」というテーマで文章を書いてみましょう。受験の小論文くらいの量（800から1500文字くらいで，ワープロソフトのページでは1枚から2枚程度）を書いてください。

(a) まずどんな内容を書くかを決めるために「5.3.5 アウトラインをつくる」に従ってアウトラインを書きます。今回は少しくわしいアウトラインをめざして，10～20個くらいの項目を挙げて，ならべましょう。

(b) アウトラインの項目の内容をパラグラフにしていきましょう。パラグラフの中では，アウトラインの項目が示した，その1つの主題（内容や主張）について書きます。そして，アウトラインの1つの項目を1つのパラグラフとして「改行，段落分けをしないで」書いてください。もしも，どうしても1つのパラグラフの中でまとめることができずに，改行や段落分けが必要だと感じるときは，アウトラインのほうを修正してその項目を分割してください。

(c) こうして，アウトラインとパラグラフが対応した文章を完成させてください。実際に文章を書くときには，アウトラインの項目とパラグラフが一対一に対応している必要はありません。ですが，ここではアウトラインとパラグラフを強く意識し，その使い方に慣れるためにこのような「しばり」をかけました。

6 伝えること

　大学の授業では学生が発表を行うことがあります。とくに少人数の演習や卒業論文・卒業研究の演習，あるいはゼミといわれる，教員ごとの専門的関心に興味を持った学生が集まる授業では，発表の機会が多くあります。また，勉強を続けて大学院に進学した場合には学会発表のように多くの聴衆の前で発表することもあるでしょう。社会活動やビジネスの分野で活躍する場合でも会議や提案など，多くの人たちに発表をする機会は少なくありません。ここではそうした多くの人に自分の考えを伝えることについて考えてみましょう。

6.1　プレゼンテーションを準備する

　人前での発表，つまりプレゼンテーションを準備するためにまず必要なのは，条件を確認してそれを満たすことを考えることです。そこでとくに重要なことは割り当てられた時間です。ある種の学会発表のように5分しか発表時間がないこともありますし，講演や講習会の講師のように数時間の発表が予定されることもあります。大学の授業での発表や社会・ビジネスにおける発表では10分から30分程度が割り当てられることが多いでしょう。そうした決められた割り当て時間に応じて，発表の内容を決め，資料を用意する必要があります。

　プレゼンテーションにおいてこの割り当てられた発表時間を守ることはもっとも大事なことです。これよりも長すぎてもいけませんし，短すぎることもいけませんが，より問題があるのは長すぎるほうです。予定時間を超えてプレゼンテーションをした場合には，集まり全体の予定に影響を与えてしまいます。終了時間が遅くなったり，他人の発表時間を奪ってしまうことにすらなりかねません。また，予定時間を超えてプレゼンテーションを続けていると，聞いている人はそのことに気をとられて，プレゼンテーションの内容は伝わらなくな

っていきます。したがって，こうした時間の超過をすると，プレゼンテーションの内容に関わらず，あなたの評価は下がってしまいます。時間の管理ができるかどうかは，人間としての評価の大きな基準なのです。

　しかし，予定時間内であればプレゼンテーションはどんなに短くてもいいというわけでもありません。割り当てられた発表時間は，期待されている内容の量と質を意味していますので，やはりその期待に添ったプレゼンテーションをする必要があります。できるだけ予定時間通りのプレゼンテーションをすることが大切です。また，割り当てられている時間には，発表者のプレゼンテーションの時間とその後の質疑応答，つまり聴衆とやりとりをする時間が含まれていることがあります。たとえば，学会発表などでは15分の発表時間が割り当てられていても，3分間の質疑応答時間がそこに含まれていることがあります。この場合には，プレゼンテーションは12分で終えることが必要です。割り当て時間の中で，あなたのプレゼンテーションに使える時間をよく確認してください。

　時間通りのプレゼンテーションをするために必要なことは，あらかじめリハーサルをしておくことです。実際のプレゼンテーションを行う気分で，発表を行うときの声の大きさとしゃべる速度でプレゼンテーションの練習をして，発表にかかった時間を計ってみてください。思ったよりも時間がかかることもありますし，予想よりも早く終わってしまうこともあるはずです。その場合には，話す速度を調整したり，あるいは発表の内容を変更してリハーサルを繰り返し，割り当て時間内でプレゼンテーションができるようにします。

　慣れないうちは読むための原稿をつくってください。それを読み上げる形でプレゼンテーションを行います。こうした「読み原稿」を用意し，プレゼンテーションで読むことで時間通りの発表ができますし，また予定していた内容を発表し忘れてしまうことがなくなります。とくに人前でのプレゼンテーションで緊張すると思う人は読み原稿を用意するといいでしょう。

　ここでちょっとだけ小さな声で言います。学生の発表を聞いていると漢字の読み方が間違っていることがよくあります。それも，難しい漢字とはいえないような漢字を読み間違えていることがあります。これはかなり恥ずかしいこと

です。本当は他の学生が混乱しないためにも間違いを修正すべきなのですが，恥をかかせるのがかわいそうでその場では間違いを指摘できないことも多いのです。そんなときは発表後のコメントの中でさりげなく正しく読んだり，後でこっそり間違いを教えたりします。少しでも読み方に自信がない漢字は，辞書などで調べて，読み原稿に読み方を書き込んでおきましょう。学生のうちは恥ですみますが，社会で活躍するようになってからは能力を疑われてしまうことになりかねません。

プレゼンテーションに慣れてくれば読み原稿は必要なくなるかもしれません。しかし，何を話すかを書いたメモは必要です。また，読み原稿を読んでいると，プレゼンテーションが単調になり，聴衆を引き込む力は弱まってしまうことがあるかもしれません。それを考えると，読むのではなく，メモを使って聴衆に語りかけるようにプレゼンテーションをする，そして聴衆の反応を見ながら臨機応変(りんきおうへん)に，つまりアドリブ/即興(そっきょう)で発表内容にメリハリをつけたり，内容をその場で修正することができれば素晴らしいことです。しかし，それは次の段階です。はじめは，自分が伝えたいと思っている内容を正確に，また時間通りに伝えるということを心がけてください。また人を引き込む素晴らしいプレゼンテーションの中でのアドリブのようなジョークやコメントも，多くはあらかじめ準備され，リハーサルがされているのです。即興よりも，時間をかけたほうが，質がいいものができるのは当然です。即興が必要なのではなく，聴衆を飽(あ)きさせない工夫(くふう)のほうが必要なのです。

またプレゼンテーションには大きく分けて2つの目的があります。一つは発表する内容，情報を伝えることで，もう一つはプレゼンテーションを通じて情報伝達以外の目標を達成することです。授業や学会での発表は内容を伝えるためのプレゼンテーションです。一方，何かの考えやメッセージを伝えたり，あるいはビジネスで製品や企画を売り込むような場合は，発表される内容や情報を伝えたいのではなく，そのプレゼンテーションを通じて同意や納得をしてもらいたいのです。したがって授業や学会などのプレゼンテーションでは必要な内容をもれなく正確に伝えることが重視されますし，メッセージを伝えたりビジネスで売り込みをするような場合には，情報そのものを正確に伝達するより

も，聴衆を引き込み，強く訴えることが重視されます。プレゼンテーションの目的に応じて，正確な情報伝達を重視するか，聴衆にアピールして同意や納得をしてもらう，あるいは感動を与えることを重視するかのバランスをよく考えてください。

6.1.1 配付資料のつくり方

　プレゼンテーションを行う場合に配付用の資料をつくることがあります。要求されてつくる場合もありますし，自分からプレゼンテーションの理解を助けるためにつくることもあります。この配付資料は読み原稿とは別につくる必要があります。まず，読み原稿では長くなりすぎてしまいますし，また読み原稿を配ってしまうと，聴衆はそれを読んでしまい，プレゼンテーションに注意を向けてくれなくなってしまいます。

　発表用の資料はちゃんとした文章ではなく，箇条書きやメモ書きで十分です。むしろ，そのほうが要点がわかりやすくなり，また長い文を読む負担がなく伝わるので望ましいことです。重要な図表も資料に含めます。図表にはタイトルを必ずつけましょう。また，発表者の名前，発表の日付，プレゼンテーションのタイトルは必ず記録として記載しておきましょう。

　学会発表などにおいては配付資料の他に，発表要旨・梗概（こうがい）というようなものを要求されることもあります。これは，1ページから数ページの短い論文のようなものですので形式に従って文章で書きます。この他，資料や要旨などで形式が決まっている場合にはそれに従うことが大切です。形式が決まっている資料や要旨は印刷物やホームページ上で公開されることが多いのですが，そのときに一人だけ形式を守っていないのは見苦しいものです。細かいところまで形式を守ることが必要です。とくに余白のサイズや改行の間隔，文字のフォントの種類や大きさ，句読点の種類（「。」「．」と「、」「，」のどの組合せを使うかということです），見出しの構成などが間違っていると目立ちますのでよく注意してください。

6.1.2 スライドのつくり方

　スライドとはプレゼンテーションの最中にプロジェクターでスクリーンや大型ディスプレイに表示する視覚的な資料のことです。昔は写真フィルムのスライドを使いましたが，今はほとんどがコンピュータで作成したスライドを表示します。コンピュータ上でスライドを作成するソフトウェアとしてはマイクロソフト/Microsoft のパワーポイント/PowerPoint やアップル/Apple のキーノート/Keynote が有名です。

　次にスライドをつくるときの注意点を示します。

1. 文字を書きすぎないようにする

　スライドではあくまでも重要な内容と，視覚的に示すことが必要な情報を示すだけにしておきます。くわしい内容はしゃべる言葉と必要に応じて配付資料で伝えます。箇条書きやキーワードの提示が望ましいのですが，もしも文章を載せる場合は 1 枚のスライドに，最大で 5，6 行までが限界でしょう。

　また，すべてのスライドに複数行の箇条書きをする必要はありません。むしろ文字が多いスライドは避けたほうがいいのです。キーワードだけのスライド，1 文だけのスライド，図表だけのスライドを使うことをためらう必要はありません。しゃべっているあなたの背景，バックドロップ/背景としてイラストや写真だけを提示してもいいのです。

2. 文字は大きくする

　文字のフォントは充分に大きいことが必要です。フォントとは画面表示や印刷のための文字の書体デザインのことです。同じフォントでもさまざまなサイズがありますが私はスライドに使う文字は，最低でも 32 ポイント以上のフォントサイズを使用することを心がけています。28 ポイントでも大丈夫かもしれませんが，24 ポイントは小さすぎると感じます。

3. 読みやすい背景の色とフォントの色を組み合わせる

　スライドの背景の色と文字のフォントの色が似ていると読みにくくなります。また，プロジェクターのスクリーンとコンピュータのディスプレイでは色の発色が違うことが多いので，色の違いで読みやすさ，見やすさを調整するのではなく，コントラストを高めるようにしましょう。コントラストを高めるとは，

背景とフォントで明るさの違いを大きくするということです。たとえば**図8**のように，背景を明るい色，たとえば白や黄色にして，フォントをとても暗い色，たとえば黒や紺色にするということです。この逆も考えられます，**図9**のように暗い背景と明るいフォントを組み合わせてもかまいません。

```
┌─────────────────────────────────┐
│                                 │
│        白い背景に黒の文字        │
│                                 │
│   フォントサイズは 32 ポイント   │
│   フォントの書体はゴシック体です │
│                                 │
│     こちらは 28 ポイントです     │
│     フォントの書体は明朝体です    │
│       太字にしてあります         │
│                                 │
└─────────────────────────────────┘
```

図8　白の背景に黒の文字のスライド
フォントのサイズは実際のサイズではなく，スライドとの相対的な大きさの目安です。

```
┌─────────────────────────────────┐
│                                 │
│        黒い背景に白の文字        │
│                                 │
│   フォントサイズは 32 ポイント   │
│   フォントの書体はゴシック体です │
│                                 │
│     こちらは 28 ポイントです     │
│     フォントの書体は明朝体です    │
│       太字にしてあります         │
│                                 │
└─────────────────────────────────┘
```

図9　黒の背景に白の文字のスライド
フォントのサイズは実際のサイズではなく，スライドとの相対的な大きさの目安です。

また色の違いで読みやすくするという方法は，すべての人に当てはまるわけではない場合があることにも注意してください。色覚にハンディキャップがある人の場合には，ある種の色が区別しにくいことがあります。その点からも明

度でコントラストをつけることが大切です。なお，ほとんどの人が区別できる色の使い方を示す，カラー UD（ユニバーサル・デザイン）ガイドラインというものもありますので，それも参考にしてください。

　フィルムのスライドの時代やプロジェクターの明るさが十分ではなかったころには，暗い背景に明るい文字が標準といわれていたのですが，最近はプロジェクターの性能が上がり，明るい背景に暗い文字でも十分に見やすいようです。そうなると，暗い背景は全体に画面が暗いといわれることもあります。私もこれまでは暗い背景に明るい文字のスライドをつくることが多かったのですが，最近はこだわらなくなってきました。

4. 適切な種類のフォントを選ぶ

　図8と**図9**にはゴシック体と明朝体というもっとも代表的な2種類のフォントが使われています。ゴシック体はコンピュータの世界では標準的な書体で，特別なイメージがない書体のフォントです。明朝体は印刷物の活字として使われることが多い書体なので，学術的と感じる人もいますし，やや古臭いと感じる人もいるかもしれません。逆にゴシック体になじんだ人には新しさを感じさせるかもしれません。またゴシック体よりも柔らかな味を感じる人もいるようです。また，**図10**のように，他にもいろいろなイメージを持つ多くのフォン

```
メイリオ    psychology    心理学    しんりがく
丸ゴシック   psychology    心理学    しんりがく
教科書体    psychology    心理学    しんりがく
        Arial/Helvetica psychology
        Times New Roman psychology
        Courier  psychology
```

図10　いろいろなフォント
上からメイリオ，丸ゴシック，教科書体。下の3つは代表的な英語のフォントの Arial/Helvetica, Times New Roman, Courier。Arial と Helvetica は別のフォントですが，実用上はほぼ同じものです。ここに示したのは Arial です。

トがあります。

　こうした書体の違いを意識することも大事ですが，正解があるわけではありません。いろいろと工夫することが大事ですが，1つのプレゼンテーションであまり多くのフォントを混ぜて使わないほうがいいように思います。いろいろなフォントが混ざると，ゴチャゴチャした印象になりがちです。

　また明朝体は横線が細くなり，やや文字が小さい場合にやや見にくくなることがあります。そのため，図8と図9では，明朝体の文字は文字の飾り処理（効果）として「太字」にしてあります。こうした小さな工夫も大切なことです。

5. シンプルなグラフや表を使う

　視覚的な情報を使えるのがスライドの特徴ですので，グラフや表を積極的に使いましょう。理解しやすい，また感じがいいグラフや表をつくるためにはシンプルさを心がけることが重要です。

　表計算ソフトや統計ソフトを使うと，いろいろな視覚効果を駆使した凝ったグラフを簡単につくることができます。図11はそんな凝ったグラフの例で，3D（立体）の効果を使った棒グラフです。ここでは色を使っていませんが，色や模様（パターン）を加え，もっと派手にすることも簡単にできます。一方，図12は同じデータから作成したシンプルな棒グラフです。凝ったグラフを好む人もいるかもしれませんが，シンプルなグラフのほうがデータの示す意味がわかりやすいと誰にでもわかるでしょう。またシンプルなデザインそのものにも美しさ，好ましさはあると思います。

　表も同じようにシンプルなほうが理解しやすく，また美しさも感じられるものです。表の中の罫線，つまり数値を区切る縦横に引かれた線は最低限に使うことを心がけましょう。とくに縦の罫線はなくても問題ないことが多いです。また，すべての情報を表にして示す必要はありません。言葉で話す数値だけを表にすれば充分なことが多いです。質問に答えることなどに備えて，多くの数値を載せた表が必要だと思った場合には，別に配付資料にしたり，あるいはプレゼンテーション用とは別にスライド準備しておき，必要になったときに示すのがいいでしょう。

6.1 プレゼンテーションを準備する

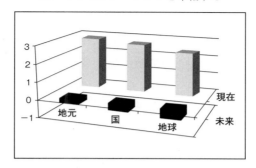

図11　凝ったグラフの例

元になったデータは引用［5］からで，地元，国，地球のレベルでの現在と未来の環境の状況を評価したものです。未来の数値のマイナスは悪化する量を示しています。現在も未来も地元の環境は国の環境や地球環境よりもよい状況にあると評価されています。

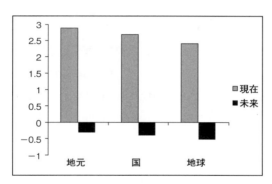

図12　シンプルなグラフの例
元データは図11のグラフと同じです。

6. アニメーションを多用しない

　スライド提示用のソフトウェアの多くにはアニメーションという機能があります。スライド上に文字や図表を追加したり消したりする，あるいは移動させる点滅させるなどの「視覚効果」を加える機能です。順番に情報を追加していったり，あるいはくわしい情報を追加するときなどに効果的です。しかし，アニメーション機能を使いすぎると聴衆の発表内容への集中をじゃましてしまうことがあります。とくに，「視覚効果」は特定の内容に注目させるためのもの

ですが，使いすぎると注目効果は下がり，むしろプレゼンテーション全体がゴチャゴチャして，集中力を下げる効果のほうが大きくなってしまいます。アニメーションを使うのであれば，一番重要な，「ここぞ」というところでだけ使うことが効果的です。

7. 質の高い写真を使う

　スライドのデザインの質を高めるためにイラストレーションや写真を使うことができます。いずれも質の高いものを使うことが必要です。しかし，質の高いイラストレーション（つまりイラスト・絵）を使うのは難しいことが多いでしょう。ソフトウェアによってはスライドに使えるイラストレーションが用意されていることがあります。たとえばマイクロソフトのパワーポイントではクリップアートというイラストレーションが使用できます。クリップアートには質の高いイラストレーションが用意されていますが，多くの人が使うために見たことがあるようなイラストレーションを使うことになりがちです。一方，その他のイラストレーションを使用する場合には著作権を侵害しないように注意が必要になります。自分でイラストレーションを描けば著作権が問題になることはありませんが，高い質といえるイラストレーションを描くことは誰にでもすぐにできることではありません。イラストレーションの場合には質の高さ，低さがすぐにわかってしまうのです。

　しかし写真であれば，ある程度「質の高い」ものを自分で用意することはできます。構図やテーマの選び方を高品質にすることは簡単なことではありませんが，少なくとも画質は機材さえ用意すれば高くできます。そして現在のカメラのほとんどはこうした高画質の写真を撮ることができます。写真はイラストレーションと違って質の差がすぐに実感されません。高画質の写真であればどんな写真でも，それなりにスライドの質を高めてくれます。また，イラストレーションは，スライド全体の質を高めるというよりも，イラストレーション自体が目立ってしまい，示したい内容や情報から注意をそらしてしまうことがあるように私は感じます。しかし，写真はイラストレーションほどそれ自体が目立つ程度が高くないと思っています。

　もちろん，内容や情報そのものとして写真を使うことはとても効果的です。

どんなにくわしく言葉で説明されるよりも，実物の写真を見たほうがわかることはよくあります。さらに動画のほうが理解を助けることもあるでしょう。スライド提示用のソフトウェアの多くでは動画を提示することもできますので，慣れてきたら動画を使用することも考えてみましょう。

6.2 話す

　プレゼンテーションでは話し方もとても重要です。聞きとりやすい，適切な大きさで，はっきりとした発音で話すことが大事です。大勢の人の前で話すときには，相手は離れたところにもいるのですから，普段よりも大きく，はっきりとしゃべらなければ通じません。これはプレゼンテーションだけではなく，授業の中での受け答えなどでも同じことです。

　しかし，大学生の多くは人前で話すとき，とくに授業中に発言をするときに充分に大きく，はっきりとしゃべれないようです。恥ずかしい，自信がない，理由はいろいろでしょうが，小さな声でしゃべる大学生が多いです。大学の中ではそれでも何とかやっていけるでしょう。しかし，大学生の多くは就職活動の中で面接試験を受けるのです。そのときは大きな声で，しっかりとした受け答えができると思っているのでしょうか。それまでやっていないことを急にできるのであればかまいませんが，それは難しいと思います。

　それを考えると，大学の授業やその他の場面で，他人の前で話したり，発言をしたりする機会は，人前でしっかりと話すとてもいい機会なのです。しっかりとわかりやすく話すというのは技術です。人前で話すことはコミュニケーションをする技術なのです。計算ができる，泳ぐことができる，と同じことで練習すれば身につきます。社交的，活動的のような性格の問題とは切り離して考えることができます。人としゃべることが好きか，話し好きかとは関係がないのです。普段は恥ずかしがり屋でも内気でもいいのです。それはとても素敵な個性です。しかし，話さなければいけないときには，技術を用いてしっかりとちゃんとコミュニケーションをとりましょう。また，恥ずかしがりや内気は，思慮深く，慎重であるということでもあります。それを活かせれば，落ち着い

た，誠実なしゃべり方で，信頼度の高い人格を感じさせるコミュニケーションをとることもできます。

　大学生のみなさん，それぞれの個性を生かしたコミュニケーションの技術を磨(みが)いてください。それは就職した後も，あるいは広く社会の中で活躍していく中でも，とても役に立つ技術です。

6.3　第6章の課題

1. フォントで遊んでみよう

　ワープロのソフトを立ち上げて，文字の種類であるフォントをいろいろと試してみましょう。図8や図10に示したフォント以外にも日本語とアルファベットのそれぞれにさまざまなフォントが用意されています。この機会にお気に入りのフォントを見つけておきましょう。

2. 技術としての会話について確認しておこう

　「6.2 話す」で「しっかりとわかりやすく話すというのは技術です」と書きました。そうです，話すということは，コミュニケーションや説得の技術としてとらえることができます。しかし，このことは，日常会話を含めてすべての会話を「技術」として考えるということではありません。とくに「技術」を自分の本心や本当の気持ちを抑えたり，あるいは欺(あざむ)く（つまり，うそをつく）ことと考えた場合には，日常会話にこの技術を使うことは良いこととはとてもいえません。ここで「しっかりとわかりやすく話すというのは技術です」といっているのは，「内気や消極的で話下手の人でも，性格に関係なく，しっかりとしゃべる技術を身につけることはできます」という意味です。とくに日常生活で親しい人たちとだけしゃべるのではなく，社会的な活動において話をすることは，変えにくい生まれつきの能力，つまり個性ではなく習得すべき技術としてとらえて，努力で向上できるものと考えてください。

引 用 文 献

[1] Searle, J. R. (1980). Minds, brains, and programs. *Behavioral and Brain Science*, **3** (3), 417-457.
[2] Miller, G. A. (1956). The magical number seven, plus or minus two : Some limits on our capacity for processing information. *Psychological Review*, **101** (2), 343-352.
[3] Axelrod, R. (1984). *The evolution of cooperation*. New York, NY, USA : Basic Books.
（アクセルロッド，R. 松田裕之（訳）（1998）．つきあい方の科学——バクテリアから国際関係まで—— ミネルヴァ書房）
[4] Lovelock, J. E. (1979). *Gaia : A new look at life on earth*. Oxford, UK : Oxford University Press.
（ラヴロック，J. E. 星川　淳（訳）（1984）．地球生命圏——ガイアの科学—— 工作舎）
[5] Gifford, R., Scannell, L., Kormos, C., Smolova, L., Biel, A., Boncu, S., Corral, V., Guntherf, H., Hanyu, K., Hine, D., Kaiser, F. G., Korpela, K., Lima, L. M., Mertig, A. G., Mira, R. G., Moser, G., Passafaro, P., Pinheiro, J. Q., Saini, S., Sako, T., Sautkina, E., Savina, Y., Schmuck, P., Schultz, W., Sobeck, K., Sundblad, E. L., & Uzzell, D. (2009). Temporal pessimism and spatial optimism in environmental assessments : An 18-nation study. *Journal of Environmental Psychology*, **29**, 1-12.
[6] Hardin, G. (1968). The tragedy of commons. *Science*, **162**, 1243-1248.
[7] Dryden, W., & Rentoul, R. (Eds.) (1991). *Adult clinical problems : A cognitive-behavioral approach*. London, UK : Routledge.
（ドライデン，W.・レントゥル，R.（編）　丹野義彦（監訳）（1996）．認知臨床心理学入門——認知行動アプローチの実践的理解のために—— 東京大学出版会）
[8] Diamond, J. (1998). *Guns, germs and steel : A short history of everybody for the last 13,000 years*. London, UK : Vintage.
（ダイアモンド，J. 倉骨　彰（訳）（2000）．銃・病原菌・鉄（上）（下）——1万3000年にわたる人類史の謎—— 草思社）
[9] 八木雄二（2009）．天使はなぜ堕落するのか——中世哲学の興亡—— 春秋社
[10] Damasio, A. R. (1994). *Descartes' error : Emotion, reason, and the human brain*. New York, NY, USA : Putnam.
（ダマシオ，A. R. 田中三彦（訳）（2010）．デカルトの誤り——情動，理性，人間の脳—— ちくま学芸文庫　筑摩書房）
[11] Kawachi, I., Subramanian, S. V., & Kim, D. (Eds.) (2008). *Social capital and health*. New

York, NY, USA : Springer.
(カワチ，I.・スブラマニアン，S. V.・キム，D.（編）　藤澤由和・高尾総司・濱野　強（監訳）(2008)．ソーシャル・キャピタルと健康　日本評論社）
[12] 寺田寅彦 (1947)．寺田寅彦随筆集　第二巻　岩波文庫　岩波書店
[13] Hanyu, K., & Itsukushima, Y. (1995). Cognitive distance of stairways : Distance, traversal time, and mental walking time estimations. *Environment and Behavior*, **27**, 579-591.
[14] Hanyu, K., & Itsukushima, Y. (2000). Cognitive distance of stairways : A multi-stairway investigation. *Scandinavian Journal of Psychology*, **41** (1), 63-70.
[15] Rawls, J. (1999). *A theory of justice*. Revised edition. Cambridge, MA, USA : Harvard University Press.
(ロールズ，J.　川本隆史・福間　聡・神島裕子（訳）(2010)．正義論［改訂版］　紀伊國屋書店）
[16] 三上　章 (1960)．象は鼻が長い――日本文法入門――　くろしお出版
[17] 本多勝一 (1982)．日本語の作文技術　朝日文庫　朝日新聞出版
[18] 苅谷剛彦 (1996)．知的複眼思考法　講談社

著者紹介

羽生和紀(はにゅうかずのり)

1995年　オハイオ州立大学大学院都市計画学科環境行動学専攻博士課程修了
現　在　日本大学文理学部心理学科教授　Ph.D.

主要著書・訳書

『心理学のための英語論文の書き方・考え方』（2014，朝倉書店）

『心理学の基礎英単語帳――心理学のための英語学習の手引――』（2011，啓明出版）

『環境心理学――人間と環境の調和のために――』（2008，サイエンス社）

『複雑現象を量る――紙リサイクル社会の調査――』（共著）（2001，朝倉書店）

カプラン，R.・カプラン，S.・ライアン，R. L.『自然をデザインする――環境心理学からのアプローチ――』（監訳）（2009，誠信書房）

ギフォード，R.『環境心理学――原理と実践――（上・下）』（共監訳）（2005・2007，北大路書房）

バートル，C. R.・バートル，A. M.『犯罪心理学――行動科学のアプローチ――』（監訳）（2006，北大路書房）

テキストライブラリ 心理学のポテンシャル=1
心理学を学ぶまえに読む本
2015年12月25日 © 　　　初 版 発 行

著　者　羽生和紀　　　発行者　森平敏孝
　　　　　　　　　　　印刷者　山岡景仁
　　　　　　　　　　　製本者　小高祥弘

発行所　株式会社　サイエンス社
〒151-0051　東京都渋谷区千駄ヶ谷1丁目3番25号
営業　☎(03)5474-8500（代）　振替00170-7-2387
編集　☎(03)5474-8700（代）
FAX　☎(03)5474-8900

　　印刷　三美印刷　　　製本　小高製本工業

《検印省略》

本書の内容を無断で複写複製することは，著作者および出版者の権利を侵害することがありますので，その場合にはあらかじめ小社あて許諾をお求めください。

ISBN978-4-7819-1373-5
PRINTED IN JAPAN

サイエンス社のホームページのご案内
http://www.saiensu.co.jp
ご意見・ご要望は
jinbun@saiensu.co.jp まで.